영국 근대화의 재구성

송병건 지음

산업혁명, 사회변동과 직업분화의 경제사

1700~1900

도서출판 해남

책머리에

우리가 살아가고 있는 현재는 과거의 누적물이며, 현재의 사회를 이해하기 위해서 과거 역사를 돌아보는 작업은 필수적이다. 현대사회의 기본적 성격이 형성되어 간 과정, 역사가들이 통상 '근대화'라고 규정하는 이 과정에 사람들의 깊은 관심을 표명해 온 것은 당연한 일이다. 그렇다면 근대화의 본질은 무엇인가? 근대화는 어떤 경제적·사회적·정치적·문화적 변화를 특징으로 하는가? 이 변화들 가운데 어떤 것이 가장 핵심적인 중요성을 지니는가? 그렇게 볼 근거는 무엇인가? 근대화는 사회 전면에서 동시적으로 발생하는가? 아니면 근대적 부문과 비근대적 부문의 병존체제가 장기적으로 유지되는 가운데 점진적으로 변화를 겪게 되는가? 상이한 부문들은 어떤 방식으로 상호작용을 하는가? 지구상의 여러 지역과 국가들은 유사한 근대화 과정을 경험하였는가? 한 사회의 근대화는 다른 사회의 근대화에 어떻게 영향을 미치는가? 근대화에 대한 사람들의 반응은 어떻게 표출되어 왔는가? 이런 수많은 중요한 논점들이 전체 그림의 일부를 이루는 퍼즐이 근대화 연구자 앞에 놓여 있는 셈이다.

경제사학계에서 근대화에 대한 탐구는 18세기 및 19세기 영국의 역사적 경험에 초점을 맞추고 있다. 이는 부연할 필요도 없이 '산업혁명'으로 알려진 사회경제적 대변화를 통해 영국이 세계 최초로 근대적 사회를 형성하게 되었다는 통설적 주장에 근거를 두고 있다. 경제사학자들은 근대화가 수반하는 여러 물질적·제도적·관습적 변화들을 공업화가 낳은 산물—또는 부산물—이라고 일반화하는 경향이 있다. 그리고 근대화가 구체적으로 어떤 과정을 거쳐 이루어졌는가라는 문제보다는 근대화의 최종 귀착점이 무엇인가라는 문제에 더 큰 관심을 보여 왔다. 과연 공업화는 근대화의 필요충분조건인가? 이 책은 영국의 근대화가 실제 어떤 과정을 거쳐 이루어져 왔는가를 분야별로 면밀히 살펴봄으로써, 공업화 중심의 논의가 지니는 맹점들을 보여 주고 근대화 과정의 실제 모습을 재구현하고자 시도한다. 인구구성의 변화, 촌락구조의 변모, 공업부문과 비공업부문에서의 직종의 발달 및 분화과정, 노동이동의 범위와 효과, 복지체제의 형성과 복지정책기조의 변화, 시장주의에 대한 사회적 반응 등 공업화 과정 자체를 넘어서는 폭넓은 접근을 통해 근대화 과정의 실체를 재구성하는 것이 이 책의 목적이다.

이 책에 수록된 각 장은 그간 필자가 발표하였던 논문들에 크게 의존하고 있다. 일부 장은 이번에 새로이 집필하였지만, 다른 여러 장에서는 이미 발표된 논문들—참고문헌 참조—을 부분적으로 수정·보완하고 최근의 연구사를 반영하여 보강하였다. 책 구성의 편의를 위해 논문의 일부를 없애거나 다른 논문과 결합한 경우도 있다. 이런 과정을 통해 책이 보다 체계적으로 구성되었다고 믿는다. 그간 필자에게 논문발표의 장이 되어 준 경제사학회와 영국사학회는 이번에 기 발표논문들을 수정해서 이 책에 싣는 것을 허락해 주었다. 이 기회를 빌어 감사의 마음을 전한다. 또한 이 연구가 애초에 가능하였던 데에는 많은 학술지원단체로부터 받은 재정지원의 힘이 컸다. 1단계 및 2단계 두뇌한국(Brain Korea)21사업, 한국학술진흥재단, LG연암재단, 성곡학술문화재단 그리고 성균관대학교의 연구기금이 없었더라면 연구에 적지 않은 어려움이 있었을 것이다. 관계자 분들께 깊은 사의를 표한다.

이 책을 내기까지 많은 분들의 도움을 받았다. 경제사학계와 영국사학계의 여러 선생님들, 뜨거운 학문적 열정과 깊은 동료애로서 보기 드물게 훌륭한 연구 환경을 만들어 주고 계신 성균관대학교 경제학부 교수님들, 그리고 수업을 통해 좋은 자극제가 되어 준 학생들에게 감사한다. 대학원생인 허은경 양과 곽보름 양은 원고를 꼼꼼히 읽고 세부적인 오류를 찾아 수정해 줌으로써 책의 완성도를 높여 주었다. 거칠고 다듬어지지 않은 원고를 약속시간보다 늦게 보내곤 하였던 필자에게는, 꼼꼼하게 원고를 챙기고 다양한 조언을 아끼지 않으신 도서출판 해남의 노현철 사장님과 직원분들의 노고가 정말 고마웠다.

이 책의 출간을 맞이하면서 특히 20년 전에 영국 산업혁명기 연구로 필자를 인도해 주신 김종현 선생님께 특별한 감사를 드리고 싶다. 산업혁명연구의 최고 권위자로서 제게 보여 주신 학문하는 자세와 연구의 깊이는 늘 필자에게 감동으로 남아 있다. 그리고 가족들의 도움을 언급하지 않을 수 없다. 아내이자 친구이자 동료인 복합적 동반자 김은하와 행복의 원천인 딸 송지민의 심적 지지와 시간적 협조가 없었더라면 이 책의 출간을 기약하기 어려웠을 것이다. 마지막으로, 부모님께 아주 특별한 마음으로 감사의 뜻을 전하고 싶다. 가장 크게 고마움을 전해드려야 마땅한 줄 잘 알면서도 평소에는 마음을 표현하지 못하며 지내 왔다. 낳아 주시고, 길러 주시고, 또한 여러 모로 부족한 자식의 판단과 결정에 늘 힘을 실어 주신 부모님께 뜨거운 감사의 마음으로 이 책을 바치고자 한다.

2008년 2월 25일

명륜동 연구실에서

송 병 건

차　　례

제 1 장

총설: 근대화, 산업화와 사회변동, 18~19세기의 영국 1

제1부
산업혁명, 인구변화와 농업변화

제 2 장

산업혁명, 인구통제 시스템, 노동공급과 인적자본 19

1. 경제사, 경제성장론 그리고 산업혁명/21
2. 경제성장의 요인들/23
3. 노동공급의 원천/28
4. 인구이동: 도시와 농촌/39
5. 인적자본과 도제제도/43
6. 맺 음 말/50

제 3 장

농촌사회조직의 변화: 열린교구-닫힌교구체제 53

1. 근대화 돌아보기/55
2. 농촌인구의 이동과 근대화/57

3. 사실 혹은 허구: 열린교구-닫힌교구체제 / 61
4. 빈민법과 구빈지출 / 68
5. 맺 음 말 / 78

제 4 장
의회인클로저와 사회변화 81

1. 인클로저 연구사 / 83
2. 의회인클로저, 생산성 및 토지소유구조 / 86
3. 개방경지에서 공동지로 / 93
4. 의회인클로저와 열린교구-닫힌교구체제 / 98
5. 맺 음 말 / 109

제 2 부
지방통치체제와 복지제도

제 5 장
지방통치와 간이심판소의 역할 113

1. 지방통치의 제도적 틀 / 115
2. 지방정부의 위계구조 / 121
3. 간이심판소의 발달과정과 치안판사의 위상 / 127
4. 간이심판소의 전국적 분포와 운영 / 131
5. 사례연구: 케임브리지셔의 경험 / 134
6. 맺 음 말 / 142

제 6 장

토지대여정책과 빈곤문제 145

1. 문제제기와 연구사 / 147
2. 케임브리지셔 농촌소요와 지역실태조사 / 153
3. 분여지와 감자텃밭의 차별성 / 158
4. 정책결정과 지방정부의 역할 / 166
5. 맺 음 말 / 171

제 7 장

근대화, 경제변화와 복지시스템의 변천 175

1. 빈민법의 사회경제적 배경 / 177
2. 구빈민법의 변천과정 / 186
3. 빈민법 개정논의의 전개 / 200
4. 빈민법의 사회경제적 효과 / 207
5. 맺 음 말 / 215

제 8 장

빈민법 개정과 사회변동 219

1. 빈민법 개정 이후의 양상 / 221
2. 신빈민법의 변천과정 / 222
3. 반빈민법운동의 성격 / 231
4. 신빈민법의 사회경제적 효과 / 235
5. 맺 음 말 / 242

제 3 부
노동시장, 직종분화와 세계화

제 9 장

노동시장과 노동이동성 247

1. 행정구역과 생활권 / 249
2. 노동시장에 대한 접근법들 / 252
3. 개별 노동시장의 사례들 / 261
4. 맺 음 말 / 268

제 10 장

직종분화와 산업혁명의 재해석 271

1. 산업혁명의 재조명과 직종연구의 대두 / 273
2. 직종분화의 역사: 연구의 성과 / 275
3. 직종연구의 한계 / 280
4. 남은 과제들 / 282

제 11 장

정보의 바다와 산업혁명 287

1. 정보화 사회와 역사학 / 289
2. 다양한 자료들 / 294
3. 산업혁명의 개념, 쟁점과 새 연구동향 / 297
4. 자료의 비교 / 300
5. 맺 음 말 / 306

참고문헌 309
찾아보기 345

1 총설: 근대화, 산업화와 사회변동, 18~19세기의 영국

역사연구의 종착지는 시기구분이며, 한 시대로부터 다른 시대로의 이행이 어떤 과정을 거쳐 진행되었는가를 밝히는 작업은 역사학의 핵심적 과제다. 이른바 '전통사회'로부터 오늘날 우리가 살아가는 세계로의 이행과정을 칭하는 '근대화'가 역사가들의 주목을 받아 온 것은 지극히 당연하다. 현재 우리가 살고 있는 사회를 제대로 이해하기 위해서는 그런 사회가 언제, 어떤 과정을 통해 탄생하였는가를 올바로 파악할 필요가 있기 때문이다.[1] 이 책은 서구 사회의 역사, 특히 서양 근대화의 첫 사례라고 널리 평가받고 있는 영국의 역사에 초점을 두고서 근대화의 과정을 탐구한다.[2] 1700년에서 1900년에 이르는 시기에 과연 영국의 사회와 경제는 어떤 변화를 경험하였으며, 이 변화가 다른 세계에 주는 시사점은 무엇인지 살펴볼 것이다.

근대화란 무엇인가? 이에 대한 학자들의 견해는 아주 다양하다. 현대사회의 기본적 속성이 무엇인가에 대한 이해의 차이에 따라 근대화의 본질에 대한 인식도 다양할 수밖에 없을 것이다. 단순화의 위험을 무릅쓰고 이야기하자면 근대화는—특히, 서구 사회의 근대화는—일반적으로 다음과 같은 변화들을 포함하는 것으로 학자들은 이해한다.

첫째, 근대화는 사회구성원들의 인식체계의 전환을 의미한다.

---

1 학자에 따라서 근대화의 개념이 역사연구에 얼마나 중요한 의미를 지니는가에 대해 다양한 평가가 있다. 특히, 근대화의 개념이 서구 사회의 경험에 기초하여 확립되었으며 비서구 세계의 근대화는 서구화를 의미할 뿐이라는 비판적 견해가 존재한다. 이 견해의 타당성 여부에 관한 논의는 이 책의 범위를 벗어난다. 서구 학계의 동향으로 논의를 한정하자면 근대화의 역사적 의의와 구체적 내용에 대한 논의는 여전히 계속되고 있으며, 따라서 이 책이 연구대상으로 삼고 있는 영국 사회는 서구적 근대화의 최초 사례로서 여전히 학문적 관심의 대상이 되고 있다.

2 근대화의 기준으로 무엇으로 삼느냐에 따라 영국이 아니라 다른 국가가 먼저 근대화를 경험했다는 주장도 가능하다. 예를 들어서 De Vries and Van der Would(1997).

무엇보다도 전통사회에서 강조되던 공동체주의가 약화되고 이를 대신하여 개인주의적 사고가 영향력을 확대하는 과정이다. 또한 사회 각 부문에 있어서 종교의 지배력이 줄고 대신 사회가 세속적 경향을 강화해 가는 과정이기도 하다. 기독교의 영향력이 막강하였던 유럽의 중세사회가 르네상스기를 거치면서 변질되기 시작하였고, 17세기와 18세기를 통해 과학혁명과 계몽주의의 세례 속에서 개인주의적 사고가 두드러지게 약진하였음은 널리 알려져 있다. 영국에서는 뉴턴(I. Newton)과 베이컨(F. Bacon) 같은 걸출한 '과학혁명가'들이 일찍부터 두각을 나타내었을 뿐만 아니라, 18세기 중반 이래 스코틀랜드 계몽주의(Scottish Enlightenment) 학자들—저명한 애덤 스미스(A. Smith)도 그 중 한 사람이다—의 영향하에 정치와 경제체제를 어떻게 하면 합리적으로 구성할 것인가에 대해 많은 논의가 이루어졌다. 뒤를 이어 리카도(D. Ricardo)와 맬서스(T.R. Malthus) 등 고전파 경제학자들이 자연법(Natural Law) 관념에 기초한 이론을 주장하면서 영국 정치경제학 연구의 전성기를 이끌게 되었다. 대륙의 많은 국가들에 비해 영국에서 새 사조가 일찍부터 자리를 잡을 수 있었던 데에는 절대주의 체제가 무너지고 시민들이 권력의 주체로 부상하는 이른바 '시민혁명'의 경험이 큰 영향을 끼쳤다고 볼 수 있다. 청교도혁명-명예혁명-왕정복고의 과정을 겪으면서 영국 사회는 입헌군주제라는 정치체제를 확립하였고, 그 후 상공인계층의 정치적 지배력 공고화와 법에 의한 통치가 되돌릴 수 없는 새로운 전통으로 자리를 잡으면서 기존의 지배세력이 누렸던 정치적·종교적·사회적 영향력은 크게 약화되었다. 이런 배경에서 개인보다 공동체를 우선시하는 가치관이나 종교적 인식에 기반한 사고방식은 설 자리를 상실하게 되었던 것이다.

둘째, 근대화는 사회조직의 변화를 수반한다. 전통사회의 신분제가 약화되면서 점차 해체의 길을 걷게 되는데, 이에 따라 구래의 관습에 따라 권리와 의무관계가 규정되던 전통사회의 조직원리가 힘을 잃고 대신에 계약을 통해 권리와 의무의 구체적 내용을 결정하는 체제가 등장하게 된다. 봉건영주가 행사하던 신분제적 또는 공동체적 강제의 존립근거가 사라지면서, 이해당사자 간의 계약과 이의 이행이 구성원 간의 관계를 규정하는 1차적 요소로 자리를 잡게 된 것이다. 또한 근대화의 핵심적 측면으로 대가족 중심의 가족제도가 핵가족 중심으로 재편되는 모습이 지적되기도 한다. 이는 공동체주의에서 개인주의로 인식체계상의 변화에 기인하는 측면이 있으며, 또한 부분적으로는 비농업부문이 상대적으로 확대되는 경제적 변화에 부응하기 위해 인구의 이동성이 커지면서 필연적으로 발생하는 현상으로 이해되기도 하였다. 농업부문에서 전형적으로 관찰되는 친족 간의 유대관계와 공동체적 상호부조의 체제가 약화되는 상황도 가족의 미래에 대한 안전망을 헐겁게 함으로써 핵가족화를 가속화하는 요인이 되었다. 한편, 근대화는 많은 사회에서 도시화와 맥을 같이 하면서 전개되었다. 도시화의 진행은 촌락을 중심으로 이동성이 적은 인구집단, 친족적 성격이 강한 인구집단, 촌락의 관습에 의거하여 마을의 공동자원을 함께 이용하는 인구집단으로서 촌락사회가 보유하는 비익명적 성격을 퇴조시킨다. 이와 대조적으로 도시화는 구성원들 간에 혈연적 및 관습적 유대가 매우 약하고 인구의 규모도 촌락에 비해 훨씬 크므로 구성원들 간에 익명적 환경이 자리하게 된다. 이에 따라 사회의 규칙을 어기는 사람들을 쉽게 적발하기 어려울 뿐만 아니라 그들에 대해 공동체적 처벌이나 사적 비난이 힘을 발휘할 수 없게 된다. 경찰을 포함한 사법적 공권력의 등장이 필연적인 상황이 되는 것이다. 개인이 중시하는 군집의 성격도 혈연이나 지연을 기반으로 하는 1차 집단보다는 2차 집단, 특히 직종이나 근무지, 그리고 경제적 지위를 중심으로 하는 이익집단으로 변모하게 된다.

근대화의 셋째 특징으로서 인구상의 변화와 경제구조의 전환을 지적할 수 있다. 근대화를 전후하여 인구학적 변화를 보이는 경우가 많은데 그 대표적인 사례가 고출산-고사망체제에서 저출산-저사망체제로의 인구변천(demographic transition)이다. 보다 직접적으로는 소득증가, 전염병 감소, 기후호전 등으로 인해 인구가 증가하면 이것이 궁극적으로 다시 인구감소로 이어지는 이른바 맬서스트랩(Malthusian Trap)에서 벗어나 인구가 폭발적으로 그리고 비가역적으로 증가하는 현상이 목격된다. 인구증가가 1인당 소득의 감소로 이어지는 전통적 인구시스템과 달리 인구증가와 1인당 소득의 증가가 동시적으로 발생하는 상황이 전개된다는 면에서도 맬서스트랩으로부터의 탈출을 이야기할 수 있다. 이런 인구학적 변화가 경제 전반의 생산성 증가에 기인하며, 따라서 공업부문의 획기적 발달을 보여 주는 산업혁명(Industrial Revolution)이나 이를 선행 또는 동반하였다고 여겨지는 농업혁명(Agricultural Revolution)이 근대화의 핵심적 요소라고 보아야 한다는 주장이, 특히 경제사학계를 중심으로 강력하게 제기되어 왔다. 산업혁명의 의의를 강조하는 학자들 간에도 어떤 세부요인에 강조점을 두는가에 대해서는 차이가 적지 않다. 동력원의 변화나 기계의 발달 및 기술진보를 강조하는 주장이 있는가 하면, 공장제의 확산과 노동자계급의 대두에 주목하는 주장도 있다. 규제 중심의 중상주의적 제도를 대신하여 시장의 역할이 커졌다는 측면이 중요하다고 보는 학자도 있고, GDP나 1인당 국민소득과 같은 양적 성장의 가속화를 핵심으로 파악하는 학자도 있다.[3]

[3] MOkyr(1993); 양동휴(1996); 김종현(2006).

농업혁명에 대해서도 생산의 양적 증가에 초점을 맞추는 연구가 있는가 하면, 인클로저운동 등을 통해 사적 토지소유제가 확립되었다는 측면을 강조하는 연구도 있으며, 자급적 소농의 입지가 약화되고 이를 대신하여 전문적 차지농이 지주로부터 토지를 임차하고 농업노동자를 고용하여 경작하는 새 농업경영체제의 대두에 의미를 부여하는 연구도 있다.[4]

이렇듯 근대화는 학자에 따라 인식체제의 변화, 사회조직의 변화, 인구와 경제구조의 변화 등 다양한 변화를 지칭하는 것으로 이해되어 왔다. 구체적으로는 공동체주의에서 개인주의로, 종교적 사회에서 세속적 사회로, 절대주의에서 주권재민으로, 대가족 중심에서 핵가족 중심으로, 관습사회에서 계약사회로, 비익명적 농촌사회에서 익명적 도시사회로, 맬서스트랩에서 인구폭발로, 그리고 농업중심의 경제에서 상공업 중심의 경제로 이행하는 과정을 의미하였다. 그리고 이 변화들은 18세기와 19세기의 그다지 길지 않는 기간에 집중적으로 발생하였다고 알려져 있다.

그런데 지난 반 세기에 걸친 근대화에 관련된 연구는 이러한 이분법적 논의가 개별 사회와 시기에 모두 들어맞지는 않는다는 점을 보여 준다. 이 책의 주된 관심분야인 경제사—및 인접학문분야인 사회사—영역의 연구만 살펴보더라도 이분법적 이해가 실제 역사적 사실과 부합하지 않는 과도한 일반화의 결과라는 의구심을 지울 수 없게 한다. 대표적인 예가 영국의 인구사 연구가 보여 주는 결과다. 리글리(E. A. Wrigley)와 스코필드(R. S. Schofield)의 선구적 연구 및 그 후속연구들은 이미 1610년대에 잉글랜드 인구의 초혼연령이 남녀 각각 27.4세 및 25.6세로 현재와 별로 다르지 않다는 점

---

[4] Overton(1996); Allen(1999); Williams(2002).

을 보여 주었다. 이는 전통사회에서는 혼인이 공동체적 의사결정이기 때문에 10대 후반 내지 20대 초반에 대부분의 혼인이 행해질 것이라는 예상과 크게 어긋나는 것으로, 결혼에 관한 의사결정을 혼인당사자들이 자신의 가계구성계획에 따라 주도적으로 행하였음을 보여 주는 것이다.[5] 이런 결과에 근거하여, 그리고 그 연원을 더욱 멀리 추적하여, 맥팔레인(A. Macfarlane)은 잉글랜드에서 개인주의가 중세부터 이미 나타나고 있었다고 설파한 바 있다.[6] 가구원의 숫자가 전통사회에서 이미 소규모를 유지하고 있었다는 점도 밝혀졌다. 1650년경에 태어난 잉글랜드 여성은 평균 3.5인 이하의 아이를 출산한 것으로 밝혀졌다.[7] 도시화가 공업화에 선행하여 진행되었다는 점도 주목된다. 영국의 여러 지역에서 17세기와 18세기를 거치면서 빠른 도시화가 진행되었고, 그 대표격인 런던의 경우 공업화와는 거리가 먼 소비도시로서 명성을 떨쳤다.[8] 도시화의 진행이 공업화의 진행과 분리된 모습을 보였다는 점은 도시화가 근대화의 구성요소로서 얼마나 중요한 것인지에 대해 재고를 요구한다.

이상에서 본 바와 같이 근대화에 대한 논의는 전통사회와 근대사회의 속성을 이분법적으로 이해하고 있으며, 핵심적인 변화들이 특정 시기에 밀집해 발생하였다고 파악한다는 면에서 주의가 필요하다. 과연 실제 사회에서 근대화는 어떤 과정을 통해, 어떤 양상을 보이며, 예상되는 또는 예상하지 못한 어떤 결과를 낳으면서 진행되었던가? 최초의 근대적 경제체제를 이루었다고 평가되는 영국 사회의 역사적 변천과정을 자세히 살펴봄으로써 이 문제에 대한 답을

[5] Wrigley *et al.*(1997), p. 134.
[6] Macfarlane(1991).
[7] Hinde(2003), p. 134.
[8] Wrigley(1967); Williamson(1990).

구하는 것이 이 책의 목적이다.

경제사에서는 특히 18세기 후반에서 19세기 전반에 이르는 시기에 발생한 산업혁명이 근대화의 결정적 계기라고 통상 인식해 왔다. 기술진보, 생산조직의 변화, 노동자계급의 형성, 시장의 확대, 자유방임주의의 확립 등 기존의 사회와 차별화된 변화가 발생하였다는 데에 의문의 여지를 두기 어려운 게 사실이다. 그러나 산업혁명과 관련된 세부분야로 논의를 구체화해 들어가 보면, 산업혁명기의 사회경제적 변화가 어떤 모습으로 발생하였는가에 대해 단순화된 일반론으로는 설명하기 어려운 현상들을 많이 접하게 된다. 이런 문제를 풀기 위해서는 이 시대의 여러 변화들, 특히 새로운 인구학적 추세의 대두, 농업부문의 기술변화와 사회조직의 변화, 구산업과 신산업 간의 분화를 포함한 직종구조의 변천, 고용과 복지제도의 진화 등 상호 관련된 여러 주제를 종합적으로 고찰하는 작업이 필수적이다. 이 책의 각 장에서 우리는 이런 다양한 분야에서 그간 전문연구자들이 축적해 온 연구성과들을 면밀하게 검토하고 비판적으로 해석하게 될 것이다.

이 책은 크게 세 부분으로 구성되어 있다. 제1부는 '산업혁명, 인구변화와 농업변화', 제2부는 '지방통치체제와 복지제도', 그리고 제3부는 '노동시장, 직종분화와 세계화'를 다룬다. 제1부의 시작인 제2장에서는 '산업혁명, 인구통제 시스템, 노동공급과 인적자본'이라는 제목하에 현대경제학의 맥락에서 산업혁명의 성격과 성공요인을 어떻게 이해할 것인가를 다룬다. 산업혁명기 경제발전의 중요한 요인으로 손꼽히는 노동의 증가와 이동성 및 인적자본 공급에 관한 논의를 정리하고, 이를 통해 산업혁명의 과정과 의미를 재조명하는 시도다. 노동증가의 핵심적 원인의 하나인 인구증가에 이민이 더 중요하였는지 아니면 자연증가가 더 중요하였는지, 후자라면 사망률 감소가 더 큰 기여를 하였는지 아니면 출생률 증가의 기여가 더 컸는지, 또한 출생률 증가의 경우 혼인연령의 감소, 가임기간의 확대, 출산간격의 축소, 영양상태의 개선 등 가능한 요인들 가운데 어느 것이 중요한 역할을 하였는가도 궁금하다. 18세기 말의 급속한 인구증가과정에서 맬서스트랩을 벗어날 수 있었던 이유를 탐구하는 작업도 중요하다. 인구통제모형의 시기적 변천을 통해 보면 이 시기 인구규모와 식량가격 간의 상관성이 사라진다는 점이 유용한 힌트가 된다. 노동이동에 관해서는 장거리 이동과 단거리 이동 가운데 어느 것이 더 중요하였는가가 논쟁의 대상이 되어 왔다. 지역별 산업구조와 사회적 및 경제적 조건들을 종합적으로 검토함으로써 단거리 이동의 누진적 축적이 더 중요하였음을 보이고자 한다. 여기에 튜더왕조기에 등장하여 시대적 상황에 맞추어 지속적으로 개정되어 온 빈민법(Poor Law)과 정주법(settlement law)의 여러 조항들이 노동이동의 규모와 속도와 방향을 좌우하는 핵심적인 제도적 매개체로서 기능하였음이 밝혀질 것이다. 인적자본의 공급에 대해서는 도제제도(apprenticeship system)를 통해 고찰이 가능하다. 영국의 도제제도는 계약당사자 쌍방이 도제훈련을 종료할 경우 얻게 되는 기대이익이 다른 나라에 비해 컸다는 면에서 강점이 있었음을 논증할 것이다. 그리고 케임브리지셔(Cambridgeshire)에 대한 실증사례를 통해 사회경제적 및 제도적 요인들이 구체적으로 노동이동에 어떻게 영향을 끼쳤는가를 살펴볼 것이다.

제3장에서는 농촌의 사회조직이 어떤 방식으로 근대화를 경험하였는가를 추적한다. 영국의 도시화와 공업화는 농촌사회의 전면적 붕괴를 동반하면서 진행된 것이 아니었다. 적어도 19세기 중반까지는 지주세력의 정치적 영향력은 중앙정치무대에서 지속되었고, 지방의 농촌사회는 지주의 영향력이 서서히 약화되는 가운데에서도

매우 복잡한 내부적 변화를 겪으면서 근대화의 길을 걸어갔다. 따라서 영국 농촌사회의 변화과정에 관한 이해는 의미가 크다. 이 장의 논의의 출발점은 기존의 연구가 개별 촌락(교구) 중심으로 정태적인 구조를 이해하는 데 초점을 둔 결과 근대화라는 변혁의 '과정'에 관해서 거의 주목하지 않았다는 사실이다. 개별 촌락이 농촌인구의 기본 생활단위라는 인식이 지나치게 확산된 결과, 촌락단위를 넘어선 지역수준에서 어떻게 경제행위 및 사회적 관계가 이루어졌는지에 대해 그간의 연구들은 제대로 된 관심을 보이지 않아 왔다. 촌락 이상의 수준에서 사회구조를 분석하기 위해 고안된 이른바 '열린교구-닫힌교구체제(open and closed parish system)' 모형도 근대화 과정과의 관련에서 사용되기보다는 촌락 간의 가시적인 특성 차이를 서술하는 데 머무른 경향이 컸다. 그러나 이 모형은 당시의 농촌사회를 이해하는 데 커다란 유용성을 지닌다. 이 모형이 갖는 한계점으로 지적되어 온 사항들이 극복 불가능한 것이 아니라는 점을 강조한 후, 이 모형을 이용하여 19세기 전반에서 중반에 이르는 시기의 농촌사회구조를 분석할 것이다. 그리하여 토지소유자-차지농-농업노동자의 삼분제(tripartite system)로 대표되는 근대적 농촌사회구조와 병행하여 자급자족형 영세소농과 소규모 농촌수공업이라는 전통적 요소가 존재하는 형태, 그리하여 이들 간에 밀접한 긴장관계 및 공생관계가 동시에 존재하는 상황을 고찰할 것이다. 그리고 1830년대 초 케임브리지셔의 구빈자료를 개량된 열린교구-닫힌교구모형을 토대로 분석함으로써 농촌근대화의 실상의 단면을 포착해 볼 것이다.

제4장에서는 농업부문의 변화를 초래한 핵심적 요인으로 지적되는 인클로저의 시행과정과 사회경제적 효과를 논의한다. 특히, 18세기 후반에서 19세기 초반에 집중적으로 진행된 의회인클로저(parliamentary enclosure)의 특성과 역사적 의의를 되돌아보기로 한다. 이 장에서는 기존의 인클로저 연구가 토지세대장의 분석을 통해 토지 소유구조와 보유방식을 구명하는 데 치중하고 개방경지(open field)의 소멸이 가져다주는 효과에 논의를 집중해 왔다는 점을 설명하고, 이러한 두 특징이 최근의 연구에 의해 근본적인 도전을 받게 되었다는 점을 강조한다. 토지세대장이 지니는 자료상의 문제점 지적과 공동지(common)와 공동권(common right)의 중요성에 대한 재인식이 이러한 도전의 기반임을 설명할 것이다. 그리고 옥스퍼드셔(Oxfordshire)의 의회인클로저 자료를 분석함으로써, 앞선 장에서 고찰한 열린교구-닫힌교구체제가 의회인클로저의 전개시기 및 진행속도와 어떤 관련성을 지니고 있을지를 논의할 것이다. 이 분석을 통해 의회인클로저가 촌락 간의 사회경제적 차별성을 심화시키는 과정이었음을 보이고자 한다.

영국의 지방통치 시스템과 복지제도의 변천을 다루는 제2부의 시작은 제5장 '지방통치와 간이심판소의 역할'이다. '산업혁명기' 영국의 지방들은 지주층에 의해 통치되었다. 전례 없이 깊고 오래 지속되는 변화의 소용돌이 속에서도 지주층이 장기간에 걸쳐 지방에 대한 통치력을 유지할 수 있었던 데에는, 그들이 지주라는 경제적 지위 이외에 행정적 및 사법적 권력을 완강하게 장악하고 있었다는 점이 중요하였다. 그리고 이런 행정적 및 사법적 권력의 행사를 가능하게 한 지방정부단위가 간이심판소구역(petty sessional division)이었음을 밝히는 것이 이 장의 핵심적 내용이다. 지방정부의 위계구조가 최상부의 주(county)로부터 최하부의 교구(parish)까지 어떻게 구성되어 있었는지, 지방정부의 각 단위들은 어떤 기능을 수행하였는지, 그리고 지주의 지방통치에 결정적인 역할을 한 것은 어느 단위였는지를 차례로 논의할 것이다. 그리고 이 과정에서 간이심판소의 중요성이 부각될 것이다. 케임브리지셔의 사례를 통해 간이심판소(petty sessions)에서의 의사결정이 지방의 노동정책과 복지정책을 형성하는 데 중추적 역할을 하였다는 점을 입증해 보려 한다.

제6장은 18세기 말부터 보급이 확산되었고 1830년대 초에 각광을 받았던 토지대여정책에 대한 논의를 담고 있다. 분여지(allotment)와 감자텃밭(potato ground)의 대여정책은 외면적으로는 별 차이가 없는 것처럼 보이지만 실제로는 대여주체, 대여대상, 재배작물, 임대료 등에서 큰 차이가 났다. 이들의 차이를 분석하고 이들의 보급 정도를 결정하는 요인이 무엇이었나를 살펴보고자 한다. 특히, 1830년대 초에 영국 농촌지역 전역을 휩쓴 스윙폭동(Swing Riots)의 충격이 토지대여정책과 어떤 관련성을 지니는가에도 주목한다. 스윙폭동이 농촌근대화에 대한 본격적인 소요사태라는 점을 고려한다면 이 이슈가 지니는 역사적 무게가 적지 않음을 느낄 수 있을 것이다. 자료가 상대적으로 많이 남아 있는 분여지의 경우에 주목하여 계량분석을 실시함으로써, 분여지대여정책의 설명요인이 무엇인가를 파악할 수 있을 것이다.

제7장과 제8장에서는 영국 복지제도의 발달사를 두 시기로 구분하여 탐구한다. 1834년 빈민법 개정 이전의 이른바 '구빈민법(Old Poor Law)'을 다루는 제7장에서는 빈민법의 탄생에서부터 폐지 또는 개정을 둘러싼 논쟁이 가열된 19세기 초반을 지나 최종적으로 개정에 이르게 되는 과정을 추적한다. 인클로저의 전개와 토지소유의 집중화, 농촌실업의 확대와 수공업의 몰락, 나폴레옹전쟁기의 흉작과 고물가 및 뒤를 이은 전후 불황 등 경제사정의 시대적 변화에 직면하여, 지주층이 어떻게 자신의 정치적 통치력과 경제적 이익을 도모하는 방향으로 빈민법의 규정 및 실제 운영방식을 조정해 갔는지, 그리고 그에 대응하여 차지농 등의 중간층과 농업노동자들 포

함한 하층민들이 어떤 방식으로 대응을 해 갔는지 이 장에서 살펴보게 된다. 특히, 1834년 빈민법 개정의 성격에 관한 그간의 논쟁을 정리하고 이 개정의 실제 속성이 무엇인지를 밝히려는 시도를 하고자 한다.

'신빈민법(New Poor Law)' 시기를 다루는 제8장에서는 개정된 빈민법이 영국 각지에서 어떻게 수용되었는지, 그리고 그 결과 복지제도의 내용에 어떤 변화가 발생하였는지를 조사한다. 신빈민법의 수용양상은 북부지방과 남부지방에서 큰 차이를 보였다. 북부지방에서는 격렬한 저항이 발생하여 새 법이 순조롭게 도입될 수 없었다. 빈민법의 개정 자체가 도시보다는 농촌의 문제를 해결하기 위해 이루어진 측면이 강하였으므로, 경제적 상황이 남부 농촌지역과 상이한 북부 공업지역에서 저항이 거칠게 일어났던 것은 어쩌면 당연한 일이었다. 그러나 남부지방에서 신빈민법이 원활하게 도입되었다는 해석도 잘못된 것으로 보인다. 이 지역에서는 새 빈민법의 제정의도와는 달리 온존하는 지주층의 통제력이 지역의 특성에 맞게 법적용에 융통성을 둘 수 있었다고 보는 것이 더 타당하다. 그렇다면 과연 신빈민법의 사회경제적 효과는 어떻게 평가할 수 있을 것인가? 이 장에서 이 문제를 자세히 다룰 예정이다.

제3부의 제9장에서는 노동시장의 구조를 분석하고 개별 노동시장들에 대해 구체적 작동양상을 탐구한다. 특히, 노동이동성에 관한 기존의 연구를 비판적으로 고찰하고, 이동성에 대한 새로운 평가를 시도하고자 한다. 우선 노동이동의 범위와 생활권에 대한 연구들을 몇 개의 접근법으로 구분하여 살펴본다. 이때 이동범위가 지방의 행정적 및 사법적 통치단위와 어떤 관련성을 보일 것인가에 대해 특별히 유념한다. 자유시장적 접근, 교구중심적 접근, 열린교구-닫힌교구 접근, 중행정단위 중심의 접근이 지니는 특성과 이 접근법

들 각각의 장단점을 논의하고, 어떤 접근법이 가장 설명력이 뛰어난지, 그리고 복수의 접근법을 결합하여 설명력을 향상시킬 수 있는지에 대해 고민을 한다. 일반도제 및 교구도제(parish apprentice)의 이동범위를 분석하고, 농업고공(servant in husbandry) 고용의 지리적 범위를 추적하고, 빈민법대상자(pauper)의 이동 및 퇴거 반경을 조사함으로써, 어떤 접근법이 가장 효과적인지에 대해 판단을 내리고자 한다.

직종의 분화과정을 다루는 제10장에서는 18세기를 거치면서 영국의 직종구조가 어떻게 분화해 나갔는가를 연구한다. 그간 다양한 사료의 분석을 통해 직종구조에 대해 밝혀진 바가 무엇인지를 명확히 하고, 아직까지 분석이 미비한 부분이 무엇인지에 대해서 논의한다. 인구센서스, 직종센서스, 방위기록(defence records), 도제기록, 빈민법기록 등 대상을 달리하는 다양한 기록들을 연결하여 분석하는 작업이 유익한 분석결과를 가져올 수 있다는 점을 강조하고 싶다.

마지막으로 정보화 사회(information society)라 일컬어지는 현재의 정보화 수준을 산업혁명에 관한 연구로 주제를 한정하여 평가하는 것이 제11장의 과제다. 산업혁명이란 주제에 대하여 다양한 인터넷 백과사전들의 수록방법과 내용 및 관심범위를 분석함으로써, 인터넷매체가 영국 근대화 과정의 연구와 교육에 활용되기에 적합한 정보를 담고 있는가를 평가하고자 한다. 우선 저자, 자료의 연결성·보완성, 그림·표·연표의 수록 여부, 참고문헌 등 자료의 기본적 특성에 대해 자료별로 조사한다. 제2단계로는 산업혁명의 내용 가운데 산업혁명의 연속성·단절성 논의, 공업화의 전제조건, 생활수준의 변화 등 그간 학계에서 쟁점이 되어 왔던 주제들에 관해 조사한다. 마지막으로 최근의 연구동향을 반영하여 산업혁명의 해석에 있어서 세계화(globalization)의 관점이 얼마나 포함되어 있는지, 소득수준·기호의 변화, 유행과 소비욕 등 수요부문의 역할을 충실히 다루고 있는지, 그리고 재산권과 법치주의 등 경제발전의 제도적 성공요인으로 최근 주목을 받고 있는 사항들에 대해서도 살펴보고자 한다. 과연 정보화 낙관론자들이 기대하듯이 이미 인터넷매체를 통한 자료들이 기존의 매체보다 뛰어난 정보를 효과적인 방식으로 제공해 주고 있는가? 아니면 진정한 정보화 사회의 시대는 아직까지 요원한 상태일까? 이 장은 산업혁명이라는 제한된 주제를 통해 이 의문에 대한 대답을 찾고자 하는 시도다.

이상의 논의를 거치면서 이 책은 산업혁명기의 경제적 및 사회적 변화를 통해 영국의 근대화 과정을 재구성하고자 한다. 기존의 연구들과는 달리 '산업혁명에 초점을 맞추지 않은 산업혁명기 연구'라고 볼 수 있다. 그간의 연구가 산업혁명의 중요성을 지나치게 강조한 나머지, 그리고 산업혁명의 단기적 성과를 지나치게 과장한 나머지, 뚜렷하게 파악하지 못하였던 영국 사회의 근대화 과정을 조심스럽게 추적하고자 하는 것이다. 특히, 산업혁명의 연구에 묻혀 독자적 연구분야로서의 입지가 튼튼하지 못하였던 여러 분야들—인구증가와 인구이동의 진행과정, 농업사회의 구조적 재편과정, 직종의 분화와 분업의 발달과정, 고용방식과 복지제도의 변천과정 등—이 얼마나 서로 밀접하게 관련되어 있는지, 그리고 이들의 변화를 통해 영국 사회가 어떤 모습으로 근대화 과정을 완성해 갔는지를 살펴볼 것이다. 이제 18세기와 19세기 영국 사회의 근대화 과정을 재구성하는 역사적 여정을 떠나 보자.

제 1 부

산업혁명, 인구변화와 농업변화

제 2 장
•
산업혁명, 인구통제 시스템, 노동공급과 인적자본

제 3 장
•
농촌사회조직의 변화: 열린교구-닫힌교구체제

제 4 장
•
의회인클로저와 사회변화

2 산업혁명, 인구통제 시스템, 노동공급과 인적자본

1. 경제사, 경제성장론 그리고 산업혁명
2. 경제성장의 요인들
3. 노동공급의 원천
4. 인구이동: 도시와 농촌
5. 인적자본과 도제제도
6. 맺음말

1 경제사, 경제성장론 그리고 산업혁명

18세기와 19세기에 영국에서 발생한 대규모의 경제적·사회적 변화에 대해 경제학자들은 그간 깊은 관심을 보여 왔다. 이 주제를 가장 직접적으로 다루는 분야는 경제사이지만, 그 밖에도 경제성장론(또는 발전론)을 포함한 많은 세부 경제학분야의 연구자들이 이 주제에 대해 깊은 관심을 보여 왔다.[1] 경제학자들에게서 산업혁명의 중요성은 무엇보다도 '근대적 경제성장'의 측면에 있다. 그들은 산업혁명이 중요하게 다루어져야 하는 이유로서, 산업혁명이 경제의 생산력을 증대시킴으로써 과거 맬서스가 상정한 인구트랩에서 벗어나 1인당 생산수준—이는 곧 1인당 소득수준을 의미하기도 한다—의 지속적 증가가 가능한 체제를 탄생시켰다는 점을 강조한다.[2] 그 밖의 측면들, 예를 들어 주요 산업에서의 기술발달과 새로운 기계류의 전면적 도입 같은 생산체제의 변화나, 농업 중심에서 공업 중심으로의 산업구조상 변화, 공장제로 대표되는 생산조직상의 변화 등은 경제성장에 비해 부차적인 중요성을 지닌 것으로 간주되고는 한다.[3] 경제사와 경제학의 분과학문들이 지난 30여 년간

[1] 경제성장론은 경제의 양적 팽창에 1차적 관심을 두는 반면 경제발전론은 경제의 양적 팽창뿐 아니라 경제체제나 산업구조와 같은 주제에도 주목한다고 차이를 구분할 수 있다. 그러나 현실적으로는 양자를 통합해서 다루는 경우가 많고 명칭을 혼용하기도 한다.

[2] 예를 들어, Barro(1998); Barro and Sala-i-Martin(2003); Weil(2004) 참조. 경제사학적 연구에 대해서는 Komlos(1999) 참조.

[3] 노동규율, 주거환경, 사회계층의 변화, 생활양식의 변화 등에 대한 관심은 더 부차적이다. 영국 산업혁명의 본질에 관한 최근의 국내소개로는 김종현(2006), pp. 15~72.

거리를 좁혀 온 이면에는, 1960년대를 정점으로 한 경제사와 사회사(특히, 마르크스주의 사회사)의 통합이 이후 점차 분리와 상호 배제의 길을 걷게 된 사실이 존재한다.

특히, 1970년대 이래 이른바 신경제사(New Economic History)가 대두하면서 경제사는 역사학과 점차 거리를 두기 시작하였고, 특히 미국에서는 이후 경제사를 경제성장론의 일부로 취급하는 경향, 다시 말하면 경제사란 학문의 특수성을 그저 과거의 자료를 다룬다는 측면에서만 찾을 뿐 방법론상의 독자성은 인정할 수 없다는 입장이 힘을 얻어 갔다.[4] 영국의 경우 경제사를 사회사와 결합시킴으로써 이러한 추세에 대항하고자 노력하고 있지만, 독자적 학문으로서의 지위는 과거에 비해 많이 퇴색된 것이 사실이다.[5] 영국의 산업혁명에 관한 연구에도 신경제사의 영향은 깊이 파고들어 있다.[6]

산업혁명을 경제성장 측면에서 바라보는 작업이 부정적인 결과만을 초래하는 것은 아니다. 경제학분야에서 그간 개발된 다양한 개념과 연구방법론을 이용하여 경제사학자들이 상대적으로 소홀히 하였던 측면들에 대한 연구를 자극하는 긍정적인 효과를 보여 주기도 하였다. 이 장에서는 경제사를 경제성장의 시각에서 고찰하는 연구추세가 경제사학계에 던져 준 새로운 기여가 무엇인가를 검토한다. 특히, 산업혁명의 요인들에 관해 초점을 맞추어, 경제사 이외의 영국사 영역에서 그간 확립해 온 18~19세기 역사관에 최근의 경제사 연구성과가 어떤 시사점을 제공할 것인가를 논의하고자 한다.

---

4 Whaples(1991, 2002).

5 영국의 대표적인 경제사 전문지인 *Economic History Review*의 부제는 'a journal of economic and social history'이다. 그리고 이를 발간하는 학회인 Economic History Society는 이사회(Council)에 Social History Society에서 추천하는 인사를 포함한다.

6 Mokyr(1993); 양동휴(1996), pp. 49~97.

2 경제성장의 요인들

한 경제의 거시적 경제규모는 공급부문과 수요부문으로 나누어 생각할 수 있다. 공급부문의 내용은 생산함수를 통해 표시할 수 있다. 개별 생산자의 생산함수는 전통적으로 다음과 같이 표현된다.

$$S=f(L, K) \tag{1}$$

여기서, S: 공급
L: 노동
K: 자본
f: 기술을 나타내는 함수

이는 노동과 자본이라는 생산요소를 투입하여 f라는 생산방식을 통해 S만큼의 생산을 한다는 의미이며, 개별 생산자의 생산함수를 합하여 경제 전체의 생산함수를 도출할 수 있다. 전통적 농업중심 사회에서는 생산에 기여하는 토지의 중요성이 컸기 때문에 독립된 생산요소로 토지를 고려하기도 하였다. 그러나 이 생산요소의 중요성은 점차 감소해 왔으므로 여기에서는 논의에서 제외하기로 한다. 한편, 1960년대 베커(G. Becker)의 선구적 연구에 힘입어 점차 경제학계 전반에 파급된 분야로 인적자본론(human capital theory)이 있다. 베커는 노동이라는 물리적 생산요소와 구분하여, 생산자가 지닌 지식, 숙련기술, 정보 등 미래의 소득을 창출하는 데 기여하는 무형의 자산에 주목하였다. 그는 인간에 체화된 이 '인적자본'이 경제성장의 핵심적 요소라고 주장하였다.[7] 이를 포함할 때 한 경제의 생산함수는 다음과 같이 표현할 수 있다. 생산이 증가하려면 노동·자본 또는 인적자본의 투여가 증가하거나, 기술이 진보해야 한다.

$$S = f(L, K, H) \tag{2}$$

여기서, S: 공급
L: 노동
K: 자본
H: 인적자본
f: 기술을 나타내는 함수

한편, 한 경제의 수요부문은 수요를 결정하는 주된 두 요인, 즉 소득수준과 기호(taste)의 함수로 표시할 수 있다. 소득이 증가하면 수요는 증가하며, 기호의 변화—신상품에의 취향, 유행하는 양식 등—도 수요에 영향을 미친다.

$$D = D(Y, T) \tag{3}$$

여기서, D: 수요
Y: 소득
T: 기호

거시적 경제규모는 식 (2)와 (3)의 상호작용에 의해 결정된다.[8] 이제 두 식에 나타난 경제성장에 영향을 주는 요소들을 18세기 후반~19세기 전반 영국 경제의 맥락에서 간략히 살펴보자.

먼저 노동공급에 관해 살펴보면, 노동공급의 원천은 인구의 자

[7] Becker(1964). 그에 앞선 Miner(1958)는 인적자본에 관한 최초의 본격적 연구로 지목된다.

[8] 그러나 현실경제에서는 경제원리가 설명하는 것과 같이 수요와 공급이 만나면 시장의 자동적 작동에 의해 균형이 저절로 이루어지는 것이 아니다. 시장의 원활한 작동을 위해서는 다른 요소들, 예를 들자면 재산권의 확립, 자유주의의 확산, 길드와 같은 사회적 규제의 최소화 등이 영향을 끼친다. 이에 대한 논의는 여기에서는 최소한으로 국한하기로 한다.

연증가, 국제적 이주, 국내지역 간 인구이동, 그리고 경제활동인구 비율의 증가를 들 수 있다. 자연증가는 출생률의 증가나 사망률의 감소를 통해 나타난다. 출생률의 증가는 혼인연령의 감소, 가임기간의 증가, 수유기간의 감소, 질병퇴치, 위생조건의 개선 및 혼외출산의 증가를 통해 발생할 수 있으며, 사망률의 감소는 영양상태의 개선을 통한 면역력의 증대, 질병의 감소, 의료기술의 발달, 공공위생의 개선 등을 통해 이루어진다.[9] 인구추계, 특히 최초의 인구센서스가 실시된 1801년 이전의 인구변동에 관해서는 케임브리지인구사그룹(Cambridge Group for the History of Population and Social Structure)이 중심이 되어 많은 연구를 축적해 왔으며, 또한 1980년대부터는 의학사 연구의 진전이 질병과 공중보건에 관한 우리의 지식을 크게 확장시켜 왔다.[10] 국제적 순이주자의 수는 해외이민자의 수에서 국내로 유입된 외국인의 수를 차감함으로써 계산된다. 이주의 요인으로는 정치적·종교적·경제적 요인 등이 꼽히는데, 산업혁명기에는 경제적 요인의 중요성이 가장 컸던 것으로 알려져 있다.[11] 국내지역 간 이동은 특히 농업부문에서 공업부문으로의 이동이 역사가들의 주목을 받아 왔다. 예를 들어, 인클로저의 결과로 농촌의 과잉노동력이 공업도시로 배출되었는가, 빈민법은 국내적 노동이동을 얼마나 저해하였는가 등에 관해 많은 연구가 있어 왔다. 또한 농업부문 내에서도 지역 간 이동이 어느 집단에서 어떤 규모와 방향으로 이루어졌는가에 관해 최근에 연구가 집적되고 있다.[12]

자본공급과 관련해서는 영국의 금융제도가 얼마나 효율적이었

[9] Landers(1993); Wrigley(1998); Razzell(1998); King(1998); Woods(2000).
[10] Landers(1993); Porter(1996); Lane(2001); Cunningham and French(2004).
[11] Erickson(1994); Baines(1985).
[12] Redford(1968); Pooley and Turnbull(1998); Whyte(2000).

는가가 논의의 핵심이었는데, 은행제도는 중앙은행과 상업은행 그리고 소규모 지방은행이 유기적으로 연결되어 있어서 다른 국가들에 비해 은행기관 간의 유기적 연결성이 좋았다는 것이 통설이다. 주식시장의 경우 1720년 남해회사의 파산(South Sea Bubble) 이후 약 1세기 동안 민간기업을 주식회사 형태로 설립하는 것이 금지되었으므로, 산업혁명기 자본공급의 원천으로서 주식회사의 역할은 극히 제한적이었다. 당시의 사업규모가 작았다는 점을 고려한다면, 자기자본 또는 파트너십 등에 기초한 소규모 자본공급도 경제성장에 큰 장애요인이 되지 않았다고 보인다.[13]

인적자본 공급과 관련해서는 숙련노동자의 공급이 논의의 초점이다. 당시 기술수준을 놓고 볼 때, 고급 기초과학 지식보다는 이미 알려진 과학원리를 현실에 응용할 수 있는 능력을 가진 숙련기술자의 존재가 매우 중요하였다고 판단할 수 있다. 당시 영국의 도제제도는 다른 나라에 비해 상대적으로 잘 작동하고 있었던 것으로 보이는데, 그 이유에 대한 고찰이 필요하다. 또한 상업성이 높은 기술을 지닌 인력이 해외로 나가 경쟁국의 산업화를 이끄는 경우가 제한적이었다는 사실을 어떻게 설명할 수 있을지에 대해서도 많은 논의가 이루어지고 있다.[14]

산업혁명기의 기술진보에 고도의 과학지식이 필요하지 않았더라도, 왜 기술개발이 영국에서 두드러졌고 신기술이 생산현장에 조속히 도입되었는가에 대해서 그간 많은 연구가 진행되었다. 면공업, 철공업, 석탄공업, 운송수단 등 다양한 부문에서 기술진보가 발생한 기술적·경제적·사회적 맥락에 관해 구체적인 연구가 축적되었다.[15]

---

[13] Quinn(2004); Taylor(2006).

[14] Lane(1996); Jacob(1997); MacLeod(2002).

[15] Harris(1992); Mokyr(1992); Landes(2003).

수요 측면으로 눈을 돌려 보면, 우선 소득증가의 추세에 대해서는 생활수준논쟁(Standard-of-Living Debate)의 일환으로 많은 추계작업이 이루어졌다. 임금, 비임금소득, 소비수준 등에 관한 연구와 더불어 평균수명, 신장, 체질량지수 등에 관한 추계도 이루어졌다. 정확히 언제 그리고 얼마나 소득의 증가와 생활수준의 향상이 이루어졌는지에 관해서는 아직도 논쟁이 치열하다. 단정적으로 말하기는 어렵지만 최근의 논의는, 첫째 소득증가가 최소한 18세기 전반부터 지속적으로 이루어졌으며, 둘째 19세기 초반까지는 생활수준의 향상이 급속하지는 않았다는 점을 보여 준다. 전자는 선대제와 프로토공업화 등을 통해 이미 산업화 이전에 소득수준이 향상되기 시작하였음을 말해 주며, 후자는 산업화의 과실이 일반인에게 느껴지기까지는 오랜 기간이 소요되었음을 의미한다.[16]

기호는 소득수준에 의해서 영향을 받기도 하고—예를 들어, 소득증가에 따라 육류나 기호음료의 소비가 증가하는 것—당대의 유행에 따라 소득증가와 무관하게 변화하기도 한다. 특히, 오래 전부터 동양에서 수입된 도자기, 차, 직물 등에 대한 수요가 18세기 영국 사회에서 더욱 두드러지게 증가하였으며, 또한 보다 양질의 소비를 향한 대중적 욕망도 크게 증가하였다고 많은 역사가들이 평가해 왔다. 이러한 소비욕의 증대는 한편으로는 수입을 대체할 수 있는 국내생산기술의 발전을 자극하였으며, 다른 한편으로는 개인들로 하여금 구매력을 증가시키기 위해 시장판매를 위한 생산의 비중을 높이려는 유인으로 작용하였다. 이른바 '근면혁명(Industrious Revolution)'을 강조하는 학자들은 경제발전의 추동력으로서 공급부문 못지않게 수요부문도 중요하다는 점을 강조한다.[17]

---

16 Mokyr(1988); Feinstein(1988); Floud *et al.*(2004).

17 De Vries(1994); Berg and Eger(2003); Berg(2007).

이상 언급한 요인들은 상호 밀접하게 관련되어 있기 때문에 요인별로 완전히 독립적인 분석을 하기는 어렵다. 그러나 분석의 편의상 이 장에서는 산업혁명의 요인 가운데 노동과 인적자본에 초점을 맞추어 근간의 주요 연구성과를 되돌아보고자 한다. 그에 따라 18세기와 19세기 영국 사회에 대한 역사상이 어떻게 수정될 수 있을지 논의할 것이다.

3 노동공급의 원천

노동의 양적 증가에 관해서는 무엇보다도 인구변동의 추세를 살펴보고 그 요인을 분석하는 작업이 필요하다. 그림 2-1에 케임브리지인구사그룹이 추계한 잉글랜드 인구의 시기적 추이가 나타나 있다. 16세기 중반 이래 증가하던 인구는 17세기 후반에 증가세를 멈추었다가, 18세기 중반 이후 지속적인 증가세를 보였다. 산업혁명기라고 통칭되는 18세기 중엽 이래 한 세기 동안 잉글랜드의 인구는 비가역적으로 증가하였으며 증가율도 가속화되는 경향을 보였다.

이 인구성장이 얼마나 빠른 것이었나는 인근 국가들과의 비교를 통해 살펴볼 수 있다. 표 2-1은 1680~1900년간 유럽 국가들의 인구규모와 성장추이를 보여 준다. 1750년경 프랑스의 1/4에도 미치지 못하였던 잉글랜드의 인구는 불과 1세기 만에 프랑스의 1/2에 육박하는 규모로 성장하였다. 잉글랜드의 인구는 1680~1820년과 1820~1900년 기간에 각각 133퍼센트와 166퍼센트의 성장률을 기록함으로써 양 기간 모두에서 서유럽 최고의 성장세를 보였다. 두 기

그림 2-1 잉글랜드의 인구추세

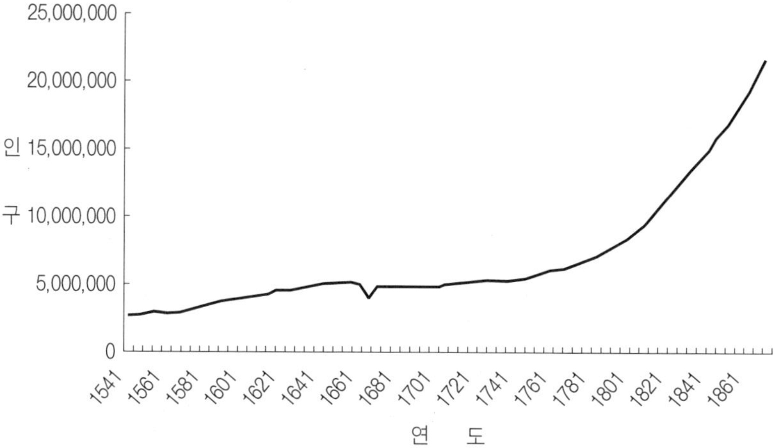

자료: Wrigley and Schofield(1989), p. 207.

표 2-1 유럽 국가들의 인구증가 추이, 1680~1900년

국가	인구(백만 명)			인구증가율(%)	
	1750년	1800년	1850년	1680~1900년	1820~1900년
잉글랜드	5.8	8.7	16.7	133	166
프 랑 스	24.5	29.0	35.9	39	26
독　일	18.4	24.5	35.0	51	142
이탈리아	15.2	17.5	23.7	53	77
네덜란드	1.9	2.1	3.1	8	149
스 페 인	11.3	13.2	15.7	64	33
서유럽 전체	94.2	110.1	148.3	62	73

자료: Anderson(1988), p. 23; Wrigley(1983), p. 122. Hinde(2003), p. 183에서 재인용.

그림 2-2 잉글랜드의 인구 순유출률(%), 5년 평균치로 표시

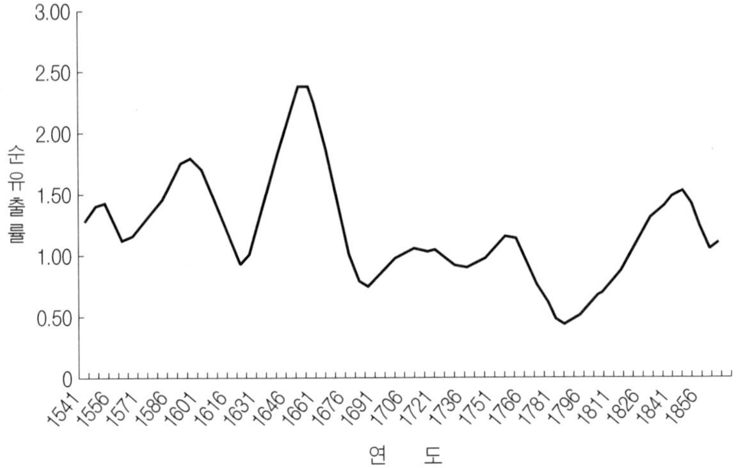

자료: Wrigley and Schofield(1989), p. 220.

간 모두에서 서유럽 전체 평균의 두 배를 넘는 성장률이었다.

잉글랜드의 인구증가는 어떤 요인에 의해 이루어졌나? 인구의 증가는 자연증가, 즉 사망률을 상회하는 출생률에 의하거나 인구의 순유입, 즉 해외로의 이민을 능가하는 해외로부터의 이주민 유입에 의해 발생한다. 먼저 국경을 넘는 인구이동의 추세에 관한 인구사학자들의 연구는 해외로의 이출(미국이 최대의 유입국)이 해외로부터의 이입(아일랜드가 최대의 송출국)에 비해 커서 전체적으로 순유출이 있었음을 보여 준다. 그림 2-2는 16세기 이래 잉글랜드에서 순유출이 늘 양의 값을 보였고, 18세기 중반 이래 순유출의 규모가 이전 시기에 비해 작아졌음을 보여 준다. 결국 영국 내에서 발생한 인구의 자연증가는 그림 2-1에 나타난 것보다 약간 더 큰 수준이었다는 의미가 된다.

그림 2-3 잉글랜드와 웨일즈 신생아의 조사망률과 출생시 남녀별 기대수명

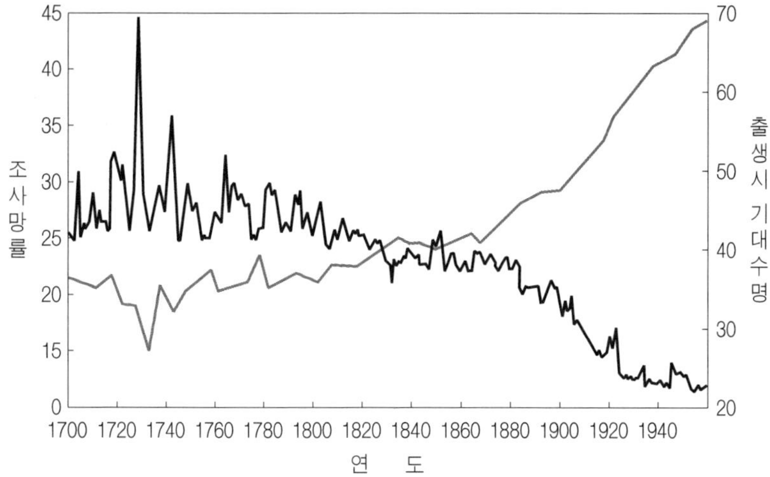

자료: Hinde(2003), p. 194.

18세기 이래 잉글랜드 인구의 자연증가율이 높았던 데에는 사망률의 감소와 출생률의 증가가 함께 이루어졌다는 사실이 크게 작용하였다. 이 두 요소의 상대적 기여도를 살펴보자. 그림 2-3은 잉글랜드와 웨일즈의 조사망률(crude death rate)과 출생시 기대수명(expectation of life at birth)의 시기적 추이를 보여 준다. 18세기를 통해 연간 편차가 크고 평균도 떨어지지 않았던 조사망률은 19세기에 들어서 편차와 추세 모두에서 감소추세를 보이기 시작하였다. 1820년경부터 관찰되기 시작한 평균조사망률의 하락추세는 1870년대를 지나면서 가속화되었다. 출생시의 기대수명은 18세기 후반부터 가시적인 증가세를 보이기 시작하였다. 그러나 1750~1800년 기간에 기대수명은 평균 약 38세에서 약 40세로 증가하였을 뿐이며, 본격적인 기대수명의 증가는 역시 1870년대를 거치면서 발생하였다. 리글리(E.A. Wrigley)의 추계에 따르면, 1680~1820년 기간 잉글랜드 인구증가의 1/3만이 사망률 감소에 의해 설명된다.[18]

사망률의 감소를 초래한 요인은 무엇이었나? 일반적으로 지적되는 사망률 감소요인은 의료기술의 발달, 공중위생의 향상과 개인위생의 개선, 질병에의 면역성 증가, 생활수준의 향상에 따른 영양상태의 개선 등이다. 잉글랜드의 경우로 논의를 한정하면 이들 가운데 대부분은 적절한 설명요인이 되지 못한다. 의료기술의 발달은 19세기 후반부터 두드러졌고, 위생수준의 향상은 1850년 이후에 본격적으로 이루어졌으며, 일부 질병(대표적으로 성홍열(scarlet fever))의 경우 치사율이 두드러지게 낮아졌지만 이 변화도 19세기 중반 이후에 주로 발생하였다. 마지막으로 생활수준의 향상이 19세기 전반 이전에 두드러지게 이루어졌다고 보기 어렵다는 연구가 많이 축적되어 있다.[19] 이 요소들보다는 오히려 종두법의 보급으로 천연두 희생자가 감소한 것이 사망률 감소의 가장 중요한 요인이었다는 주장이 설득력을 얻고 있다.[20]

인구증가의 나머지 2/3는 출생률의 증가로 설명되어야 한다. 출생률의 증가를 가져올 수 있는 요인은 다양하다. 혼인율의 증가, 사산(stillbirth)의 감소, 가임기간의 증가(이는 영양상태의 개선과 관련된다), 혼인연령의 감소, 혼외출산의 증가 등 많은 요인 가운데, 잉글랜드의 경우 혼인연령의 감소가 가장 중요한 역할을 하였다고 지적된다. 그림 2-4는 18세기 이래 남녀 모두에게서 혼인연령의 감소세가 뚜렷하게 나타났음을 보여 준다. 남자의 경우 18세기 초까지 27세 이상이었던 초혼연령이 1830년에는 25세까지 떨어졌으며, 출

18 Wrigley(1983).

19 Woods(2000), pp. 368~371; Feinstein(1988), p. 648.

20 Razzell(1974); Rusnock(2002).

그림 2-4 잉글랜드 남녀별 초혼연령

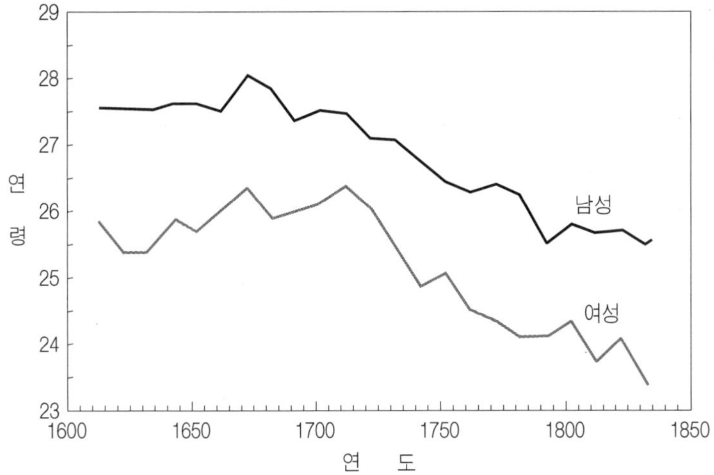

자료: Wrigley *et al.*(1997), p. 448.

생률의 결정에 더 중요한 여성의 초혼연령도 18세기 초 26세가량이었던 것이 1830년에는 약 23세로 낮아졌다.[21]

경제사학자들은 혼인연령의 감소이유를 찾는 데 어려움을 겪고 있다. 현재까지 제시된 설명 중 아마도 가장 설득력이 큰 주장은 젊은이들이 일정한 재산을 모을 때까지 혼인을 미룰 유인이 약해졌다는 것이다. 청소년기에 농업 및 상공업에서 기능을 익히고 재산을 축적하여 독립된 가정을 꾸릴 준비를 할 수 있게 해 주었던 제도들이 점차 약화되었다는 주장이다. 우선 농업부문에서는, 가족 이외의 농가에서 고용되어 1년간 경작을 돕고 보수를 받은 후 이듬해에 다른 고용주를 찾아가는 이른바 농업고공제(service in husbandry)

[21] Wrigley *et al.*(1997).

가 18세기 중반 이래 급속히 축소되었다. 상공업부문에서는 도제제도의 쇠퇴가 청소년의 숙련기술 취득기회와 도제훈련 후 직인(journeyman)으로서 재산축적 기회를 크게 제약하였다고 지적되기도 한다.[22] 또한 18세기 중반 이래 인클로저의 빠른 진행은 구래의 공동권(common right)과 관습권(customary right)에 기반해서 살아가기 어렵게 만들었다. 이렇게 노동인구의 프롤레타리아화가 진전되는 가운데 18세기 말부터는 빈민구호 대상자와 구호액수의 증가가 더해지는 상황이 발생함으로써 조혼 추세를 더욱 자극하였다는 주장도 있다.[23] 그러나 이들 각각에 대해 이견이 존재하며, 아직까지는 학자들 간에 의견일치를 가져오는 강력한 설명요인은 찾지 못한 것으로 보인다.

최근 들어 출산율 상승의 또 다른 요인으로 주목받고 있는 것은 출산간격(birth interval)이다. 그림 2-5에 제시된 바와 같이, 한 출산과 다음 출산까지의 평균기간이 17세기 중반 이래 지속적인 감소 추세를 보였다. 모유 수유기간이 길수록 다음 임신은 늦추어지는데, 한 연구에 의하면 2개월의 출산간격 감소를 가져오기 위해서는 약 2~3개월의 수유기간 단축이 필요하다고 한다.[24] 어떤 요인이 수유기간의 단축을 가져왔을까에 대해서는 추가적인 연구가 필요하다. 출산간격의 축소원인에 대한 다른 추측으로, 영양상태의 개선과 질병의 감소가 있으면 수유기간의 단축 없이도 출산간격의 단축이 가

22 Kussmaul(1981a); Lane(1997b).

23 공동권은 중세 장원의 공동지(common) 또는 주택에 연계된 권리가 전해 내려온 것으로서, 일정 기간 방목을 할 권리, 땔감을 주워 모을 권리 등이 대표적이다. 관습법은 공동권은 아니지만 마을 주민들이 관습법에 기초해 향유하였던 권리로서, 추수 후 이삭줍기에 참가할 권리가 대표적이다(Humphries, 1990; King, 1991; Neeson, 1993; Boyer, 2006).

24 Wilson(1982).

그림 2-5 출산간격의 시기적 추이(50년 이동평균치)

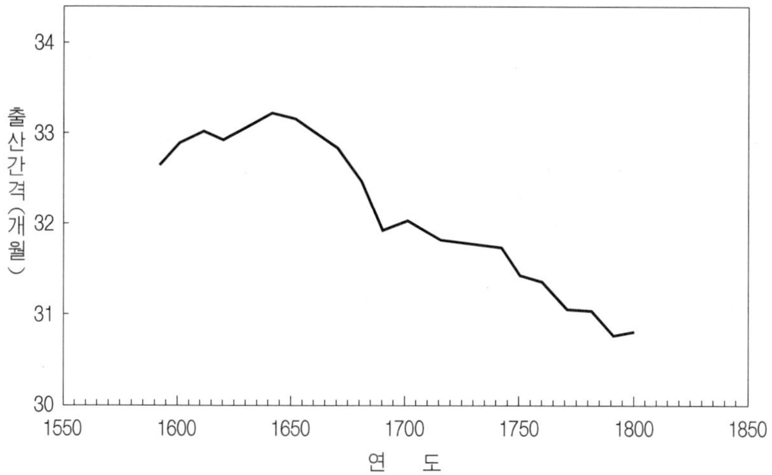

자료: Wrigley *et al.*(1997), p. 448.

능하다는 주장도 있다. 혼인연령의 하락도 부분적으로 이러한 효과를 낼 수 있다.[25]

자연증가와 이민으로 구성된 인구의 변동양상을 경제적 변수와의 관련하에 설명하려는 노력은 맬서스의 선구적 연구 이래 오랫동안 축적되어 왔다.[26] 그림 2-6은 인구변수와 경제변수의 관계에 대해 구성한 대표적인 모형을 보여 준다. 인구규모의 증가는 식량가격의 상승으로 이어지고 이는 실질소득의 하락을 낳는다. 실질소득의 하락은 사망률을 증가시키고, 혼인율을 감소시키며, 해외이주를 자극한다. 사망률의 증가는 곧바로 인구를 감소시키는 효과를 갖지만, 동시에 혼인율의 증가로 이어져 출생률 증가를 통해 인구

25 Wrigley *et al.*(1997), p. 446.
26 Malthus(1999).

그림 2-6 인구통제 시스템의 모형도

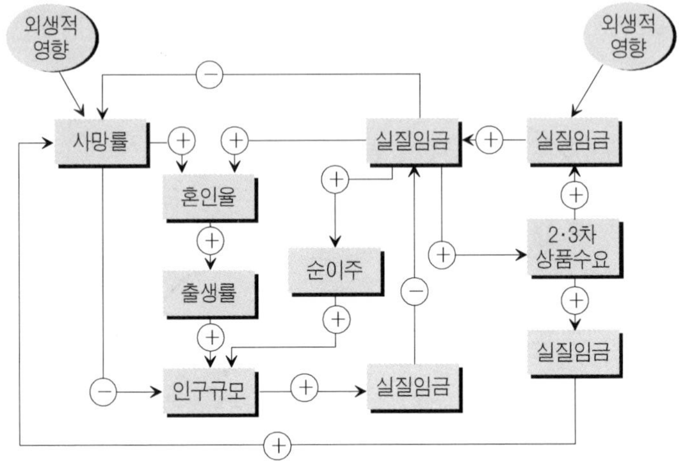

자료: Wrigley and Schofield(1989), p. 465.

증가효과를 가져오기도 한다. 해외이주의 증가는 곧바로 인구를 감소시킨다. 따라서 실질소득 하락이 인구규모에 미치는 궁극적인 효과는 상이한 방향으로 영향을 미치는 이 변수들 간의 상대적 중요도 차이에 의해 결정된다. 한편, 실질임금의 변동은 노동수요, 1차 및 2차 산품에 대한 수요, 그리고 도시화율과 같은 변수들을 통해 추가적으로 사망률과 혼인율에 영향을 끼친다.

남은 문제는 각각의 연결고리들 가운데 어떤 것이 더 강한 영향을 끼쳤는가 하는 점이다. 이에 대한 연구는 18세기를 거치면서 연결고리 간의 상대적 중요성에 중대한 변화가 발생하였음을 말해준다. 그림 2-7은 19세기 초 잉글랜드의 인구통제 시스템을 보여주고 있다. 그림 2-6과 비교해 보면, 연결고리 간의 부호에는 변화가 없지만 연결고리 간의 중요성에는 몇 가지 중요한 변화가 발생

그림 2-7 19세기 초 잉글랜드의 인구통제 시스템

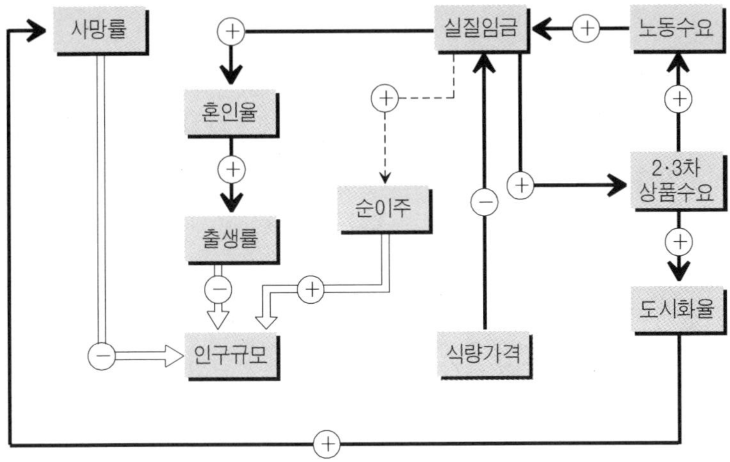

자료: Wrigley and Schofield(1989), p. 474.

하였다.[27] 실질소득(또는 임금)이 해외이주에 대해 약한 영향만을 끼친다는 점, 실질임금이 사망률에 영향을 끼치지 않는다는 점, 그리고 사망률이 혼인율에 영향을 끼치지 않는다는 점이 우선 눈에 띈다. 그러나 더욱 중요한 변화는 인구증가가 식량가격에 영향을 주지 않게 되었다는 점이다. 이는 나폴레옹전쟁 이후 저곡가 시기에 인구가 지속적인 증가세를 보였다는 사실에서도 유추할 수 있다. 잉글랜드의 농업생산성이 18세기 후반 이래 두드러지게 증가하여 인구증가를 감당할 수 있는 상황이 된 것이다. 또한 19세기 중반부터는 해외로부터의 곡물수입 증가가 인구규모와 식량가격 간의 관계를 더욱 약하게 하였다.[28]

27 굵은 실선으로 표시된 경로는 영향이 강한 것이며, 이 중 실선으로 표시된 경로는 영향이 보통인 것, 그리고 점선으로 표시된 경로는 약한 영향만 있는 것을 의미한다.

이 연결고리가 해체됨으로써 산업혁명기 영국 경제의 가장 큰 특징인 맬서스트랩으로부터의 탈출이 가능해졌다. 이전까지는 어떤 이유로 인해—예를 들어, 기후의 호조로 인한 농업산출 증가나 해외수출수요 증가로 인한 공업생산 증가—실질소득이 증가하는 경우 이것이 곧 인구증가로 이어져 결국 실질소득의 감소를 초래하였으나, 이제 인구증가와 실질임금 상승이 동시에 발생할 여지가 생겨난 것이다. 이 변화를 그림 2-8이 잘 보여 준다. 연간 인구증가율을 *X*축에 놓고 실질임금지수를 *Y*축에 놓고 그린 이 그래프를 보면, 1781년까지는 화살표의 이동방향이 대체로 좌상향/우하향하였음을 알 수 있다. 이는 인구증가가 가속화되면 실질임금이 저하되는 경향이 있었음을 의미한다. 그런데 1781년 이후에는 화살표가 좌하향/우상향하고 있는데, 이는 영국 경제가 맬서스적 전통경제의 틀을 벗어나 인구증가와 실질소득의 증대가 동시에 발생하게 되었음을 말해 준다. 이것이 산업혁명기 영국 경제가 보여 준 '근대사회'의 진면목이다.[29]

이러한 변화에는 물론 공업화라는 의미에서의 '산업혁명'이 초래한 효과가 매우 큰 것이 사실이지만, 농업생산성의 증가 및 서비스업의 발달, 그리고 해외부문과의 연관성 강화로 인한 무역증대 같은 동시대적인 다른 요인들도 작용하였음에 유의해야 한다. 지금까지 살펴본 인구(노동)의 양적 증대는 국내적 인구(노동)이동이 원활하지 못하였다면 그 경제적 효과가 제한적이었을 것이다. 이제 산업혁명기 인구이동의 상황을 살펴보자.

---

28 Overton(1996); Williamson(2003).

29 실질소득에 대한 추계들은 편차가 큰 편이다. 실질소득 추계치에 따라 그래프의 모양은 어느 정도 달라진다. 그러나 추세상의 큰 변화가 18세기 말에서 19세기 전반에 이르는 시기에 발생하였다는 점에는 대다수의 학자들이 동의한다.

그림 2-8 연간 인구증가율과 실질임금지수

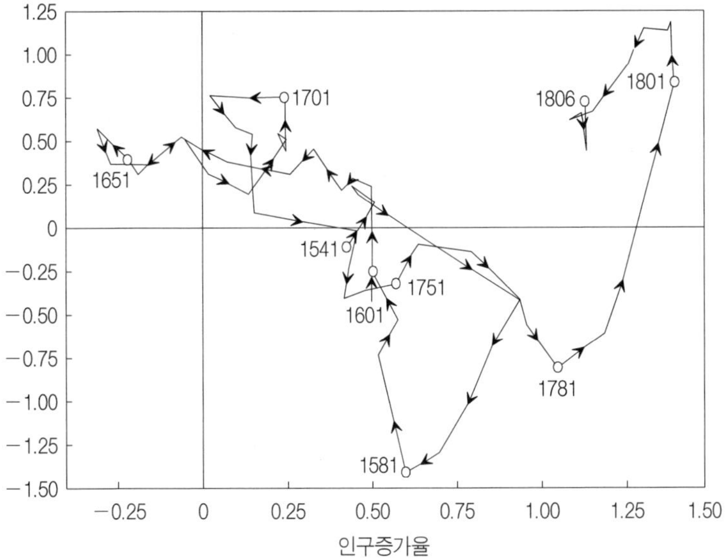

자료: Wrigley and Schofield(1989), p. 410.

4 인구이동: 도시와 농촌

공업화와 도시화가 빠른 속도로 진행된 18~19세기에 인구의 이동양상은 어떠하였을까? 영국의 공업화는 마르크스 및 초기 산업혁명사학자들—예를 들어, 토인비(A. Toynbee)—이 주장한 바와 같이 농촌으로부터의 대규모 노동공급에 의해 결정적인 도움을 받았나?[30] 이에 대한 근래의 연구는 부정적인 대답을 제시한다.

농촌부문에 광범위하게 과잉노동력이 존재하였던 것은 분명하고, 또한 18세기 후반~19세기 전반에 걸친 인클로저와 같은 농촌사회의 격변이 일부 농촌인구를 공동권과 관습권을 잃은 프롤레타리아로 만든 것이 사실이다.[31] 그러나 최근에는 이 권리들 중 상당 부분이 인클로저 이전에 이미 소농의 손을 떠났다는 연구도 있다.[32] 더 직접적으로는, 전통적 권리를 상실한 농업노동자들이 농촌을 떠나 공업도시로 대규모 이동을 하였다는 증거가 부족하다는 점이 지적된다. 공업화된 지역에 대한 연구들은 새 공업노동자들이 주로 도시의 비공식부문이나 근처 농촌 배후지로부터 조달되었음을 보여준다. 즉, 도시 및 부근의 자연증가가 더 큰 노동공급원이었고 농촌으로부터 이주가 있었다고 하더라도, 그들은 곧바로 공업부문에 취업을 한 것이 아니라 세대를 거듭하면서 천천히 공업부문의 영향력하에 흡수되었던 것이다. 북부 공업지역과 남부 농업지역 간의 임금격차가 상당한 수준 존재하였음에도 불구하고, 양 지역 간의 직접적인 노동이동은 오래도록 제한적으로만 이루어졌다.[33]

도시-농촌 간의 노동이동 이외에 경제학자들은 농촌 내부에서의 이동에도 관심을 가져왔다. 직업훈련과 관련된 도제제도의 운영에 관해서는 다음 절에서 살펴보기로 하고, 이 절에서는 농업노동자의 이동에 관해 고찰해 보기로 한다. 농업노동자의 이동은 기본적으로 농업노동의 수요와 공급 간의 관계에 의해 결정된다. 농업노동의 수요는 각 지역이 어떤 작물의 생산에 특화하고 있는가에 따라 달라진다. 그림 2-9는 캐어드(J. Caird)가 1852년에 그린 영국

---

30 Toynbee(1884).

31 Humphries(1990); Snell(1985); Neeson(1993).

32 Shaw-Taylor(2001a, 2001b).

33 Redford(1968); Anderson(1996); Pooley and Turnbull(1998).

그림 2-9 영국의 경제지도, 1851년

자료: Caird(1967), 속표지.

의 경제적·지리적 구분도이다.[34] 점선은 공업화가 진전되고 평균임금이 높았던 북부와 농업의 비중이 매우 높았던 남부를 구분한다. 우리가 더 큰 관심을 갖는 것은 국토의 좌우를 가르는 실선이다. 이 선의 서부지역은 목축에 대한 의존도가 컸던 반면에, 동부지역은 밀농사를 중심으로 한 곡물경작지역이다. 지도에 별도로 표시되

[34] Caird(1967), 속표지.

지는 않았지만 이 선이 지나가는 중부 및 중남부 지방은 목축에 적합한 토질과 경작에 적합한 토질이 근거리에 혼재하고 있었고, 또 일부 지역은 목축과 경작 모두에 적합하였기 때문에, 양모와 밀의 상대적 시장가격에 따라 지역의 농업활동 내용을 신축성 있게 바꾸는 이른바 혼합(mixed)경지였다.[35]

목축의 경우 연중 노동수요의 변동이 크지 않은 가운데 봄에 노동수요의 최고치가 기록되는 특징을 지녔다. 반면에 밀경작은 가을 수확기에 노동수요가 집중되고 연중 노동수요의 편차가 매우 컸으며, 위도에 따라 수확기가 순차적으로 찾아오는 양상이 뚜렷하였다. 마지막으로 혼합경지는 노동수요의 양상이 다른 경지들이 가까운 거리에 혼재하는 모습이었다.[36] 서부의 목축지역은 연중 노동수요의 차이가 크지 않으므로 외부로부터 노동력을 불러들일 유인도 크지 않았다. 따라서 이 지역의 노동이동은 전반적으로 규모가 크지 않으며, 계절적 성격이 약하고 한 번 이주하면 오랜 기간 정착하는 성향이 강하였다. 동부의 곡물재배지역은 농번기에 노동력을 크게 필요로 하였지만, 근거리 지역은 모두 비슷한 노동수요조건을 안고 있었기 때문에 지방에서 노동력을 공급할 방법이 없었다. 따라서 이 지역은 원거리에서 오는 노동력에 의존할 수밖에 없었다. 특히, 아일랜드로부터 온 계절적 이주노동력이 큰 비중을 차지하였는데, 그들은 밀 수확기가 가장 빨리 도래하는 남동부지역부터 날품수확 노동력으로서 일하고, 점차 중동부지역을 통해 북상하면서 노동을 계속한 후 최저의 운송비를 들여 아일랜드로 돌아가는 방법을 채택하였다.[37] 마지막으로 중부의 혼합경지에서는 가까운 거리에

---

35 Broad(1980).

36 Morgan(1982); Armstrong(1988). 쿠스몰(A. Kussmaul)은 이러한 지역 간 차이를 혼인일의 계절적 차이를 통해 추적하였다(Kussmaul, 1993).

노동수요 양상이 다른 마을들이 혼재하였으므로 이들 마을 간에 단기적인 노동력 이동이 많았다. 이 지역에서는 빈민법체제하에서 정주확인서(certificate of settlement)를 발행함으로써, 유입마을이 새 빈민을 창출할 위협을 느끼지 않은 채 노동력이 필요한 시기에만 고용을 하고 농번기가 끝나면 해당 마을로 퇴거시키는 방식을 대대적으로 사용하였다.[38]

5 인적자본과 도제제도

경제사의 새 동향은 노동공급의 양적 규모만이 아니라 노동에 체화된 지식이나 기술과 같은 인적자본에도 큰 관심을 기울인다. 산업혁명기 영국 경제의 성공을 노동증가만으로 설명하기 매우 어렵기 때문이다. 과연 영국은 어떤 면에서 경제성장에 유리한 여건을 보유하였는가? 그리고 이러한 비교우위의 원천은 무엇이었을까?

19세기가 시작될 무렵 영국과 유럽대륙 국가들의 경제구조를 비교해 보면, 영국에서는 성인남성 노동력의 50퍼센트 이상이 비농업부문에 고용되어 있었는 데 비해, 대부분의 다른 서유럽 국가들은 그 수치가 약 25%에 머물렀다. 16~17세기 중상주의시대에 영국의 경제가 해외개척에 앞섰던 다른 서유럽 국가들보다 낙후되어 있었을 가능성이 높으므로, 영국의 산업구조는 산업혁명 이전 1~2세

37 부랑법(Vagrant Act)를 이용하여 아일랜드로 무료로 돌아가는 데 성공한 경우도 많았다(Redford, 1968).

38 Landau(1990); Song(1998a, 1998b).

기에 비농업부문을 중심으로 큰 변화를 겪었던 것으로 추측할 수 있다.[39]

직업발달사 분야의 최근 연구는 이 추측을 뒷받침하는 결과들을 보여 주고 있다. 영국 경제는 17세기와 18세기를 거치면서 직종의 분화가 지속적으로 진전되었다. 직종별 임금수준과 직종별 도제 수업료의 격차가 확대되었고, 일의 성별 분화도 더 명확해졌으며, 생산공정상의 분업화와 전문화도 꾸준히 심화되었다.[40] 그간의 연구들은 또한 숙련노동의 공급을 재생산하는 체제가 전국적으로 원활히 작동하고 있었다는 사실도 보여 주었다. 비록 길드제의 구속력은 17세기 후반과 18세기 전반을 거치면서 약화되었지만, 영국에서는 다른 국가들에 비해 숙련노동의 공급이 체계적으로 이루어졌음을 보여 주는 증거가 많다.[41] 스미스(A. Smith)는 『국부론』에서 도제제도가 본질적으로 중상주의적 규제정책이기 때문에 숙련노동력의 원활한 이동을 제약하는 결과를 초래하였다고 주장한 바 있다.[42] 그러나 최근의 연구들은 영국의 도제제도가 숙련노동의 공급을 제약한 것이 아니라, 오히려 전국적 규모의 노동시장 발달이 불충분한 상황에서 숙련노동을 안정적으로 공급하는 데 기여하였을 것이라고 주장한다.[43] 산업혁명기 기술진보에 관한 연구들은 수많은 발명과 혁신이 숙련도 높은 장인들의 손에 의해 이루어졌다는 점을

39 Wrigley(2004). 서유럽 국가들 중 유일한 예외는 네덜란드였다(De Vries and der Woude, 1997).

40 Burnette(1997); 송병건(2003a, 2004).

41 예를 들어, 각 지방의 국지적 중심지로의 노동공급은 대개 농촌공업이 존재하였던 인근지역으로부터 이루어졌고, 해안의 어업관련 직종에서는 해안선을 따라 이동한 노동력의 비중이 컸다. 또한 남부 농업지역과 북부 공업지역 간에는 아동노동의 안정적 이동을 보장하기 위한 공식적·비공식적 방안들이 다양하게 시도되었다(Glennie, 1990).

42 Smith(1977).

43 송병건·김재호·리 쇼-테일러(2007).

보여 준다.[44] 적어도 19세기 중반까지 대부분의 기술진보는 비농업 부문의 각종 업종에 종사하는 장인들의 부단한 시도와 시행착오를 통한 실용성 있는 도구와 기계의 개발·개량이라는 과정 속에서 이루어졌으며, 따라서 숙련된 장인의 광범위한 존재와 이들 간의 경쟁은 산업혁명의 성공에 중요한 요인이었다고 볼 수 있다. 도제제도를 중상주의적 기술지체와 연결하는 해석은 지나치게 단순하다고 비판할 수 있다.

그렇다면 영국의 도제제도는 다른 나라에 비해 어떤 특징을 지니고 있었을까? 이에 대해 세 가지를 지적할 수 있다. 첫째, 도제제도가 빈민법의 법체계하에서 작동하였다. 영국의 도제제도는 1563년 장인법(Statute of Artificers)에 의해 법률적 기반을 마련하였으나, 튜더왕조기를 거치면서 중상주의적 사회체제에 걸맞게 단계적으로 제도적 수정을 거치게 되었다. 그 중 가장 중요한 것이 1692년의 정주법(Law of Settlement)으로, 1662년 빈민법의 내용을 보충하여 도제제도를 이행한 도제에게 새로운 정주권이 주어지도록 법제화하였다. 즉, 도제는 자신의 기존 정주교구를 떠나 자신이 도제교육을 받은 새 교구에서 정주권을 획득함으로써 새로운 사회적·경제적 안전망을 얻게 되었다. 이 안전망은 교구 내에 존재하는 각종 공동권과 관습권을 포함하고 있었으므로, 도제훈련을 완료함으로써 도제는 미래에 더 나은 복지혜택을 추구할 수 있었다.[45]

둘째는 도제훈련기간이 업종과 상관없이 7년으로 고정되어 있었다는 사실이다. 유럽의 다른 국가들의 경우 직종별로 도제훈련기간이 달랐으며, 많은 직종이 4~6년을 도제기간으로 삼고 있었던 점과 대조된다. 처음 도제로 받아들여진 훈련생은 장인으로부터 기초

---

44 김종현(1997, 2006).

45 Oxley(1974); Slack(1988, 1990); Fideler(2006); 허구생(2006).

적 기술을 배우기 시작하고, 시간이 흘러 점차 숙련도가 높아지면서는 장인에게 이익이 되도록 숙련노동력을 제공할 수 있게 된다. 도제가 제공하는 숙련노동의 한계편익이 장인이 제공하는 기술교육의 한계비용을 초과하는 것이 많은 직종에서 2년 전후라는 연구가 있다.[46] 따라서 모든 직종에서 도제훈련기간을 7년으로 고정한 영국에서는 장인이 도제계약을 끝까지 이행함으로써 얻을 수 있는 이익이 다른 나라에서보다 컸다. 이상의 두 특징은 도제와 장인 모두에게 있어서 도제계약을 이행함으로써 얻을 기대이득이 영국에서 상대적으로 더 컸다는 사실을 말해 준다.

마지막으로 영국의 촘촘하게 짜여진 사회조직과 행정체제가 도제계약을 중도에 파기하는 자가 부담하게 될 비용을 증가시켰다는 점을 들 수 있다. 시민혁명을 통해 왕권을 제한하고 의회가 통치의 실권을 행사할 수 있었던 영국에서는 다른 나라들에 비해 법에 의한 통치체제가 안정적으로 자리를 잡았다.[47] 또한 장인조합의 조직력이 강력하였을 뿐 아니라, 장인이 도제에 대해 가부장적인 통제권한을 행사하는 것이 사회적으로 널리 받아들여지는 환경이었다. 지방정부의 최상위 조직인 주(county)에서 최하위 조직인 교구(parish)에 이르기까지 체계적이고 효율적으로 작동한 지방정부구조는 강력한 행정력을 과시하였다. 따라서 도제훈련을 이탈한 훈련생이 다른 지방에 몰래 숨어들어 일자리를 찾고 생활기반을 마련해 갈 가능성은 현실적으로 극히 제한되어 있었다.[48] 도제훈련 의무에 소홀한 장

---

[46] Smits and Stromback(2001).

[47] 도제제도에 관해서는 1707년 인지법(Stamp Act)의 도입에 의해 도제수업료가 1실링 이상인 모든 도제계약의 등록의무화 조치가 내려졌다. 또한 1757년의 입법은 도제계약서를 인지증서(stamped deed)로 대체하면서 장인과 도제 양측의 권리와 의무를 재규정하였다. 계약위반시에 받게 되는 처벌에 관해서도 상세한 조항들이 마련되었다(송병건·김재호·리 쇼-테일러, 2007).

인에 대해서는 도제측이 실정법 및 관습법을 통해 손해를 구제받을 수 있는 채널이 작동하고 있었다.[49]

도제계약은 도제가 제공하는 수업료와 노동, 그리고 장인이 제공하는 훈련이 동시에 발생하지 않기 때문에 양자의 상호 불신이 생길 수 있으며, 양자의 계약이행 여부를 제3자에게 입증하기 어려운 문제가 발생한다. 따라서 양측은 각각 도제계약을 꺼릴 유인이 생겨, 사회적으로 바람직한 수준의 숙련기술 교육이 발생하지 못하게 된 위험이 발생하는 것이다. 현대 경제학에서 '불완전계약(incomplete contract)'이라고 부르는 상황의 전형적인 사례인 셈이다.[50] 영국의 도제제도는 한편으로는 계약당사자 쌍방에게 계약이행을 완수하였을 때 얻게 되는 기대이익을 크게 함으로써, 그리고 다른 한편으로는 법에 의한 통치를 통해 입증 및 피해구제에 관한 불확실성을 최대한 제거함으로써, 불완전계약이 지니는 문제점들을 효과적으로 극복할 수 있었다고 평가할 수 있다.

이제 영국에서 도제제도가 실제 운영된 모습을 살펴보기로 하자. 도제는 아이의 부모가 장인과 도제계약을 맺는 일반도제와 아이의 부모 대신 아이가 속한(즉, 아이가 정주권을 보유한) 교구가 대신하여 도제계약을 체결하는 교구도제로 나뉜다. 잉글랜드의 주들 가운데 두 종류의 도제기록을 모두 충실하게 소장한 지역으로는 케임브리지셔가 유일하므로 이 지역의 사례를 분석하기로 한다. 일반도제의 경우 남성도제가 3,850건(95.7퍼센트)이었고 여성도제는 174건(4.3퍼센트)에 불과하였다. 빈도에 따라 상위 20개 업종을 정리한

48 Davies(1956). 이탈자가 타지역으로 도망가서 체포되지 않고 일자리를 찾을 가능성이 높았던 미국에서는 도제제도가 원활히 작동될 수 없었다(Elbaum, 1989).

49 Smits and Stromback(2001).

50 Malcomson *et al.*(2003).

표 2-2 일반도제와 교구도제에 나타난 직종별 빈도

순위	직종(일반도제)	%	직종(교구도제)	%
1	구두수선공(cordwainer)	14.6	구두수선공(cordwainer)	16.1
2	목공(carpenter)	11.9	재단사(tailor)	7.8
3	재단사(tailor)	9.8	사공(waterman)	6.8
4	수레바퀴공(wheelwright)	5.0	농업노동인(husbandry)	5.8
5	푸주한(butcher)	5.0	농부(farmer)	4.8
6	잡화상(grocer)	4.5	가사노동인(housewifery)	4.7
7	제빵사(baker)	3.3	대장장이(blacksmith)	4.1
8	대장장이(blacksmith)	3.2	독립소농(yeoman)	4.1
9	포목상(draper)	2.9	정원사(gardener)	2.9
10	변호사(attorney)	2.7	수레바퀴공(wheelwright)	2.4
11	외투제조인(mantua maker)	2.0	벽돌공(bricklayer)	2.3
12	제분업자(miller)	1.7	목공(carpenter)	2.3
13	마구제조인(collar maker)	1.6	푸주한(butcher)	1.8
14	벽돌공(bricklayer)	1.5	개초장이(thatcher)	1.3
15	가발제조인(peruke maker)	1.5	제화공(shoe maker)	1.2
16	배관공(plumber)	1.5	이발사(barber)	0.9
17	안장제조인(saddler)	1.5	마구제조인(collar maker)	0.9
18	의사(surgeon)	1.5	낙농업자(dairyman)	0.9
19	제화공(shoe maker)	1.2	제분업자(miller)	0.9
20	통제조인(cooper)	1.1	노동자(labourer)	0.8

자료: 송병건·김재호·리 쇼-테일러(2007).

표 2-2에 나타난 바와 같이, 구두수선공, 목공, 재단사, 수레바퀴공의 순을 보였는데, 여기서 국제적 또는 전국적 규모의 시장을 대상으로 하는 업종보다 국지적 시장에서 활동하는 수공업자과 상인의

비중이 압도적이었음을 알 수 있다. 교구도제의 경우에는 도제의 76.5퍼센트가 남성이고 23.5퍼센트가 여성인 것으로 나타나, 여성도제의 비율이 상대적으로 높다는 점을 발견할 수 있었다. 직종별 빈도는 구두수선공, 재단사, 사공, 농업노동인의 순서를 보였다. 일반도제와 비교하면, 변호사, 포목상, 의사 등 고소득업종이 순위에서 빠지고, 사공과 가사노동인 등 저숙련·저소득업종이 새로 순위에 들어 교구도제의 특성을 잘 보여 준다.

일반도제의 경우 이동거리에 관해 많은 연구가 있으며, 특히 케임브리지셔에 대해서는 햄프슨(E. M. Hampson)의 고전적 연구가 있으므로, 여기에서는 교구도제의 이동거리만을 고찰하기로 하자.[51] 분석의 결과는 케임브리지셔 내의 이동이 89.5퍼센트이고, 외부로의 이동이 10.5퍼센트를 차지해서 주 내부에서의 이동이 압도적으로 높았음을 보여 준다.[52] 주 내부의 이동 가운데 82.7퍼센트는 교구 간의 이동이었고, 교구 내의 이동은 매우 제한적이었다. 특히, 주 내부의 이동이면서 타교구로 이동한 사례들 중에서 66.6퍼센트나 되는 비율이 당시의 지배적 행정·사법조직이었던 간이심판소구역(petty sessional division) 내부에서의 이동이었다는 점이 눈길을 끈다.[53] 이러한 이동양상은 어떻게 설명할 수 있을까? 무엇보다도 지역민의 생활권과 간이심판소구역이 일치하는 경향이 컸다는 점을 들 수 있다. 또한 많은 경우 도제교육이 촌락(village)이 아닌 읍(town)에서 이루어졌는데, 이런 지역은 '열린교구'의 속성을 띠고 있었으므로 도제노동을 유입하는 흡인력을 지니고 있었다. 마지막으

[51] Hampson(1934).

[52] 이 현상은 1692년 정주법 개정 직후부터 발생하였다(Hampson, 1934).

[53] 간이심판소구역의 중요성에 관해서는 Webb and Webb(1906); Landau(1984); 송병건(2006) 참조.

로 지방통치를 담당하고 있는 치안판사들이 관할지역의 사회경제적 이익을 위해 숙련노동력의 이동범위를 의도적으로 조정하였을 가능성도 있다.[54]

6 맺음말

지난 30여 년간 영국 경제사는 많은 연구성과를 축적해 왔다. 특히, 현대 경제학의 방법론과 문제의식을 수용한 근래의 연구들은 기존 연구가 보여 주었던 분석상의 한계를 뛰어넘는 작업을 수행해 왔다는 측면에서 긍정적으로 평가할 만하다. 이 장에서 우리는 영국 경제의 총공급을 결정하는 요인들 가운데 노동과 인적자본에 초점을 맞추어, 그간의 경제사 연구가 보여 준 성과를 점검하고, 이를 통해 산업혁명기 영국의 사회체제를 되돌아보았다.

영국 산업혁명기 노동공급의 원천을 고찰하기 위해 먼저 인구변동 추세를 살펴보았다. 18세기 중반 이래 잉글랜드의 인구는 가속화되는 성장추세를 보였는데, 이는 인근의 유럽 국가들과 크게 차이를 보이는 현상이었다. 잉글랜드의 인구는 순유출을 기록하였으므로 인구증가의 원천은 국내에서 인구의 자연증가에서 찾아야만 한다. 자연증가를 초래한 요인들 가운데 사망률의 감소보다는 출생률의 증가가 더 중요하였으며, 출생률의 증가는 무엇보다도 혼인연령의 감소에 기인한 것으로 분석된다. 학자들은 농업고공제와 도제

54 '열린교구'와 '닫힌교구'에 대해서는 Spencer(2000); Song(2002). 또한 다음 장 참조.

제도의 쇠퇴, 농업구조의 재편과정에서 진행된 농촌인구의 임금노동자화, 빈민구호지출의 증가 등을 원인으로 제시하고 있지만, 앞으로 더 많은 연구가 필요하다. 최근에는 출산간격의 축소가 출생률 상승의 원인으로 지목되기도 한다.

경제사학자들은 인구통제 시스템을 정확히 구명하기 위해 노력해 왔다. 위에서 우리는 인구통제모형을 통해 그 기본 구조를 설명하였다. 구체적으로 어떤 연결고리가 강력하게 작동하였고, 어떤 연결고리가 약하게 작동하거나 전혀 작동하지 않았는가는 시기와 지역에 따라 상이하다. 영국의 경우 18세기 후반이 되면 과거에 존재하였던 인구규모와 식량가격 간의 상관성이 사라진다는 점이 두드러졌다. 즉, 과거에 항상 존재하였던 인구증가가 실질소득의 감소를 초래하여 다시 인구감소로 이어지는 이른바 맬서스트랩을 최종적으로 벗어날 수 있게 된 것이다. 인구와 실질소득의 증가가 동시에 발생하는 근대경제의 특징이 산업혁명기를 통해 자리잡게 되었다는 의미이다.

원활한 경제성장을 위해서는 인구규모의 확대뿐 아니라 인구이동의 효율성도 요구된다. 일련의 경제사 연구성과들은 농업부문에서 공업부문으로의 이동이 과거 학자들의 주장처럼 대규모로 신속하게 이루어진 것이 아님을 보여 준다. 오히려 북부 공업지역의 노동공급은 주로 인근지역으로부터 이루어졌다는 증거가 많다. 원활한 인구이동이 있었다면 공업화의 속도는 더욱 빨랐을 수 있었을 것이다. 농촌 내부의 인구이동 양상은 지리적·경제적 환경에 크게 좌우되었다. 서부의 목축지역에서는 이동이 제한적이며 영속적이었던 데 반해, 동부의 곡물재배지역에서는 아일랜드인을 포함한 장거리 이주민의 계절적 이동양상이 두드러졌다. 중부의 혼합지역에서는 단거리의 계절적 이동이 많았으며, 빈민법하의 정주확인서가 이러한 이동을 원활하게 보장하는 제도적 장치로 활용되었다.

인적자본에 관해서는 영국이 다른 나라들에 비해 비농업인구가 많았다는 점을 논의의 출발점으로 삼았다. 영국 경제는 이미 17~18세기를 거치면서 직업의 분화가 상당히 진행되었고, 여기에는 도제제도의 원활한 운영이라는 현상이 자리하고 있었다. 불완전계약이라고 하는 도제제도의 본질적 한계를 벗어나는 데 영국의 사회적·정치적·경제적 제도가 유리하였음을 주장할 수 있는 근거들이 있다. 첫째, 잘 갖추어진 법제도와 관습을 통해 도제계약을 중도에 파기하였을 때 받게 되는 불이익을 극대화시켰다. 둘째, 영국의 빈민법은 도제교육을 완수한 사람에게 새 정주권을 부여함으로써, 그리고 도제교육기간을 7년으로 고정함으로써 도제계약 이행의 유인을 더욱 확대하였다. 이 요인들이 영국의 도제제도가 다른 국가들에 비해 잘 작동하게 한 원동력이었다.

마지막으로 케임브리지셔의 사례를 통해 도제제도의 실제 운영 양상을 살펴보았다. 직종별로 상이한 규모의 노동시장이 체계적으로 성립하고 있었음을 확인할 수 있었고, 도제의 이동범위는 빈민법과 열린교구-닫힌교구 구조, 간이심판소구역과 같은 제도적·사회경제적 요인에 의해 영향을 강하게 받고 있었다는 점을 명확히 알 수 있었다.

3 농촌사회조직의 변화: 열린교구-닫힌교구체제

1. 근대화 돌아보기
2. 농촌인구의 이동과 근대화
3. 사실 혹은 허구: 열린교구-닫힌교구체제
4. 빈민법과 구빈지출
5. 맺음말

1 근대화 돌아보기

18세기와 19세기에 걸쳐 서구 사회에서 일어난 사회경제적 대변혁의 역사적 과정을 학자들은 대개 '근대화'라는 개념으로 설명한다. 근대화의 개념을 일괄해서 규정하는 일은 쉽지 않은데, 경제사 연구의 경우 공업화와 도시화의 진전에 특히 주목해 왔다. 기존의 연구사를 돌아보면 논의의 초점이 공업화 및 도시화가 이루어진 지역에 맞추어 있는 경우가 많았고, 농촌부문에 대해서는 변화의 뒤안길로 사라질 운명의 낙후부문이라는 관점에서 부차적인 관심만을 보이는 경향이 컸다. 즉, 주된 논점은 공업화와 도시화가 야기한 사회경제적 효과에 있었고, 농업부문은 이러한 변화를 가능하게 한 '선행조건'으로서, 또는 변화를 지속시킨 환경의 제공자로서만 의미를 갖는 것으로 여기는 사례가 많았다.[1] 이러한 논의방식은 두 측면에서 중대한 문제점을 내포한다.

첫째, 근대화가 도시 및 공업부문에 한정되어 전개된 것이 아니라 농업부문에서도 진행되었다는 사실이 쉽게 간과된다. 또한 공업과 도시의 성장이 농업부문의 전면적 포기에 따라 이루어진 것이 아니라, 농업세력의 지속적인 반발과 다양한 방식의 저항을 꺾어가면서, 그리고 때로는 위기를 기회로 삼아 스스로 변화를 모색해 간 농업인들의 노력을 통해 이루어졌다는 사실도 제대로 주목을 받지 못한다.

[1] 대표적 예로 Lewis(1954); Williamson(1990).

둘째 문제점은 논의의 초점이 변화의 전제조건과 효과에만 놓이고 변화의 '과정'에 관해서는 관심이 크게 부족하다는 점이다. 변화는 일정한 시점에 일정한 지역 전반에 걸쳐 균일한 속도로 진행되었는가? 만일 그렇지 않았다면 불균등한 양상 속에 어떠한 일관된 특징이 발견되지는 않는가? 변화가 빠른 곳과 느린 곳 사이에 체계적인 상호관련성은 존재하지 않았나? 이런 문제들에 대해 기존의 연구는 크게 미흡한 것이 사실이다.

이 장에서는 이 두 문제점에 주목하여 19세기 전반기 영국 농업지역의 사회경제구조를 분석함으로써 농촌근대화의 과정을 고찰하려 한다. 연구의 대상지역은 잉글랜드 남부 농업지역의 두 주(county)로, 남중부의 옥스퍼드셔(Oxfordshire)와 남동부의 케임브리지셔(Cambridgeshire)이다. 이 두 지역은 모두 당시 영국 최대의 도시이자 가장 강력한 인구흡입지였던 런던으로부터 약 100km 떨어진 곳으로서, 18세기 이래 교통수단의 발달과 노동력 유출유인의 증대라는 상황에 직면한 곳이었다.[2] 도·농 간 긴장이 첨예하였던 이 지역에서 의회인클로저의 전개과정과 빈민법(Poor Law)의 시행실태를 살펴봄으로써 근대화 과정의 특질을 검토하는 것이 이 장의 목적이다. 시기적으로 18세기 후반에서 19세기 전반까지를 대상으로 하지만, 특히 1830년대 초에 주된 초점을 맞추고 있다. 이 시점은 영국의 근대사에 있어 매우 중요한 위치를 차지하고 있다. 산업혁명의 과정이 일단락되는 시점으로 널리 여겨져 왔고, 1832년에는 의회개혁을 통해 신흥공업지역의 정치적 영향력이 확대되었다. 농촌부문과 직접 관련해서는 1830~1831년에 남부지역 전역에 걸쳐 대규모의 농촌소요인 스윙폭동(Swing Riots)이 발생하였으며, 1834년 빈민

[2] Wrigley(1967); Boyer(1988).

법 개정으로 구호의 방식 및 수준에 커다란 변화를 맞게 되었다. 이러한 중요성으로 인해 고용과 구빈실태에 관한 많은 연구가 이 시기를 대상으로 이루어져 왔다. 그럼에도 불구하고 자료의 부족과 접근방법상의 제약이라는 이중적 요인으로 인해 만족스러운 수준의 연구결과를 보이지 못한 측면이 컸다. 본 장에서는 그간 충분한 고려가 이루어지지 않은 분석시각과 방법론을 활용하고, 특히 아직까지 활용된 바 없는 케임브리지셔의 새로운 자료를 이용하여 당시 구빈제도의 시행실태를 파악하고자 한다.

2 농촌인구의 이동과 근대화

기존 연구의 첫째 문제점은 근대화 과정에서 농업부문이 상대적으로 무시된다는 점이다. 특히, 산업화가 정부의 강력한 후원하에 농업부문의 급속한 상대적 후퇴를 동반하여 진행된 역사적 경험을 가진 한국을 포함한 후발공업국의 시각에서 볼 때 놓치기 쉬운 면이다. 과연 모든 국가가 이러한 변화를 공통되게 경험한 것일까? 후발공업국과 달리 점진적인 공업화를 경험한 영국의 사례는 이에 대해 조심스러운 검토가 필요함을 말해 준다.

표 3-1은 옥스퍼드셔에 남아 있는 자료로부터 추출한 18세기 말~19세기 초 이주가구의 형태와 이동거리의 관계를 보여 준다. 이 시기 빈민법체제하에서 모든 개인은 자신의 혈연적·경제적 조건에 따라 한 교구(촌락의 법적·행정적 단위)에 속하게 되어 있었고, 각 교구는 이렇게 정주권(settlement)을 가진 교구민이 경제적인 어려움

표 3-1 퇴거명령에 의해 이동한 가구의 구성과 이동거리, 옥스퍼드셔 1751~1834년

가구형태	거리			
	2마일 이하		2마일 초과	
	가 구 수	%	가 구 수	%
1. 독신남성	141	14.9	8	8.7
2. 부부	221	23.3	14	15.2
3. 부부+아동	328	34.6	20	21.7
4. 독신여성	186	19.6	23	25.0
5. 독신남성+아동	8	0.9	4	4.3
6. 독신여성+아동	51	5.4	18	19.6
7. 아동	12	1.3	5	5.4
합 계	947	100.0	92	100.0

자료: Oxfordshire County Record Office(이하 OCRO), *Quarter Sessions Rolls*, Vols. 4~5; *Parochial Collections*; *Private Collections.*

에 처할 때 구호를 시행할 의무를 지고 있었다.[3] 교구의 행정담당자들은 정주권을 갖지 않은 외부인이 교구 내에 거주하면서 새로운 정주권을 얻는 일이 발생하지 않도록 모든 주의를 기울였다.[4] 외부인의 경우 교구의 판단에 따라 퇴거명령서(removal order)의 대상이 되었는데, 표 3-1은 이 명령에 의해 1751~1834년에 자신이 원래 속한 옥스퍼드셔의 교구로 이동해 간 1,039가구의 자료를 분석한 것

[3] 빈민법 적용대상자의 범위를 명시하고 교구 간 인구이동을 규제하는 방식을 통제한 것이 정주법(Law of Settlement)이다. 정주법의 성격과 정주법하의 인구이동에 관하여는 Snell(1991); Landau(1991); Song(1998b) 참조.

[4] 정주권을 얻으려면 다음 중 한 조건을 만족시켜야 하였다. 연 10파운드 이상의 임대료 지불, 교구직에 1년 근무, 미혼인 경우 1년간 고용, 도제기간의 완료, 지방세의 납부, 30파운드 이상의 부동산 매입, 여성의 경우 결혼(남편의 정주권 승계).

이다.[5] A교구에서 B교구로 퇴거명령을 받은 사람은 어느 시점에선가 B교구에서 A교구로 이동하였을 가능성이 높다고 볼 수 있다. 따라서 대도시에서 옥스퍼드셔로 퇴거명령을 받은 인구는 대부분 이전에 옥스퍼드셔에서 대도시로 이동해 간 인구라고 해석할 수 있다.

당시 옥스퍼드셔의 농업은 밀을 위시한 곡물생산의 비중이 큰 가운데 목축업도 일정 정도 이루어지고 있었다. 목축업은 봄철에 나타나는 일시적인 증가를 제외하고는 노동수요의 계절적 변동이 적었던 반면 밀생산은 초가을 수확기를 중심으로 노동수요가 매우 컸다. 전체적으로 이 지역은 농번기 수요를 충당하기 위해 노동력을 근거리에 붙잡아 둘 필요성이 절실하였지만, 일감이 적은 여타 계절에는 노동인구의 과잉으로 인한 구호부담을 짊어지고 있었다. 이와 같은 상황에서 옥스퍼드셔의 교구는 고용가치가 높은 노동력을 근거리에 묶어 두고 구호부담이 크거나 커질 가능성이 높은 인구를 장거리로 내보낼 유인을 가지고 있었다. 표 3-1은 상대적으로 고용되기에 유리한 상황의 가구형태가 단거리 이동에 치중한 반면(가구형태 1~3), 경제적 가치가 낮은 가구형태에서는 장거리 이동의 비율이 높았음을 보여 준다(가구형태 5~7).

이러한 차이는 다른 자료에 의해서도 지지된다. 당시 지역 간 및 교구 간 노동수급의 불균형은 정주법을 포함한 빈민법이 갖는 노동이동의 제약이라는 문제를 완화하고 인구의 원활한 이동을 촉진할 필요성을 부각시켰는데, 이 목적으로 고안된 것이 정주증명서(certificate of settlement)였다. 이 증명서를 보유하고 타교구로 이동한 사람은 생활이 궁핍해질 경우 자신이 속한 교구가 언제든 자신과 가족을 구호해 준다는 보장을 제공받았고, 새 정주권을 얻을 조건

---

5 OCRO, *Quarter Sessions Rolls*, Vols. 4~5; *Parochial Collections*; *Private Collections*.

을 충족해도 해당 교구는 정주권을 부여하지 않아도 되었다. 따라서 노동력이 필요한 교구는 새 교구민의 증가라는 위험 없이 정주증명서를 보유한 사람을 받아들일 수 있었다. 1751~1834년간 옥스퍼드셔에서 발행된 정주증명서를 분석해 보면, 정주증명서를 발급받은 인구는 가구구성상 경제적 가치가 큰 사람이 대부분이었는데, 이들은 주로 단거리 이주에 치중하였음을 알 수 있다.[6] 구호대상이 될 가능성이 높은 사람이 장거리 이주를 하도록 교구가 유인을 제공하였다는 증거도 있다. 예를 들어, 1828년 옥스퍼드셔의 뱀프턴(Bampton) 교구는 런던 근교로부터 퇴거명령을 받고 돌아온 부인과 세 자녀를 둔 빈민에게 런던으로 돌아가서 일거리를 구하는 대가로 6파운드를 주겠다고 제안하였다.[7]

옥스퍼드셔로부터의 장거리 이동 중 대다수가 런던을 포함한 대도시를 향한 것이었음을 고려할 때, 농촌에서 도시로 이동한 인구가 미래에 대한 기대 속에 이주를 적극적으로 선택한 능동적 계층이 아니라 지역노동시장에서 뿌리를 내리지 못한 주변적 계층이었다는 사실을 알 수 있다.[8] 영국의 농촌부문은 새로 부상하는 대도시와 공업지역에 무기력하게 자리를 내준 것이 아니라, 경제적 이익이 크고 구호의 대상이 될 가능성이 낮은 노동력을 농촌지역에 묶어 두는 데 성공하고 있었다. 이는 도시 및 공업지역이 농촌에 비해 높은 임금수준을 보였다는 사실에 비추어 볼 때 더욱 인상적이다.[9] 당시의 공업노동시장에 관한 연구는 신흥노동자가 주로 공업지역의 인근 배후지에서 그리고 공업노동의 경험이 어느 정도 있

---

6 Song(1998b), pp. 378~340.

7 OCRO, *Mss D. D. Par. Bampton, b. 16.*

8 Song(1998b). 유사한 결과를 보인 다른 지역에 관한 연구로 Stapleton(1988).

9 Hunt(1986), pp. 935~966.

는 가족환경으로부터 공급되었음을 보여 주는데, 옥스퍼드셔로부터의 인구이동 양태는 이러한 연구와 상응한다고 볼 수 있다.[10] 농촌부문으로부터의 장거리 이주자는 우선 도시 비공식부문으로 흡수되는 형태가 지배적이었던 것으로 보인다. 농촌 과잉인구의 공업부문에 대한 기여는, 적어도 노동력의 질적인 측면에서 볼 때, 일부 학자의 주장과 달리 그다지 크지 않았다고 결론을 내릴 수 있다.[11] 영국 농업사회의 이러한 상황은 도시와 공업부문 위주의 연구가 갖는 한계를 보여 줌과 동시에, 농촌사회의 변화에 초점을 맞춘 연구가 근대화 과정에 관한 올바른 이해에 필수적임을 말해 준다.

3 사실 혹은 허구: 열린교구-닫힌교구체제

서두에서 언급한 두 번째 문제, 즉 변화의 과정이 시기적 · 지역적으로 균일하였는가, 그리고 균일하지 않았다면 그 불균등한 양상에 어떠한 규칙성이 발견되지는 않는가 하는 문제에 관한 가장 대표적인 접근법이 열린교구(open parish)-닫힌교구(closed parish)모형이다. 필자는 기존 모형의 일부 단점에도 불구하고 약간의 보정을 거치면 이 모형이 영국 농촌사회의 근대화 과정을 설명하는 데 매우 유용하게 사용될 수 있음을 보이고자 한다.

---

10 Anderson(1971); Berg(1994).

11 빈민법과 정주법이 타지역으로 이주하여 일자리를 찾는 데 실패한 노동빈민에게 최후의 생존보장을 해 줌으로써 노동이동을 촉진하여 산업화에 기여하였다는 주장의 대표적 예는 Taylor(1989), pp. 167, 172; Solar(1995), p. 14.

열린교구-닫힌교구모형은 영국 농촌사회의 기본 구조가 사회경제적·인구학적 성격이 다른 교구들이 근거리에 병존하면서 상호의존하는 모습이었다고 주장한다. 이 모형이 의미하는 바는 19세기 중반의 여러 자료에서 찾아볼 수 있다. 대표적인 예로 캐어드(J. Caird)는 1852년 저서에서 당시 농촌사회의 모습을 다음과 같이 전한다.

> 노동자와 관련된 또 다른 해악이 있다. ……이는 '열린교구'와 '닫힌교구'체제로, 대지주가 자신이 속한 교구로부터 노동자를 몰아내어 빈곤에 대해 이런 정책을 펴지 않는 교구로 멀리 보낼 수 있는 것이다. 농업노동자가 정규적인 일터로부터 상당히 떨어진 곳에 기거하기 때문에 아침에 한 시간 저녁에 한 시간—한 주에 40~50마일—을 걸어야 하는 경우는 아주 흔하게 발견되는 일이었다. ……이 관행의 유해성은 이것이 전부가 아니었다. 노동자들은 오두막의 임대료가 지나치게 높은 마을에 모여들게 됨으로 해서 도덕을 파괴하고 건강을 해치는 방식으로 무리를 지어 살 수밖에 없는 경우가 많았다.[12]

전형적인 닫힌교구는 1인 또는 소수의 지주가 교구 토지의 대부분을 소유하고서, 가옥의 신축을 제한하고 외지인이 교구 내에 정주하지 못하도록 통제를 철저히 함으로써 인구증가를 막고 구빈지출수준을 낮게 유지한 교구였다. 이에 반해 열린교구는 분산된 토지소유구조, 급속한 인구증가, 높은 구빈지출수준과 같은 특징을 보였다. 농업노동자들은 열린교구에 거주하면서 일을 위해 일정 거리에 위치한 닫힌교구로 매일 출퇴근해야 하는 경우가 많았다. 열린교구의 숙소는 비좁고 위생상태가 열악하였으며 높은 임대료가 부과되었다. 경제구조를 보면 닫힌교구는 대규모의 영지를 차지농업가가 지주로부터 임차하고 다수의 임금노동자를 고용하여 시장판매를 위한 농업에 집중하는 모습을 보인 반면, 열린교구에서는 소

[12] Caird(1967), p. 516.

표 3-2 열린교구와 닫힌교구의 특징

요 소	열린교구	닫힌교구
1. 토지소유구조	다수의 소토지소유자	소수의 대토지소유자
2. 구빈지출	높은 빈민세	낮은 빈민세
3. 경제구조	소규모 농장 영세자영소농 중심 농촌공업 번성	대규모 영지 차지농과 임금노동자 중심 농업에 특화
4. 인 구	높은 인구밀도 빠른 인구성장	낮은 인구밀도 느린 인구성장
5. 주 거	열악한 환경 높은 임대료 충분한 공급	양호한 환경 낮은 임대료 공급부족
6. 종교와 사회관계	비국교도 다수 급진주의 호응	강한 국교도 통제력 온정주의적 관계

규모 농장에 기초한 영세자영소농(peasantry), 즉 가족노동에 기초한 생계형 농업경영이 지배적인 가운데 농촌공업도 상대적으로 발달하였다. 닫힌교구가 강력한 국교(Anglican Church) 지배 속에 지역유지가 온정주의적 사회질서를 유지할 수 있었던 것에 비해 열린교구는 비국교도의 수가 상대적으로 많고 대지주의 영향력이 한정된 가운데 급진주의 사상이 호응을 얻을 수 있는 환경에 있었다. 당대에 발간된 많은 자료에는 이러한 교구 간 차이에 대해 다양한 언급이 나타나 있다.[13] 이를 종합하면 표 3-2에 요약된 바와 같다.[14]

열린교구와 닫힌교구라는 용어는 1840년대와 1860년대 사이에

[13] 대표적으로 Nicholls(1850); Parliamentary Papers(1843, 1847, 1850, 1867~1868).

[14] 열린교구와 닫힌교구의 특징에 관하여는 Holderness(1972); Banks(1988); Spencer (2000); Song(2002) 참조.

괄목할 만한 속도로 전파되었다. 여기에는 정주법을 어느 방향으로 개혁해야 하는가를 둘러싼 당대의 정치적 논쟁이 크게 작용하였다. 개정방향은 크게 두 가지로 요약된다. 첫째는 한 교구에서 일정 기간 이상 거주한 사람의 경우 그 교구에 정주할 권리를 가지고 있지 않았더라도 타교구로 퇴거시키지 못하게 하는 것이었다. 이 조치는 궁극적으로 정주와 퇴거정책의 단위를 교구로부터 1834년 빈민법 개정 이후에 새로 창설된 빈민법조합(Poor Law Union)으로 확대하는 것을 목표로 삼고 있었다.[15] 정주법 개정의 둘째 방향은 빈민구호를 위한 세금징수의 단위를 교구로부터 빈민법조합으로 확대하는 것이었다. 1834년 이후 지속적으로 이루어진 이 두 방향의 개정 움직임은 1845년부터 실제 입법이 진행되고 궁극적으로 1865년 이른바 조합부담법(Union Chargeability Act)이 제정됨으로써 완결되었다.[16] 이 개혁과정에서 열린교구와 닫힌교구의 개념과 이미지는 개혁의 필요성을 강조하는 측을 지지하는 강력한 증거로 이용되었다.

열린교구와 닫힌교구라는 용어가 언제 유래하였는지는 불분명하다. 홀더니스(B. A. Holderness)는 아마도 1830년 전후일 것이라고 추측하였고, 새뮤얼(R. Samuel)도 1830년대를 유력한 후보로 지목하였다.[17] 1834년의 빈민법보고서를 조사해 보면, 이 용어가 아직 명시적으로 사용된 사례는 찾을 수 없다. 그러나 이 열린교구와 닫힌교구의 특징을 보여 주는 촌락들에 대한 언급은 여러 곳에서 찾아

---

15 전형적으로 빈민법조합은 인접하고 있는 20개 내지 30개 교구를 묶어 형성하고 그 교구 가운데 정기시장이 서는 읍에서 빈민법조합의 행정업무가 이루어지도록 하였다. 그러나 이 기준에 맞지 않게 빈민법조합의 경계가 설정된 곳도 적지 않았다 (Digby, 1975; Song, 1999).

16 빅토리아 28~29년 법률 제79호. 입법화 과정에 대해서는 Rose(1976); Caplan (1978). 이와 관련된 중요한 의회자료로는 Parliamentary Papers(1847, 1850, 1860).

17 Holdrness(1972), p. 127; Samuel(1975), p. 15.

볼 수 있다.[18] 많은 경제사학자들은 19세기 초 빈민법과 노동시장 및 사회구조의 연구에서 열린교구-닫힌교구체제에 대한 이해가 필수적이라고 지적한다.

예를 들어, 앱펠(W. Apfel)과 덩클리(P. Dunkley)는 1834년 이후 열린교구에서 현저히 높은 구빈압력이 존재하였음을 밝혔고, 캐플란은 정주법 개정에 대한 반대를 주도한 세력이 '토지귀족(territorial aristocracy)'으로서 그들의 정치적 목표는 '열린교구와 닫힌교구의 차별성을 유지하는 것'이었다고 분석하였다. 딕비(A. Digby)는 캐플란의 주장과 맥을 같이하는 분석을 내놓았다. 그녀는 19세기 중반 뿌리 깊은 온정주의적 정서를 지닌 지주층이 자신의 교구에 오로지 '구호할 가치가 있는(deserving)' 빈민만을 거주하게 하고, 나머지 '구호할 가치가 없는(undeserving)' 빈민은 타교구로 방출하고자 하였다고 주장하였다. 란다우(N. Landau)와 스넬은 노동이동성에 대한 빈민법의 효과에 대해 유래 없이 뜨거운 공방을 벌인 것으로 유명하지만, 노동시장의 분석을 위해 열린교구-닫힌교구체제에 대한 이해가 필수적이라는 점에 대해서는 의견일치를 보았다.[19]

열린교구-닫힌교구의 구분은 교구 간 특질차이를 명확히 해 준다는 면에서 큰 장점을 가지고 있다. 그러나 다른 한편으로는 과도한 단순화에 따른 단점도 지닌다. 무엇보다 모든 닫힌교구와 모든 열린교구가 위에 열거된 모든 특징을 보이지는 않는다. 논자에 따라 일부 측면에 초점을 맞추어 교구구분을 행함으로써—특히 토지소유구조나 인구과잉 여부 그리고 주택사정 중 하나—논의에 일관성이 결여될 위험이 있다. 그리고 많은 수의 교구는 열린교구 또는

[18] Parliamentary Papers(1834a, 1834b); Song(1998a), p. 475.

[19] Apfel and Dunkley(1985), p. 61; Caplan(1978), pp. 267, 284; Digby(1978), pp. 83, 89~96, 120~121, 134~135; Landau(1990), p. 591; Snell(1992), pp. 145~150.

닫힌교구의 특징을 명확히 보이는 것이 아니라 중간적인 모습을 보인다는 점에도 주의할 필요가 있다. 또 한 가지 주목해야 할 점은 위의 구분이 닫힌교구가 열린교구로부터 일방적으로 이익을 취하고 있다는 인상을 줄 위험이 있다는 것이다. 닫힌교구의 농업세력이 구빈지출을 낮게 유지하고 경작에 필요한 노동력은 인근 열린교구로부터 충당하는 방식으로 이익을 보았음은 분명하다. 그러나 열린교구의 소상인과 수공업자와 같은 중간층 또한 자신이 축적한 크지 않은 재산을 오두막에 투자하여 큰 이익을 거두었다. 이런 관점에서 본다면 열린교구와 닫힌교구의 관계는 일방적이라기보다 공생적인 측면이 강하였다고 판단할 수 있다.[20]

열린교구-닫힌교구의 이분법적 구분이 지니는 약점에 주목하여 일부 역사가는 이 모형이 실제 모습을 과장하는 경향이 있다고 비판하였다. 웰즈(R. Wells)는 이 모형이 지나친 단순화로 인해 현실을 제대로 반영하지 못한다고 주장하였고, 테일러(J. S. Taylor)는 교구간 유형적 차이가 실제로 체계적인 모습으로 발견되지 않는다고 논박하였다. 홀더니스는 열린교구와 닫힌교구의 차별화가 '빅토리아 중기의 스캔들'이 되어 버렸다고 주장하면서, 당시의 언급을 액면 그대로 받아들이는 것이 위험하다고 설파하였다. 뱅크스(S. Banks)는 열린경제-닫힌경제모형이 과학적 예측력을 결여하고 있다고 지적하면서 용어의 언어적 모호함에 속아 역사가들이 '19세기의 스캔들'을 '20세기의 모형'으로 발전시키는 우를 범하였다고 주장하였다.[21] 그들은 빈민의 새 정주를 막기 위해 오두막집을 일부러 철거하는 행위는 실제로 드물었고, 대부분의 철거는 단지 주택투자의 수익성

20 닫힌교구를 '승리자'로 보고 열린교구를 '피해자'로 본 딕비(A. Digby)의 시각은 이런 면에서 비판의 대상이 된다(Digby, 1978, p. 83).

21 Holderness(1972), p. 127; Banks(1988), pp. 51, 71.

이 부족하였기 때문에 발생한 것이지 구빈지출수준을 낮게 유지하기 위해 지주들이 인구를 통제하려 한 탓으로 보기 어렵다고 논박하였다.[22] 웰즈와 테일러의 주장은 열린교구-닫힌교구모형의 완화를 통해 수용할 수 있다. 즉, 이분법적인 교구구분 대신 개방의 정도에 따라 교구를 세분하고 교구를 구분짓는 여러 특징을 동시에 고려하는 방식을 택함으로써 문제점을 회피할 수 있다.[23]

과연 열린교구-닫힌교구체제는 19세기 중반에 정치적 목적에 의해 의도적으로 과장된 스캔들에 불과한가? 그렇지 않다는 것이 필자의 판단이다. 상세한 논의는 제4장에서 이어질 것이지만, 여기서는 다만 1840년대부터 1865년에 이르는 시기에 통과된 개혁입법들이 담고 있는 과도기적 조항들이 빈민법하에서의 정주와 이주에 관련된 관행에 대해 부정적인 견해가 확산되는 데 중요한 역할을 하였다는 점을 강조하고자 한다. 1846년에 제정된 빈민퇴거금지법(Irremovable Poor Act)의 예를 살펴보자.[24] 이 법은 한 교구에서 정주권을 보유하지 않은 자가 5년 이상 연속적으로 거주한 경우 강제퇴거를 시킬 수 없도록 규정하였다. 이 입법은 열린교구-닫힌교구체제를 약화시키는 방향에서 이루어졌고, 따라서 1865년 조합부담법으로 가는 과도기적 성격을 지니는 것임이 분명하지만, 입법의 즉각적 효과는 이와 정반대였다. 닫힌교구들은 타교구 소속의 빈민들이 몰래 경계 내로 들어와 5년 동안 연속 거주함으로써 정주권을 얻는 일이 없도록 하기 위해 더욱 감시의 눈을 강화하였던 것이다. 그러므로 열린교구-닫힌교구체제는 이 시기에 더욱 큰 사회적 문제가 된 것이 실상이라고 해석할 수 있다.[25]

[22] Holderness(1972), p. 129; Banks(1988), pp. 66~69. 또한 Taylor(1989), p. 175도 참조.
[23] 이 시도는 본서 제4장에서 이루어질 것이다.
[24] 빅토리아 9~10년 법률 제66조.

한편, 이보다 앞선 시기에 대해서는 홀더니스나 뱅크스처럼 열린교구-닫힌교구모형에 대해 부정적인 입장을 보인 학자들조차도 교구의 유형별 차이를 창출한 인구학적 변화가 19세기 초반에 발생하였고, 더 나아가 18세기까지 거슬러 올라가서도 유사한 인구학적 변화의 양상을 확인할 수 있다고 주장한 바 있다. 그러므로 열린교구-닫힌교구체제는 19세기 중반에 국한된 것이 아니라 보다 장기적인 시각에서 고찰하는 것이 바람직하다.

본 장에서 열린교구-닫힌교구모형에 특히 주목하는 이유는, 첫째 열린교구-닫힌교구체제가 교구 간 사회경제적 불균등이라는 당시의 사회모습에 1차적으로 부합하기 때문이며, 둘째로는 이 체제가 고정적인 것이 아니라 농촌지역의 근대화를 통해 강화 또는 약화의 과정을 겪었을 것으로 볼 수 있기 때문이다.

4 빈민법과 구빈지출

농민소요와 빈민법 개정의 소용돌이가 휘몰아친 1830년대 초기의 빈민법 운영양상은 어떠하였을까? 이 시기에 관하여 가장 널리 연구된 사료는 1832년에 실시된 구빈실태 조사자료인 『농촌질의서(*Rural Queries*)』이다.[26] 이 자료는 전국에 보낸 질의서에 대한 각 교구의 답변을 모은 것으로, 전국 교구의 약 10퍼센트, 인구상으로 약

[25] 1846년 법에 대한 당대인들의 비판에 관해서는 Parliamentary Papers(1847), pp. 71, 764~765 참조. 또한 Caplan(1978), p. 274도 참조.

[26] Parliamentary Papers(1834a).

20퍼센트에 해당하는 지역의 상황을 상세히 보여 준다. 이 자료는 당시 농촌상황을 알려 주는 대표적 사료로서 그간 많은 연구의 대상이 되어 왔다.[27] 특히, 보이어(G. R. Boyer)는 이 자료를 가장 폭넓게 이용하였다. 그는 1834년 이전 빈민법체제에서 광범위하게 이루어진 원외구호(outdoor relief)를 이용하여 차지농이 수확기 등 노동수요가 많은 계절에만 한시적으로 노동력을 고용하고 다른 기간에는 빈민세에서 충당되는 실업수당으로 그들의 소득이 보조받도록 함으로써, 노동비용의 일부를 노동력을 고용하지 않고 있는 납세자에게 전가할 수 있었다고 주장하였다. 남부 잉글랜드를 대상으로 『농촌질의서』 자료를 이용한 회귀분석을 통해 그는 1인당 구빈지출수준이 납세자 중 노동력을 고용하는 차지농의 수가 많은 교구에서 높았다는 점을 제시하였다.[28] 보이어의 연구는 두 측면에서 약점을 지닌다. 우선 자료의 측면에서 볼 때, 그는 『농촌질의서』가 대표성을 지니지 못할 가능성을 간과하였다. 이 자료가 교구수로 10퍼센트, 인구로 20퍼센트의 응답내용을 담은 것이라는 사실은 조사에 응답한 교구가 평균적으로 인구가 많은 곳이었다는 것, 즉 상대적으로 열린교구의 특성을 지닌 교구가 응답한 빈도가 높다는 것을 의미한다. 더욱이 응답교구의 구체적 개방도가 주별로 큰 차이가 있었음에도 불구하고 보이어는 이에 대해 주의를 기울이지 않았고, 나아가 분석에 있어 교구수준의 자료가 부족한 일부 변수에 대해 각 주에 속한 교구들의 평균치를 대신 이용하는 문제점을 보였다. 열린교구와 닫힌교구가 근거리에 위치하면서 밀접한 관계를 맺고 있었다는 점에 비추어 볼 때, 한 주에 속한 교구 가운데 일정 거리를 두고 있는 소수의 교구만을 대상으로 하는 연구는 교구 간 상호작

---

27 Blaug(1964); Taylor(1972); Dunkley(1982).

28 Boyer(1990), chs. 4~5.

용에 관한 분석을 원천적으로 어렵게 만든다.

둘째로 연구시각의 측면에서 볼 때, 그는 빈민구호에 관한 의사결정이 개별 교구의 수준에서 차지농의 주도하에 독자적으로 이루어졌다고 가정하고 있다. 위에서 우리는 한 교구의 경제적 상황이 인접한 다른 교구의 경제적 상황과 밀접하게 관련되어 있음을 보았다. 구빈지출의 경우에도 개별 교구단위를 넘어서 다른 교구와의 관계 속에서 파악하는 것이 필요하다. 지방유지가 대지주로서 자신이 땅을 소유한 교구에만 영향력을 행사한 것이 아니라, 치안판사(magistrate)로서 대체로 20~30개의 교구를 관할하는 간이심판소(petty sessions)라는 행정·사법기구를 통해 빈민법 시행에 관해 깊숙이 관여할 수 있었다는 사실은 보이어의 교구중심적 시각이 지나치게 좁은 것임을 말해 준다.[29]

이러한 두 문제점을 고려하여 여기에서는 새로운 회귀분석을 실시한다. 자료상의 한계는 『농촌질의서』 자체로서는 극복하기 힘든데, 남부 전역을 대상으로 하는 다른 자료는 없지만 개별 주단위로는 상세한 조사자료가 존재하는 경우가 있다. 그 중 가장 눈길을 끄는 것이 케임브리지셔의 1830~1831년 자료다. 케임브리지셔를 포함한 남동부지역은 노동수요의 계절적 편차가 크고 따라서 열린교구-닫힌교구의 갈등이 가장 두드러졌던 지역이었으므로 본 연구의 취지에 부합하는 연구대상지라 볼 수 있다. 이 자료는 농민소요가 한창이던 1830년 12월부터 약 한 달에 걸쳐 작성되었는데, 이는 위기상황을 맞은 케임브리지셔의 치안판사들이 이 지역의 고용 및 구호실태에 대해 상세한 조사가 필요하다고 의견을 모은 결과로 이루어졌다.[30] 이 자료는 북부 습지를 제외한 케임브리지셔의 128개 전

[29] Keith-Lucas(1980); Landau(1984); Eastwood(1994). 간이심판소에 대한 상세한 논의는 본서 제5장에서 이루어진다.

체 교구를 대상으로 하였으므로 『농촌질의서』 자료가 갖는 비대표성 문제에서 자유롭고, 서로 인접하고 있는 다수의 교구들을 모두 함께 분석의 대상으로 삼는다는 장점을 지닌다. 보이어 연구의 둘째 문제점인 분석시각의 교구중심성에 관해서는 열린교구-닫힌교구 체제에 관련된 변수들을 추가로 고려함으로써 극복이 가능하다. 교구민 1인당 구빈지출수준을 종속변수로 하고 표 3-3에 요약된 변수들을 독립변수로 하여 회귀분석을 실시하였다.

첫 번째 유형의 변수들은 분석대상인 교구의 경제적 또는 사회적 조건에 관한 것이다. 앞의 표 3-2에 제시된 교구를 특징짓는 요소들이 주로 이 범주에 속한다. 인구밀도(population density: POPDEN)는 교구 경제에 대한 인구압력의 지표로, 1인당 구호수준과 (+)의 관계를 보일 것으로 예상된다. 교구가 구빈지출을 부담할 능력은 교구민 1인당 재산세액(per capita tax: PCTAX)으로 추계하였으며, 구빈수준과 (+)의 관계에 있을 것으로 보인다. 보이어는 교구 내의 정치판도가 구빈지출액 결정에 중요하였다고 주장한 바 있다. 그는 전체 납세자 가운데 노동력을 고용하는 농민의 비율(FARMER)이 높은 교구의 경우, 이들이 농번기를 제외한 기간에 많은 노동력을 실업상태에 놓아 교구의 기금으로 생활보조를 받게 함으로써 고용비용의 일부를 노동자를 고용하지 않는 납세자에게 전가하였다고 주장한다. 이 주장이 타당한가를 보기 위해 1831년 센서스의 직업항목을 이용하여 필요한 추계를 하였다. 인클로저의 진전 여부도 관심의 대상이다. 인클로저는 하층민의 고용기회를 축소시킴으로써 구빈규모를 늘릴 것이란 예상을 가능하게 하기도 하지만, 다른 한편으로는 인클로저가 일찍이 순조롭게 진행된 교구가 토지소유가

[30] Parliamentary Papers(1831), pp. 398~415.

표 3-3 회귀분석의 독립변수들

독립변수	정 의
[사회경제적 조건]	
POPDEN	에이커당 인구수
PCTAX	1인당 재산세
FARMER*	전체 납세자 중 노동력을 고용하는 농민의 비율
COMMON	더미변수: 교구에 공동지가 있으면 1
[대안적 구호방식]	
FUEL	더미변수: 빈민에게 연료를 무료 또는 저가로 공급하면 1
ALLOTMENT	더미변수: 토지분여가 있으면 1
CHARITY	더미변수: 자선용 토지를 보유하고 있으면 1
[구빈방식]	
ALLOWANCE	더미변수: 가족수에 따른 수당을 교구가 지급하면 1
L-RATE	더미변수: 잉여노동력을 경작규모에 따라 납세자에게 강제 배정하면 1
ROUNDSMEN	더미변수: 교구가 잉여노동력을 순번대로 고용주에게 돌리면 1
[행정구역]	
BOTTISHAM	더미변수: 교구가 Bottisham 간이심판소구역에 속하면 1
HOWES	더미변수: 교구가 Howes 간이심판소구역에 속하면 1
LONGSTOW	더미변수: 교구가 Longstow 간이심판소구역에 속하면 1
NEWMARKET	더미변수: 교구가 Newmarket 간이심판소구역에 속하면 1
ROYSTON	더미변수: 교구가 Royston 간이심판소구역에 속하면 1

주: *는 Boyer(1985)를 개선하여 1831 센서스로부터 다음 계산방식으로 산정.
(노동고용 농업인)/[(20세 이상 남성)−(농업노동자)−(비농업노동자)−(공업피용인)−(하인)−(상업 및 수공업 피용인)×2/3−(기타)×4/5].

상대적으로 집중되어 있고 하층민의 발언권이 약한 곳이었다는 점에서 낮은 구빈지출을 보였을 가능성도 있다. 공동지의 존재 여부(COMMON)는 이를 시험하기 위한 변수다. 1830~1831년에 스윙폭동이 발생하였는가(SWING)도 관심의 대상이다. 이 농민반란에 가담

한 노동자들의 주장 가운데 하나가 저임금 개선이었다는 사실은 이 변수가 구빈지출수준과 (+)의 관계를 보일 것이란 예상을 가능하게 한다.[31]

다음으로 고려된 변수들은 공식적 구호지출 이외에 어떠한 대안적인 구호방식이 존재하였는가와 관련된다. 많은 교구에서 석탄이나 이탄과 같은 연료와 담요를 교구민에게 무료 또는 저가로 공급하는 정책(FUEL)을 채택하고 있었다. 일부 교구에서는 빈민에게 낮은 임대료로 토지를 분여하는 정책(allotment: ALLOT)을 펴고 있었다. 또 하나의 중요한 빈곤구제책으로 자선용도로 사용하는 토지(charity estate: CHARITY)의 존재 여부를 변수로 채택하였다. 이들 대안적 구호방식에 관련된 변수들은 구빈수준에 (−)의 관련성을 지닐 것으로 추정된다. 빈민의 구호는 다양한 방식으로 이루어졌다. 가장 널리 사용된 구호방식은 가족수에 따라 수당을 지급하는 것(family allowance: ALLOW)으로, 전체 교구의 61퍼센트가 이 방식의 구호를 실시하고 있었다. 1820년대부터 광범하게 실시된 제도로 노동률(labour rate: L-RATE)제도가 있다. 이는 잉여노동력을 토지경작의 규모에 비례하도록 납세자들에게 배분하여 고용하게 하는 방식으로(전체 교구의 23퍼센트), 이전까지 널리 이용되던 순회노동제(roundsmen system: ROUNDS), 즉 잉여노동력을 고용주들이 돌아가며 고용하도록 한 제도를 대체한 것이다(전체 교구의 2퍼센트). 이들 구호방식은 모두 구빈지출수준과 (+)의 관계에 있을 것으로 예상할 수 있다.

남은 변수들은 지방정부의 지리적 범위와 관련된 것이다. 1832년 빈민법위원회를 포함한 많은 빈민법 반대론자들의 주장에 따르

[31] 토지소유구조의 경우 타변수들과 높은 상관성을 보이기 때문에 분석에서 제외하였다.

면, 일부 지나치게 관대한 치안판사가 교구위원에게 구호를 강제하였고, 그 결과 과도한 구빈지출을 기록하게 되었다고 한다.[32] 당시 가장 중요하였던 지방자치단위는 간이심판소로서, 그 구역에 위치하는 둘 이상의 치안판사가 구빈을 포함한 대부분의 업무를 공동으로 담당하였다. 특정 간이심판소가 유난히 너그러운 구빈지출을 하였는지를 살펴보기 위해 간이심판소단위들을 분석에 포함시켰다.

이와 같은 다양한 변수를 고려하여 회귀분석을 실시함으로써 1인당 구빈지출수준이 어떤 경제적·사회적·인구적·정치적 변수에 의해 설명될 수 있는가를 분석하였다. 회귀분석은 변수의 포괄범위에 따라 세 방정식의 형태로 행해졌고, 그 결과는 표 3-4에 제시되어 있다.

첫째, 인구밀도(POPDEN)는 1인당 구빈지출액에 (+)의 방향으로 유의미한 영향을 준 것으로 나타났다. 인구과밀의 압력은 분명 구빈수준의 결정을 설명하는 주요 변수였던 것으로 보인다. 교구의 1인당 재산세액(PCTAX) 역시 구빈지출과 유의미한 (+)의 관계를 갖는 것으로 세 방정식 모두에서 나타났다. 경제적 여력이 있는 교구는 구호를 너그럽게 하였던 것으로 보인다. 전체 납세자 가운데 노동력을 고용하는 농민의 비율(FARMER)은 구빈지출과 (+)의 관계를 유의미한 수준으로 보였다. 이는 노동력을 고용하는 농민이 고용비용의 일부를 여타 납세자에게 전가하려는 시도가 구빈지출수준을 결정하는 중요 요인이었다는 보이어의 주장이 틀리지 않음을 시사한다. 공동지를 가진 교구(COMMON), 즉 인클로저가 대규모로 진행되지 않은 교구는 상대적으로 높은 구빈지출을 보였다. 이들 교구는 토지소유가 대체로 분산적이었고, 그 속에서 노동빈민층은

[32] Brundage(1978).

표 3-4 회귀분석 결과

	(1)		(2)		(3)	
	β	Pr>|t|	β	Pr>|t|	β	Pr>|t|
CONST.	−0.219	0.343	−0.348	0.116	−0.391	0.077
[사회경제적 조건]						
POPDEN	1.601	0.005**	1.773	0.001**	1.612	0.001**
PCTAX	0.058	0.000**	0.057	0.000**	0.061	0.000**
FARMER	0.005	0.021*	0.004	0.049*	0.004	0.048*
COMMON	0.218	0.030*	0.135	0.089	0.170	0.031*
SWING	0.118	0.254	0.159	0.112	0.144	0.158
[대안적 구호방식]						
FUEL	0.205	0.059	0.223	0.037*	0.206	0.047*
ALLOT	−0.021	0.804	−0.077	0.207	−0.063	0.312
CHARITY	−0.220	0.343	−0.103	0.195		
[구빈방식]						
ALLOW	0.175	0.016*	0.230	0.000**	0.203	0.002**
L-RATE	−0.167	0.828	0.026	0.706	0.545	0.426
ROUNDS	0.120	0.523	0.022	0.903		
[행정구역]						
BOTTISHAM	−0.717	0.564				
HOWES	−0.080	0.558				
LONGSTOW	−0.204	0.145				
NEWMARKET	−0.100	0.305				
ROYSTON	−0.259	0.035*				
adj R^2	0.492		0.481		0.458	
N	68		70		72	

주: **는 유의수준 1%, *는 유의수준 5%.

다른 교구에 비해 상대적으로 큰 목소리를 낼 수 있었다는 사정을 반영한다. 스윙폭동(SWING)이 발생하였던 지역에서는 유의미한 수준은 아니지만 구빈지출수준이 상대적으로 높았던 것으로 나타났다. 실제로 일부 교구는 소요발생 직후에 구호수준을 높인 것으로 보고되었다.

석탄 등의 연료를 노동빈민에게 무료 또는 저가로 공급하는 정책(FUEL)은 흥미롭게도 상대적으로 높은 구호수준과 대체로 유의미한 (+)의 관계를 보였다. 이는 연료를 유리한 조건에 공급한 교구가 구호를 필요로 하는 인구를 상대적으로 많이 포함하고 있기 때문이거나, 이 구호방식을 채택하지 않은 교구가 구호의 여력이 크게 부족하였기 때문인 것으로 추정된다. 토지분여(ALLOT)는 유의미하지는 않지만 구빈지출수준과 (−)의 관계를 나타냄으로써 예상에 부합하는 결과를 보였다. 자선용 토지의 존재(CHARITY)도 구빈지출과 (−)의 관계가 있는 것으로 나타났다.

구호방식을 살펴보면, 가장 널리 쓰이는 가족수당(ALLOW)의 경우 구빈수준에 관해 유효한 수준의 (+)관계를 나타냈다. 노동률제도(L-RATE)와 순회노동제(ROUNDS)의 설명력은 미비하였다. 마지막으로, 간이재판소의 관할구역은 구빈지출수준의 설명에 그다지 기여를 하지 못한다는 점이 밝혀졌다. 특정 지역의 구빈수준이 지나치게 관대한 소수 치안판사의 존재에 의해 높게 책정되지 않았나 하는 의혹은 사실과 들어맞는 것으로 입증되지 않았다. 지역 간 평균구호수준이 유의미하게 다르지 않았다는 것은 각 지역 내에 다양한 구빈수준을 보이는 교구들이 근거리에서 병존하고 있었다는 열린교구-닫힌교구모형과 양립가능한 것으로 볼 수 있다.

회귀분석의 결과를 종합해 보면, 교구 내에서 발생하는 노동력을 고용하는 농민으로부터 그렇지 않은 납세자에로의 고용비용 전가가 중요하였던 것은 틀림없지만, 열린교구-닫힌교구모형이 제시하는 교구의 사회경제적 특징 또한 구빈지출수준을 설명하는 데 필수적임을 알 수 있다. 인구밀도, 1인당 재산세액, 공동지의 존재 여부 등 교구의 특질을 규정하는 변수들이 보여 주는 설명력은 이들 변수에 대한 정당한 이해 없이는 당시의 빈민법 운영실태를 정확히 파악할 수 없다는 점을 보여 준다. 간이심판소의 관할구역이 구빈 수준과 무관하다는 사실은 열림/닫힘의 정도가 다른 다양한 교구들이 관할구역 내에 병존하고 있다는 사실과 궤를 같이한다. 즉, 교구 의원과 납세자들은 인근 교구로부터의 잠재적 노동유입에 대해 감시의 눈을 게을리하지 않았고, 치안판사와 대지주들은 이러한 교구 간 긴장관계보다 더 넓은 시각에서, 즉 교구경제의 관점이 아닌 지역경제의 관점에서 교구 간의 이해관계를 확정하고 조정하였다.

1830년대 초 캠브리지셔에서 열린교구와 닫힌교구의 구분은 실질적으로 존재하는 것이었다. 이 지역의 상황을 조사하여 빈민법위원회에 보고하는 임무를 맡았던 보조위원(assistant commissioner) 파워(A. Power)의 지적처럼 "중대한 폐해는 노동이 자유로이 순환되지 못하고, 그 결과 특정 교구에 축적이 된다는 점이다. 이 폐해는 나날이 증가하면서 구호대상자를 널리 증대시키고 있다. 빈민들로 인한 부담이 상대적으로 가벼운 교구는 현재의 정주법을 십분 이용하여 새 교구민을 받지 않도록 방어벽을 공고히 하고 노동력이 필요할 때에는 이웃 교구가 부양하는 과잉노동을 활용할 수 있다. 이런 교구에게는 빈민법은 토지의 가치를 높이고 지대를 올리는 장점으로 작용한다. 어디서나 극도의 관심과 질시 속에 이러한 배제의 힘이 관철된다."[33]

[33] Parliamentary Papers(1834c), p. 262A.

5 맺음말

18~19세기에 걸쳐 영국은 근대화라는 거대한 변화를 경험하였다. 도시화와 공업화는 이러한 변화의 핵심을 이루었다고 볼 수 있다. 그러나 후발공업국과는 달리 영국의 도시화와 공업화는 농촌부문의 전면적이고 즉각적인 약화를 수반한 것이 아니었다. 적어도 1830년대까지, 그리고 아마도 19세기 중반까지는 지주세력은 국내 정치무대에서 지배적 지위를 잃지 않았고, 지방노동시장에서는 빈민법과 정주법을 적절히 활용하여 자신의 통제력을 지속적으로 유지할 수 있었다. 농촌부문은 도시·공업부문에 피동적으로 종속되어 있지 않았고 오히려 자체적인 근대화 과정을 겪었다. 무엇보다도 인클로저가 진전되어 근대적 사적 소유권이 공동경작·공동권을 대체하였고, 토지의 집중화가 심화되는 가운데 상당수의 농촌인구가 궁핍화와 임노동자화를 경험하였다. 이 중 일부는 자신이 속한 교구가 아닌 인근 농업지역 또는 원거리의 도시지역으로 이주를 해야 하였고, 경제적 어려움에 처하였을 때에는 소속 교구로부터 구호를 받아야 하였다. 이러한 중대한 변화가 구체적으로 어떤 과정을 통해 진행되었는가에 관해 기존의 연구는 충분한 관심을 기울이지 못하였다. 역사학자들은 상이한 사회적·경제적·인구학적 속성을 지닌 교구들 간의 관계를 파악하는 분석틀로서 열린교구-닫힌교구모형을 제시해 왔다. 열린교구-닫힌교구체제는 일부 학자들이 주장하는 것과 같이 19세기 중반 개혁가들이 정치적 목적으로 과장한 것이 아니라 당시에 실재하고 있으며, 그 문제점이 첨예하게 표출되

고 있던 현상이라는 점을 확인할 수 있었다. 열린교구와 닫힌교구의 차별성은 이미 1830년대 초에 뚜렷이 존재하였으며, 비록 그 용어를 사용하지는 않았지만 유사한 현상은 이미 18세기 중반 이후에 여러 지역에서 나타나고 있었다. 사실 토지소유자-차지농-농업노동자를 잇는 근대적인 3분제(tripartite system)하에서 시장에 판매하기 위해 대규모 경작을 하던 닫힌교구와 자급자족형 자영소농이 널리 잔존하고 농촌수공업이 명맥을 유지해 오던 열린교구의 혼재는 영국의 근대 형성기를 특징짓는 핵심적 특징이라고 볼 수 있다. 1830년대 초 케임브리지셔를 대상으로 한 회귀분석은 구빈지출수준을 설명함에 있어 상이한 성격을 지닌 교구의 혼재라는 측면이 중요하다는 점을 보여 주었다. 인클로저와 구빈지출양상 모두가 한 교구의 사회경제적 위치가 인근에 위치한 다른 교구의 사회경제적 상황에 의해 조건지어졌다는 점을 뚜렷이 부각시켰다. 이렇듯 당시 영국 농촌지역의 사회경제구조를 재구성하기 위해서는 열린교구-닫힌교구체제에 관한 이해가 필수적이다.

4 의회인클로저와 사회변화

1. 인클로저 연구사
2. 의회인클로저, 생산성 및 토지소유구조
3. 개방경지에서 공동지로
4. 의회인클로저와 열린교구-닫힌교구체제
5. 맺음말

1 인클로저 연구사

근대 초기 영국 경제의 구조와 변화과정을 올바로 파악하기 위해서는 인클로저운동에 대한 이해가 필수적이라는 점에 많은 경제사학자들이 동의해 왔다. 지금까지 축적된 엄청난 양의 연구성과를 훑어 보면 학계에서 이 주제에 대해 쏟아 부은 학문적 열정을 쉽게 짐작할 수 있다. 특히, 토인비(A. Toynbee)가 산업혁명에 대한 고전적 저작에서 강조한 인클로저와 산업혁명의 관계는 지금까지 수많은 연구를 통해 재분석되고 재해석되어 왔다.[1] 더욱이 18세기 중반에서 19세기 전반에 이르는 시기에 발생하였던 의회인클로저(parliamentary enclosure)는 이전의 인클로저운동과 구분되면서, 그 구체적 발생시기와 이유, 이전 인클로저와 비교되는 특질, 경제적 및 사회적 영향 등 다양한 측면에서 놀랄 만한 연구들을 많이 낳았다. 그럼에도 불구하고 의회인클로저에 관한 연구가 학자들 간에 대체적인 합의에 도달할 만한 수준의 종합적 결과를 도출하였다고 보기는 어려운 면이 있다.

첫째로, 의회인클로저의 특정 측면은 그간의 연구에서 충분히 다루어지지 않았다. 이는 의회인클로저에 관한 연구사를 되돌아봄으로써 보다 잘 설명될 수 있다. 제1차 세계대전까지의 연구들은 대체로 의회인클로저의 사회경제적 효과에 대해 부정적인 입장을 보여 왔다. 가장 대표적인 예가 해먼드 부처(J. L. Hammond와 B.

[1] Toynbee(1884).

Hammond)의 저작이다.[2] 그들은 의회인클로저의 결과로 많은 농업노동인구의 생활수준이 현저하게 하락했다고 주장하였다. 또한 의회인클로저 이후 농촌인구 중 임금노동에 의존해서 생계를 유지해야 하는 수가 크게 증가했다고도 주장하였다. 의회인클로저가 농촌노동인구의 임금노동자화(proletarianization)와 소득격감을 낳았다고 하는 '파국'이론의 기세는 양차 대전 사이에 대두한 새로운 연구에 의해 꺾이게 된다. 이 '수정주의' 진영에 속한 학자들은 의회인클로저가 초래한 사회경제적 변화가 이전 주장과 같이 급속하지 않으며, 오히려 과거와의 연속성이 강조되어야 한다고 논박하였다. 특히, 의회인클로저 이전과 이후의 토지소유구조를 비교함으로써 이들은 자신의 주장이 옳다는 근거를 제시하였다. 대표적 학자인 챔버스(J. Chambers)와 밍게이(G. E. Mingay)의 저작물은 치열한 논쟁을 거치면서 제2차 세계대전 이후 새로운 통설로 자리를 잡았다.[3] 새 통설의 위상도 영원히 계속될 수는 없었다. 1980년대부터 새로운 연구자료—대표적으로 빈민법 자료—를 활용한 연구가 축적되면서 의회인클로저의 영향을 강조하는 주장이 다시 대두하게 되었다. 스넬(K. D. M. Snell)은 빈민법 자료 가운데 정주(settlement)와 이주에 관련된 자료들을 분석하여 해먼드 부처의 주장을 지지하는 결과를 도출하였다. 그의 연구는 인클로저 이후 노동이동의 계절성이 증가하였음을 밝히고, 이것이 인클로저 이후 노동인구의 빈곤화가 심화된 탓이라고 해석하였다.[4] 논쟁의 추는 1990년대에 들어서면서 다시 한번 수정주의 쪽으로 움직였다. 니슨(J. M. Neeson)은 의회인클로저 이후 공동권의 향방에 주목한 연구를 통해 자립형 소농(peasantry)이

[2] Hammond and Hammond(1911).
[3] Chamber and Mingay(1966).
[4] Snell(1985).

쇠퇴하게 된 데에 인클로저가 핵심적 역할을 했다고 주장하였다.[5] 여전히 고전적 해석과 수정주의적 해석 간에 공방이 오가고 있지만 논쟁의 결론이 어느 쪽을 지지하는 것으로 귀결될지는 알 수 없다.[6] 다음 절에서 이 주제에 관해 보다 상세한 논의를 펼 것이다.

한편, 이 논쟁을 자세히 살펴보면 논의의 불일치가 발생한 요인이 의회인클로저의 효과에 관한 구체적 분석결과의 차이에만 있는 것이 아님을 알 수 있다. 보다 근본적인 불일치의 요인으로 논의의 초점을 빈곤화(immiserization)에 둘 것인가, 아니면 임금노동자화에 둘 것인가에 대한 견해차이를 들 수 있다. 이 두 개념은 상호 관련성이 깊기는 하지만 엄밀히 보자면 분명한 차이를 지닌다. 그간의 연구사는 빈곤화에 훨씬 크게 주목해 왔고 임금노동자화에 관한 연구는 드물었다.[7] 다음 절에서 진행될 논의를 통해 필자는 임금노동자화에 초점을 맞춘 연구, 특히 수정주의적 연구가 지닌 취약점을 극복할 연구의 필요성을 강조하고자 한다.

인클로저 연구의 두 번째 문제점은 촌락별로 사회적·경제적·인구학적 상황에 차이가 컸다는 점을 간과하고 있다는 점이다. 근거리에 조건의 차이가 큰 촌락들이 병존하고 있을 때 인클로저 움직임이 어떤 차별적 반응을 초래하였으며, 또 인클로저의 결과로 촌락 간 관계는 어떤 변화를 경험하게 되었을까? 이 질문에 답하기 위해서는 상이한 조건의 촌락 간에 어떤 상호작용이 발생하고 있었는가를 면밀히 조사하는 작업이 필수적이다. 이 연구는 농촌사회구조에 대한 설명 틀로서 발전된 열린교구-닫힌교구모형을 이용하고자 한다. 제3장에서 살펴본 바와 같이 이 모형은 인접한 촌락 간의

[5] Neeson(1993).
[6] 이후 연구의 예로 Humphries(2000); Shaw-Taylor(2001a, 2001b).
[7] 예외적 연구로 Lazonick(1974).

인적·물적·재정적 관련성을 파악하는 데 유용한 것으로 많은 연구들이 인정해 왔다.[8]

전형적인 닫힌교구에서 마을의 토지는 한 사람 또는 소수의 지주가 소유하고 있고, 이 지주가 자신이 지닌 법제적 및 개인적 영향력을 통해 타지 주민이 이 마을에 들어와 정착하는 것을 체계적으로 막는다. 따라서 이런 마을에서는 인구증가율이 낮게 유지되고 빈곤율이 높지 않으므로 빈민세(poor rate)도 낮게 유지되는 경향이 있다. 반면에 열린교구는 분산된 토지소유구조, 높은 인구증가율 및 높은 구빈지출 부담 등의 특징을 지닌다.[9] 인접하거나 근거리에 위치한 닫힌교구와 열린교구는 빈민법에서 규정하는 정주와 이주에 관한 조항에 지배를 받으면서 노동이동과 복지지출에서 밀접한 상호작용을 하였다.[10]

2 의회인클로저, 생산성 및 토지소유구조

영국에서 인클로저의 역사는 장구하다. 역사가들의 통상적 구분에 따르면 인클로저의 역사는 크게 두 시기로 나뉜다. 15세기 후반과 16세기를 거치면서 튜더왕조기에 진행된 인클로저는 법제적 기반에 의존하지 않고 자율적인 방식으로 '합의에 기초하여(by agree-

[8] 대표적 연구로 Digby(1978); Mills(1980).

[9] Holderness(1972); Song(1998a).

[10] 빈민법하에서의 노동이동과 복지지출에 관해서는 Taylor(1976); Landau(1988); Snell(1991); Landau(1991) 참조.

ment)' 진행되었다. 이에 반해 18세기와 19세기에 진행된 의회인클로저는 그 이름이 보여 주듯이 인클로저를 위한 지역민의 청원이 의회에서 입법화되는 과정을 거치면서 사업기반이 마련되는 방식이었다. 그러나 이 구분은 엄밀히 보면 지나치게 단순화된 것으로 평가할 수 있다. 18세기와 19세기에도 의회의 공식적 입법과정을 거치지 않고 지역민들이 편의적으로 수행한 이른바 '단편적(piecemeal)' 인클로저가 적지 않게 이루어졌기 때문이다. 따라서 인클로저에 대한 보다 명확한 이해를 위해서는 왜 어떤 토지는 일찍 인클로저의 대상이 되었고 왜 다른 토지는 늦게까지 인클로저가 진행되지 않았는가를 분석해야 할 뿐만 아니라, 왜 어떤 토지는 의회입법의 방식으로 인클로저가 이루어졌고 왜 다른 토지는 전통적인 합의방식으로 인클로저를 진행하였는지도 구명이 필요하다.

의회인클로저가 진행된 시기에 두 번에 걸친 인클로저운동의 물결이 존재하였다. 의회인클로저운동의 첫 물결은 1770년대부터 세기 전환기까지의 시기에 도래하였다. 터너(M. E. Turner)의 추정에 의하면, 이 시기에 총 5,265건의 인클로저 법안이 의회를 통과하였다. 이는 면적으로 680만 에이커로서 잉글랜드 전체 면적의 약 21퍼센트에 해당한다. 이 가운데 약 2/3가 개방경지(open field)이고, 나머지가 공동지(common)이었다고 추계되었다.[11]

그간 많은 역사가들이 시기별로 인클로저 진행수준이 달랐던 이유를 구명하기 위해 노력을 경주하였다. 그들은 다양한 사회경제적 변수들, 즉 농업생산물의 가격,[12] 인클로저 비용,[13] 이자율,[14] 가

---

[11] Turner(1980), pp. 62, 71. 시기별 의회인클로저의 규모에 대해서는 논란이 있다. 이에 대해서는 Wordie(1983); Chapman(1984); Wordie(1984) 참조.

[12] Chambers and Mingay(1960), pp. 82~84.

[13] Tate(1952); Martin(1967a); Turner(1981, 1990).

용한 차지농(tenant farmer)의 존재 여부,[15] 그리고 정보의 흐름[16] 등의 영향을 분석하였다. 연구결과는 편차가 컸는데, 특히 일부 연구는 의회인클로저의 편익이 비용에 비해 그다지 크지 않았다고 주장하였다.

인클로저로부터 발생하는 생산성 증대의 이익도 별반 크지 않았다는 연구도 있다. 생산성 증대 여부는 인클로저가 농업부문에서 비농업부문으로 얼마나 노동력을 배출하였을 것인가에 대한 문제와 직결된다. 인클로저가 농업생산성을 크게 향상시키지 않았다면 농업부문에서 배출되는 노동력의 규모도 크지 않았을 것이라 추정할 수 있기 때문이다. 보통 개방경지는 공동경작의 관행에 따랐으므로 작물선택상의 제약, 분산된 지조(strip)를 옮겨 가면서 작업하는 과정에서 발생하는 시간적 손실, 질병에 걸린 가축이 있는 경우 높은 전염성의 위험, 노동과정에 대한 감독상의 어려움 등의 단점을 지니고 있는 것으로 알려져 있다. 그런데 의회인클로저 움직임이 활발하였던 미들랜드(Midlands)의 저지대를 대상으로 한 연구에서, 그레이(H. L. Gray)는 통념과는 달리 개방경지에서 경작법의 진보가 이루어져 생산이 증대된 사례가 많았고, 이 경우 인클로저가 지연되는 현상으로 이어졌다고 주장하였다.[17] 해빈든(M. A. Havinden)은 작물의 변경이나 새 재배법의 도입과 같이 개방경지에 대한 촌락민들의 자율규제에 변경을 가할 필요가 발생하는 경우 새 합의를 이루기에 별 어려움을 겪지 않았음을 보여 주는 사례를 여러 곳에서 발견하였다. 자연조건이나 시장상황에 따라 초지를 경지로 또는 경지

14 McCloskey(1972).
15 Thompson(1963), p. 226; Martin(1967a), p. 27.
16 Lambert(1955).
17 Gray(1910).

를 초지로 전환해 경영하는 이른바 '전환농업(convertible husbandry)'의 실시나 휴한지(fallow)에 다양한 사료작물을 파종하는 농법의 도입, 그리고 공동경지의 재분할 등 여러 방식으로 인클로저가 이루어지기 이전에도 토지생산성의 향상이 지속적으로 이루어져 왔다는 사실을 밝혔다.[18] 같은 맥락에서 앨런(R. Allen)에 따르면 16세기에서 19세기까지 발생한 수확증가의 대부분은 개방경지에서 이루어진 것이라고 주장하였다. 혹자는 인클로저 직후에 자주 발생한 것으로 보고되는 토지임차료의 증가가 생산성 향상의 증거라고 주장해 왔지만, 이에 대해 앨런은 토지임차료의 증가는 대부분 생산성 증가가 아니라 차지농으로부터 토지소유자에게로의 소득재분배로 설명할 수 있다고 보았다.[19] 맥클로스키(D. McCloskey)는 인클로저가 왜 더 일찍 진행되지 않았는지에 대해 개방경지의 위험기피적 속성에 주목한 설명을 제시하였다. 즉, 농민들이 분산된 지조를 흉작에 대한 일종의 보험처럼 여겼기 때문에 다소의 생산성 손실에도 불구하고 개방경지체제를 그대로 유지하려는 유인이 있었다는 것이다.[20] 터너(M. E. Turner)는 인클로저 자체로서는 생산증가가 자동적으로 초래되는 것이 아니며, 신작물의 도입, 신농기구의 활용, 신윤작법의 시행 등 농민 개개인의 혁신적 노력이 얼마나 투입되었는가가 관건이었다고 주장하였다. 인클로저는 직접적으로 농업의 진보를 가져온 것이 아니라 새 변화를 모색할 기회를 제공한 것뿐이라고 보아야 한다.[21]

미들랜드 남부지역을 대상으로 인클로저가 실시되지 않은 농지

[18] Havinden(1961).
[19] Allen(1982, 1992).
[20] McCloskey(1972, 1975).
[21] Turner(1986).

와 인클로저가 실시된 농지의 곡물생산량을 비교한 연구에 따르면, 생산량의 차이는 10퍼센트가량 인클로저가 진행된 농지가 높았다.[22] 다른 지역을 대상으로 한 연구에서는 생산량 차이가 더 높게 나타났다. 옐링(J. A. Yelling)의 추계는 인클로저가 실시된 농지에서 약 25퍼센트의 생산량 우위를 보여 주고 있다.[23] 그러나 이 연구들은 동일한 경지의 생산성을 인클로저 전후에 대해 비교한 것이 아니라 인클로저가 진행되지 않은 개방경지와 인클로저가 실시된 상이한 경지를 비교하였다는 점에서 불충분하다.[24] 비옥도가 높은 경지가 먼저 인클로저의 대상이 되었을 가능성이 있으며, 또한 인클로저 이후의 생산량 증가가 인클로저 자체뿐만 아니라 동시적으로 발생한 다른 요인—예를 들어, 관개시설의 보수, 신작물의 도입, 신농기구의 사용 등—때문일 수도 있기 때문이다.

인클로저 전후의 '연속성'이 더욱 강조된 연구분야는 토지소유구조에 대한 인클로저의 영향이다. 실제로 의회인클로저에 대한 수정주의적 해석이 대두하게 된 데에는 이 분야에서의 연구성과가 가장 중요한 역할을 하였다. 역사가들은 토지세대장(land tax assessment)에 등재된 정보를 추적함으로써 인클로저 이후 토지소유구조에 어떤 변화가 발생하였는가를 조사하였다. 그레이의 선구적 연구는 통념과는 달리 인클로저가 토지소유의 집중화를 초래한 것이 아니라고 강조하였다. 소토지 소유의 감소와 토지소유의 집중화는 인클로저 이전에 진행된 경우가 많으며, 의회인클로저의 주된 역할은 이미 변경된 토지소유 및 운영방식을 공식적으로 등록하게 만드는

22 Walton(1976); Turner(1980).

23 Yelling(1977), pp. 171~172, 203~204.

24 자료상의 한계 때문이겠지만 이런 추계방법은 여전히 사용되고 있다. 예를 들어, Allen(1992).

것이었으며, 소토지소유자와 자영농이 인클로저로 인해 입은 피해도 그다지 심각하지 않았다는 것이 그의 주장의 핵심이다.[25] 뒤를 이어 잉글랜드의 여러 지역을 대상으로 수많은 연구가 진행되었다. 연구결과는 때로 상이하기도 하였지만, 많은 수는 소토지 소유의 감소가 인클로저로 인해 발생한 것이 아니라는 결론에 도달하였다.[26]

한편, 토지소유구조가 아니라 차지농, 특히 소규모 차지농이 얼마나 자주 바뀌었는지에 대한 연구도 진행되었다. 차지농의 전직률(turnover rate)이 인클로저 이후 큰 변화를 겪지 않았거나 인클로저와 독립적인 변화를 경험하였다는 연구가 대부분이다. 이런 결론도 역시 '연속성'을 강조하는 것으로 볼 수 있다. 잉글랜드 농업경제의 변화에 중요한 의미를 지녔던 등본보유(copyhold)에서 임차보유(leasehold)로의 대체도 대부분 인클로저에 앞서 발생하였던 것으로 보인다.[27]

그런데 토지소유구조나 보유방식의 변화를 통해 의회인클로저의 영향을 분석하고자 한 수정주의 진영의 연구들이 설득력을 지니려면 한 가지 전제가 있다. 그것은 대부분의 인클로저가 개방경지의 종획화를 의미하는 것이었어야 한다는 점이다. 수정주의적 연구의 대부분이 개방경지에서의 변화에만 관심을 집중하였을 뿐, 공동지와 공동권(common right), 그리고 공동권은 아니면서도 관습적으로 지역민들이 향유해 왔던 관습권(customary right)에 대해서는 연구성과가 미진하다는 약점을 보이고 있다. 챔버스는 공동권이 빈곤과 더 큰 가난 사이에 위치한 '얇고 누추한 커튼'에 불과하다고 지적

25 Gray(1910).

26 대표적 연구로 Chambers(1940); Grigg(1964); Turner(1975).

27 Walton(1976); Taylor(1988).

하면서, 공동권이 노동인구의 가계경제에 실제로 기여하는 바가 적었을 것이라고 주장하였다. 그는 또한 밍게이와의 공동저작에서 의회인클로저가 진행되기 훨씬 이전부터 공동권은 소멸되어 가고 있었다고 주장하였다.[28] 그들의 주장은 널리 받아들여져 잉글랜드 하층민의 저항과 소요에 관한 연구의 권위자인 홉스봄(E. J. Hobsbaum)과 뤼데(G. Rudé)조차도 이를 수용하였다.

> 산업화로의 이행기(즉, 1760년에서 1850년)에 함께 진행된 농업변화는 시골의 봉건제를 산업주의로 변화시키지 않았으며, 생계형 가족농이나 시장형 소자영농을 임금노동자로 간단히 전환시키지도 않았다. 이런 일들은 이미 수 세기에 걸친 잉글랜드의 역사 속에서 거의 완수되었던 것이다.[29]

만일 영국의 소자영농이 의회인클로저 이전에 이미 사라졌다면, 그리고 만일 토지소유 집중화가 의회인클로저로 인해 영향을 받은 바가 크지 않다면, 남은 질문은 의회인클로저를 이전의 인클로저와 구분하는 것이 의미가 있는가 하는 것이다. 왜 토지소유자들은 전통적인 방식보다 많은 비용이 드는 방식인 의회에 대한 청원과 입법화를 통해 인클로저를 진행하고자 하였을까? 이에 대해 역사가들은 다수의 소농들이 인클로저에 반대하는 견해를 가진 경우 소수의 대토지소유자들이 이 견해를 누르고 인클로저를 실시할 수 있는 법적 권리를 부여받을 수 있었기 때문이라고 이해한다. 이해당사자들이 1인1표를 행사하는 방식이 아니라 소유한 토지의 면적에 비례하여 투표권을 행사하는 방식을 택하고 있는 제도하에서, 인클로저를 시행하기 위해서는 대상 토지 면적의 2/3 내지 4/5를 소유한 사람의 동의만 있으면 충분하였다.[30] 그렇다면 어떤 사람들

[28] Chambers(1944); Chambers and Mingay(1966).
[29] Hobsbawm and Rudé(1968), p. 27.

이 의회인클로저에 반대하였을 것이며, 이들은 의회인클로저가 시행되면 어떤 피해를 입을 것이라고 예상하였던 것일까? 이 질문에 답하기 위해서 우리는 다시 개방경지와 공동지의 구분에 주목해야 한다.

3 개방경지에서 공동지로

위에서의 논의를 통해 토지소유와 보유방식에 대한 연구들이 수정주의적 입장인 영국 농업사회의 연속성 여부를 판단하는 핵심적 역할을 수행하였음을 확인할 수 있었다. 그리고 이 연구들이 거의 전적으로 토지세대장에 대한 분석에 기초하였음도 언급한 바 있다. 그런데 이 기반이 한 연구에 의해 흔들리게 되었다. 긴터(D. E. Ginter)는 토지세대장의 성격과 한계점에 대해서 매우 치밀한 분석을 실시하였고, 그에 기초하여 그간 토지세대장이 연구되어 온 방식에 중대한 결함이 있다고 주장하였다.[31]

첫 번째 문제점은 토지세대장에 등재된 소유주의 신원을 파악하기 어렵다는 데 있다. 당시 동일한 성명의 인구가 많았다는 사실, 그리고 많은 수의 토지소유자가 교구 경계를 넘어 넓은 지역에 분산된 형태로 토지를 보유한 경우가 많았다는 사실에 기초해 볼 때, 교구별로 작성된 토지소유자 명단만 가지고서는 개인별 토지소유 현황을 정확히 파악할 수 없다. 따라서 한 교구에서 소토지소유자

[30] Hammond and Hammond(1911), p. 49. 또한 Neeson(1993), p. 282.

[31] Ginter(1992).

로 인식된 인물이 인근 교구에서 대토지를 소유하고 있어도 이를 확인하지 못하는 경우가 발생한다. 둘째, 한 교구에서 자영을 하는 것으로 토지세대장에 등재된 인물이 다른 교구에서 대토지소유자로 등재된 사례도 많이 발견된다. 이 경우에도 토지소유의 실제 모습을 제대로 파악할 수 없게 된다. 셋째, 연간 임대료가 1파운드 미만인 토지는 과세에서 제외되었다. 또한 어떤 교구에서는 실질임대료를 기준으로 이 면제조항이 적용된 반면 다른 교구에서는 과거의 평가에 기초하여 판정이 이루어졌다. 심지어 교구 내에서조차 판정기준이 들쑥날쑥한 경우가 많이 관찰되었다. 따라서 토지세 면제조치의 대상이 되어 누락된 소토지소유자의 수와 토지소유규모를 정확하게 파악할 수 없다. 그리고 교구에 따라 토지세를 새로 부과하는 시점과 간격이 달랐다. 따라서 토지세대장에 나타난 정보를 이용하여 교구 간 비교를 하는 작업은 신뢰성에 문제점을 안을 수밖에 없다. 다섯째, 인클로저가 시행되는 경우 토지세액을 새로 책정하는 것이 일반적인 관례였다. 따라서 소규모 토지소유가 인클로저 이후 토지세대장에서 사라졌다 하더라도 이것이 실제 토지소유상의 변화에 기인한 것인지, 아니면 단지 재평가에 기인한 것인지를 판별할 방법이 없다.[32] 이런 이유들로 인해 교구 간 토지소유구조를 비교하는 작업은 물론, 단일교구 내에서도 인클로저를 전후해 토지소유구조에 어떤 변화가 발생하였는가를 명확히 밝히는 작업도 불가능하다.

긴터의 연구가 수정주의 진영의 방법론적 기초에 심각한 충격을 가하였다면, 여기어 덧붙여 개방경지와 공동지에 대한 의회인클로저의 진행수준에 관한 새로운 추계작업은 실증적인 차원에서 수

[32] Ginter(1992), pp. 16~18, 34~43, 48, 266, 273.

정주의 해석에 또 다른 타격을 입혔다. 오랜 기간 정설로 받아들여져 왔던 터너의 추계에 따르면, 의회인클로저의 약 2/3가 개방경지를 대상으로 한 것이고 나머지 약 1/3이 공동지에 대한 것이었다. 잉글랜드 남부지방의 거의 대부분 주에서 의회인클로저의 대상이 토지 가운데 공동지의 비중은 10퍼센트에 못 미치며, 의회인클로저가 가장 활발하게 진행되었던 미들랜드의 경우 그 수치가 5퍼센트에도 이르지 못한다고 그는 추정하였다.[33]

터너의 연구는 채프만(J. Chapman)의 실증적 연구에 의해 재평가받게 되었다. 채프만은 잉글랜드 의회인클로저 사례 가운데 10퍼센트를 임의로 추출하여 인클로저의 대상이 된 토지의 성격에 대해 새로이 면밀한 조사를 실시하였다. 그 결과는 놀랍게도 거의 60퍼센트에 육박하는 의회인클로저가 공동지를 대상으로 하였다는 것이다.[34] 연구결과가 시사하는 바는 매우 근본적이었다. 만일 터너의 추계가 공동지의 인클로저를 크게 과소추정한 것이라면, 그간 공동지와 공동권에 대해 충분한 고려를 하지 않은 수정주의적 해석의 신뢰성에 대해 중대한 의문이 제기될 수 있기 때문이다.

터너와 채프만의 추계는 왜 이렇게 큰 차이를 보인 것일까? 그 원인은 터너가 인클로저된 토지를 구분한 방식에 있다. 터너의 분석은 잉글랜드 각지에서 의회인클로저의 자료를 수집하여 전국적 데이터베이스를 구축한 테이트(W. E. Tate)의 작업에 기초하였다. 그런데 애초에 테이트는 경지를 일부라도 포함하는 인클로저를 개방경지 인클로저로 구분하고, 순수하게 황무지만을 대상으로 하는 인

[33] Turner(1980), pp. 58~62. 이 추정은 그 후 많은 저작에 인용되었다. 특히, 영향력이 있었던 저작으로 Thursk(1989); Overton(1996).

[34] Chapman(1987). 그의 추계에 대한 정확도를 둘러싸고 논쟁이 진행된 바 있다. 이에 관해서는 Walton(1990, 1991); Chapman(1991a, 1991b) 참조.

클로저를 공동지의 인클로저로 구분하였던 것이다. 따라서 그가 개방경지 인클로저의 사례로 삼은 인클로저는 실제로 개방경지만을 대상으로 하였을 수도 있지만 공동지를 포함하는 경우도 있을 수 있다. 터너는 이 구분법을 그대로 이어받아 사용하였으나 구체적인 구분방식에 주의를 기울이지 않음으로써, 공동지 인클로저를 과소평가하는 결과를 낳았던 것이다.[35]

공동지의 중요성은 인구분포를 고려하였을 때 더욱 확연해진다. 그간 많은 연구들은 인클로저 시기가 늦은 교구들은 일찍 인클로저가 시행된 교구들에 비해 인구밀도가 높았음을 보여 주었다.[36] 또한 늦은 인클로저는 공동지를 많이 포함하는 경향이 있었다. 공동권 보유자들의 반대로 인클로저 사업이 지연되는 사례가 곳곳에서 목격되어 왔다.[37] 이에 따라 의회인클로저에 의해 영향을 받은 인구가 통상의 추계가 시사하는 바보다 컸다는 주장을 할 수 있다. 또한 공동권이 없는 주민에게도 공동지의 존재는 경제적인 가치가 적지 않았다고 판단할 수 있다. 교구민들은 공동권 이외에도 공동사용이 가능한 교구 내 자원의 존재로부터 다양한 이득을 취할 수 있었고, 특히 노동빈민층은 이 이득을 '임시변통의 도구(jigsaw of makeshifts)'로 삼아 가계살림에 적지 않은 도움을 얻었기 때문이다.[38]

공동권의 경제적 가치는 얼마나 되었을까? 험프리스(J. Humphries)는 18세기 말 공동지에서 소 한 마리를 방목할 권리의 가치가

---

35 W. E. Tate(1987); Turner(1980); Wordie(1984).

36 예를 들어, Allen(1992), p. 42.

37 Turner(1990), p. 268; Martin(1967b), pp. 22~27; Neeson(1993), pp. 187~220; Eastwood(1996).

38 King(1991), p. 474; Thompson(1991), p. 177. 니슨은 노샘프턴셔(Northamptonshire)에서 전체 가구 중 약 절반이 소 방목권을 공동권으로 보유했다고 추정하였다(Neeson, 1993, pp. 60~64).

표 4-1 18세기 말 공동지로부터 얻을 수 있는 권리들의 경제적 가치

종 류	가 치	가계소득 중 비율(%)
소 한 마리	7~10파운드	28~40
오두막집	2~5파운드	8~20
연료채취권	2~5파운드	8~20
돼지사육권	3파운드~4파운드 10실링	12~18
이삭줍기	1파운드 6실링~3파운드 8실링	5~15

주: 가계소득은 연 남성소득 20파운드와 기타 가족의 수입 5파운드를 합쳐 총 25파운드로 추정.
자료: Shaw-Taylor(2001b).

남성임금의 절반을 약간 상회하는 수준이었다고 추정하였다. 그녀가 의존한 임금추계가 다른 연구가 제시하는 추정치보다 낮은 경향이 있음을 고려한다면, 아마도 그녀의 방목권 추정가치도 실제보다 다소 낮았을 가능성이 있다. 관습권의 하나인 이삭줍기에 참가할 권리는 교구민들이면 누구나 향유한 것인데, 킹(P. King)의 연구는 이 관습권의 가치도 매우 컸음을 보여 준다.[39] 이들을 포함한 여러 권리들의 가치를 추정하고 이것이 가계소득에서 차지하는 비중을 계산한 결과를 표 4-1이 보여 준다.

의회인클로저가 시행될 경우 제반 권리들에 대해 모두 충분한 보상이 이루어졌다고 보기 어렵다. 여러 연구들을 통해 다음과 같은 현상이 관찰되었다. 첫째, 인클로저 위원(enclosure commissioner)들은 일부 권리에 대해 보상이 필요하지 않다고 판정하였다. 둘째, 인클로저 시행시에 오두막집 거주자에게 할당된 토지의 가치는 공동권의 가치보다 적은 경우가 많았다. 셋째, 인클로저와 관련하여

[39] Humphries(1990); King(1991).

발생하는 비용 때문에 소규모 공동권 보유자가 할당된 토지를 포기해야 하는 사례가 많이 목격되었다. 넷째, 오두막집 거주자는 집에 부수된 공동권에 대해 보상을 받지만 오두막집을 세놓은 경우 보상 대상에서 제외되었다. 다섯째, 점유기간이 20년 이내인 불법 주택점유자(squatter)는 보상을 받지 못하였다. 여섯째, 연료채취권의 경우 보상에서 제외되는 경우가 여러 곳에서 발생하였다.[40] 종합하자면, 공동권 보유자와 기타 관습적 권리보유자들은 인클로저의 시행에 반대할 유인이 적지 않았다. 그리고 이 저항이 바로 토지소유자로 하여금 의회청원과 입법의 방법을 통해 인클로저를 추진하도록 만든 추동력이었던 것이다.

4 의회인클로저와 열린교구-닫힌교구체제

이 절에서는 1830년대 초 옥스퍼드셔의 총 262개 교구를 분석 대상으로 삼아, 클러스터 분석(Cluster Analysis)이라는 통계기법을 사용하여 교구들을 특성별로 구분하는 작업을 실시하였다. 제3장의 표 3-2는 열린교구와 닫힌교구의 차이점을 여섯 개의 요소들을 중심으로 정리해 놓고 있는데, 이들 요소 가운데 토지소유구조, 구빈지출액, 농업방식 그리고 인구변화 등 네 요소에 대해서는 교구별 통계자료를 구할 수 있다. 주택의 양에 관한 자료는 신빙성이 적으며, 주택의 질에 관한 자료는 거의 존재하지 않는다. 1850년 이전에

40 Hammond and Hammond(1910); Shaw-Taylor(2001a, 2001b); Tan(2002).

는 종교센서스가 이루어지지 않았으며, 대중의 급진주의에 대해서는 수량적 자료를 찾을 수 없다.

이에 따라 이 연구는 자료의 입수가 가능한 네 요소를 열린교구-닫힌교구체제의 분석에 사용될 변수로 채택한다. 구체적으로 보자면, 우선 토지소유구조에 대해서는 각 교구의 토지면적 중 최대지주의 토지소유면적이 차지하는 비율을 변수로 삼았다. 토지세대장이 자료의 원천이다.[41] 구빈지출에 대해서는 각 교구의 재산가치 대비 구빈지출액을 조사하였다. 구빈지출액의 연간 변동폭이 적지 않았다는 사실을 고려해 1831년과 1832년 두 해의 평균치를 계산하여 사용하기로 하였다.[42] 경제활동상의 특징을 보여 주는 변수로는 1831년 인구센서스에 보고된 농업에 종사하는 가족의 비중을 채택하였다.[43] 인구학적 특징에 대해서는 인구밀도가 가장 적절한 변수라고 판단하였다. 1831년 기준 인구밀도를 계산하였는데, 인구는 1831년 인구센서스에서 추출하였고 교구의 면적은 계측의 정확성 때문에 1881년 자료를 사용하기로 하였다.[44]

---

[41] Oxfordshire County Record Office, *Land Tax Assessments, QSD series*. 위에서 논의한 토지세대장의 문제점들은 최대지주의 토지소유비율에만 주목하는 이 연구에는 별 장애가 되지 않는다.

[42] Parliamentary Papers(1935b), pp. 337~341. 재산가치는 1815년에 조사된 내용에 기초한다.

[43] Parliamentary Papers(1833), pp. 490~507.

[44] 1831년 인구센서스가 교구면적에 관한 자료를 담고 있지만 그 정확성에는 의문이 있다. 당시에 주단위의 가용한 지도—그 자체의 정확성이 의문시되는—위에 40제곱에이커 단위로 격자눈금이 새겨진 유리판을 얹어 놓고 면적을 측정하는 방법을 썼기 때문이다. 1851년 센서스는 1830년대 중반부터 1840년대에 이르는 시기에 진행된 십일조 조사(Tithe Survey)의 도움을 얻기는 하였지만 이 조사 자체가 1851년까지 충분히 이루어지지 않았기 때문에 이 자료의 활용이 충분하지 못하였다. 그 이후 1860년대와 1870년대에 본격적으로 진행된 토지측량(Ordnance Survey)을 통해서 비로소 신빙성 있는 면적 자료가 완성되었다. 1881년 인구센서스가 이 자료를 사용하였기 때문에 이 논문에서는 이를 채택하는 것이다(Parliamentary Papers,

표 4-2 1831년경 옥스퍼드셔 교구들의 클러스터 분석

클러스터	교 구 수	구빈지출 (파운드)	최대지주 토지소유비율(%)	인구밀도	농가비율 (%)
1	1	.69	3	1,661.5	4.0
2	1	.53	6	4,613.6	3.8
3	1	.42	29	316.6	2.0
4	2	.42	5	210.9	13.3
5	1	.37	18	225.8	3.7
6	30	.28	26	56.0	39.1
7	98	.18	25	22.9	71.9
8	63	.15	54	22.5	69.9
9	65	.11	88	14.0	85.4
합 계	262	.18	47	59.1	69.5

자료: 본문 참조.

네 변수를 사용한 클러스터 분석을 통해 옥스퍼드셔의 모든 교구들이 표 4-2에 제시된 것과 같이 총 9개의 클러스터로 구분되었다.[45] 표 4-2의 상위에 등재된 5개의 클러스터는 해당 교구수가 1~2개에 불과하고 모두 열린교구의 특징을 매우 강하게 나타내고 있으므로, 여기에 해당하는 교구는 분석의 편의상 통합하여 모두 강한 개방성을 보유한 것으로 취급하기로 하였다. 남은 6~9번 클러스터는 차례대로 약한 개방, 중간, 약한 폐쇄, 강한 폐쇄의 속성을 지닌 것으로 해석할 수 있다.[46] 이에 기초하여 작성된 표 4-3은 최종

1833, pp. xxii~xxiii; Parliamentary Papers, 1852~1853, pp. clvii~xi; Parliamentary Papers, 1883, pp. 130~139).

45 클러스터를 묶는 방법으로 UPGMA(unweighted pair-group method using arithmetic average)를 사용하였다.

46 이 구분법의 신뢰도에 대해서는 Song(1998a), pp. 477~478.

표 4-3 1831년경 옥스퍼드셔 교구들의 최종 구분

그 룹	클러스터	교구수	특 징
A	1, 2, 3, 4, 5	6	강한 개방
B	6	30	약한 개방
C	7	98	중 간
D	8	63	약한 폐쇄
E	9	65	강한 폐쇄

자료: 본문 참조.

적인 구분의 결과를 보여 준다.

그렇다면 열린교구-닫힌교구체제와 의회인클로저는 어떤 관계를 가지고 있는가? 클러스터 분석에서 사용된 변수들 각각을 분리하여 살펴보자.[47] 열린교구와 닫힌교구의 차별성이 인클로저가 실시된 정도, 인클로저의 시기, 그리고 인클로저의 효과와 어떤 관련성을 지니고 있었을까 하는 것이 논의의 초점이다.

인클로저의 진행에 얼마나 강제적 요소가 강하였는가는 인클로저와 열린교구-닫힌교구체제의 관계를 구명하는 데 중요한 역할을 한다. 어떤 사회경제적 성격의 교구에서 인클로저가 일찍 그리고 순조롭게 진행되었는가는 지역유지가 소농과 노동빈민을 얼마나 잘 통제할 수 있었는가와 관련이 깊기 때문이다. 열린교구-닫힌교구체제에 관한 그간의 연구는 교구구분이 19세기 중반에 한정된 현상이 아니라 이미 18세기와 그 이전부터 서서히 형성되었음을 밝히는 데 중점을 두어 왔다.[48] 이는 인클로저가 18세기 후반에서 19세기 전

47 클러스터 분석에서 사용되지 않는 변수들, 예를 들어 농산물가격, 이자율, 토양조건, 기후적 특성 등은 본 논의에서 제외한다.

48 Holderness(1972).

반에 이르는 시기에 가장 활발하였다는 사실에 비추어 볼 때, 교구 구분이 인클로저와 무관한 것이 아닌가 하는 추측을 가능하게 한다. 그러나 실제로는 인클로저가 열린교구-닫힌교구체제와 밀접히 관련되어 있다고 볼 근거가 많다. 예를 들어, 18세기 후반의 한 논객은 "교구 전체의 농장은 [인클로저] 이전에는 수많은 가족과 일용노동자에게 고용을 제공하여 부양을 하였지만, 이제는 가장 부유한 한두 사람의 손으로 들어갔다. 일자리의 부족은 많은 사람을 이출시켰고, 정주권은 더욱 획득하기 어려워졌으며, 빈곤은 결혼이 억제되었기에 인구감소가 뒤를 따랐다"고 인클로저의 결과를 지적하였다.[49] 이는 인클로저가 진행된 교구에서 닫힌교구로서의 특징이 강화되었다는 것을 강력히 시사한다. 이와 더불어 닫힌교구가 인클로저를 촉진하는 역할을 하였을 가능성도 검토할 필요가 있다.

열린교구와 닫힌교구의 첫째 차이로 농업에 종사하는 인구의 비중을 보자. 다른 조건이 일정하다면 농촌수공업이나 상업의 비중이 적고 인구의 대다수가 농업에 종사하는 교구일수록 인클로저가 일찍 시행되고 사업에 대한 반대도 적었을 가능성이 높다. 토지소유자는 인클로저가 실시되고 나면 토지임대료가 상승할 것이라 예상할 수 있었고, 또한 생산량 증가에 대한 기대도 조기 인클로저를 가능하게 한 유인이었을 것이다. 노샘프턴셔(Northamptonshire)에 대한 연구를 통해 니슨은 인클로저에 대한 반대가 격심하였던 교구들이 주로 농업과 공업이 병존한 곳이었음을 밝혀 냈다.[50] 반대로 인클로저는 농업에 종사하는 인구의 비율을 증가시킬 수 있다. 예를 들어, 마틴(J. M. Martin)은 워익셔(Warwickshire)에서 실시된 인클로저의 결과, 다수의 소상인과 수공업자가 공동권 보상의 부족으로 경제적

[49] Anon.(1783), p. 13.

[50] Neeson(1993), pp. 281~282.

기반의 약화를 경험하였고 또한 교구 내 고객이 감소함으로써 영업을 포기하고 농업노동자가 될 수밖에 없었던 사례들을 지적하였다.[51]

둘째, 토지소유의 집중화는 인클로저의 조기 실시에 도움이 되었다. 수정주의적 해석에 따르면 인클로저는 장기적으로 진행된 토지소유의 집중화 과정의 일부일 뿐이었다. 이런 관점에서 본다면 의회인클로저를 합의에 기초하였던 예전의 인클로저와 구분하는 것은 별 의미가 없다. 그러나 인클로저에 대한 의사결정에 집중하여 논의하자면 이야기는 크게 달라진다. 의회인클로저는 주민의 만장일치 합의가 없어도 사업추진이 가능하였다는 점이 핵심이다. 토지소유구조가 다수의 소지주에게 분산되어 있는 경우라면 인클로저에 대해 반대 의견을 가진 자가 있을 가능성이 높았을 것이다. 따라서 그 동안 진행된 많은 연구들이 보여 주듯이 토지가 소수의 손에 의해 소유된 경우 인클로저는 조기에 진행되는 사례가 많았다.[52]

의회인클로저의 특수성을 논하기 위해서는 공동권의 향방에 대한 논의를 뺄 수 없다. 니슨은 합의에 기초한 단편적 인클로저는 공동권의 축소로 이어지기 힘들었다고 지적하였다. 강제성을 동반한 의회인클로저를 통해서만 공동권의 축소 또는 심지어 완전한 소멸이 발생하였다고 그는 주장하였다.[53] 인구밀도가 높은 교구에서 공동권 보유자들은 의회인클로저로 인한 공동권의 축소위협에 공동으로 대응하기에 유리한 상황에 있었다. 반대로 낮은 인구밀도는 낮은 수준의 반인클로저운동에 상응하였다. 한편, 인클로저가 일단 진행되면 중장기적인 고용기회의 축소로 노동빈민이 다른 지역으로 떠나가야 하는 사정이 드물지 않게 발생하였다. 이는 다시 인구밀

---

[51] Martin(1984), pp. 179~188.

[52] 예를 들면, Martin(1967b); Turner(1990); Eastwood(1996); Neeson(1993).

[53] Neeson(2003), pp. 221~258.

도의 감소를 초래하므로, 낮은 인구밀도—약한 반인클로저운동—더 낮은 인구밀도의 순환체계가 작동하였다. 수정주의의 대표적 학자인 챔버스는 인클로저가 오히려 고용의 증가를 낳았을 것이라고 주장하였는데, 그의 주장은 인클로저 직후에 대해서는 어느 정도 일리가 있지만 중장기적으로는 고용의 감소가 발생하였다는 증거가 훨씬 많다.[54]

마지막으로, 대부분의 경제사학자들은 인클로저가 구빈지출의 증가로 이어졌다는 데에 의견을 같이 한다.[55] 공동권의 축소와 여성의 고용기회 감소는 이전보다 많은 노동빈민을 교구의 구호기금에 의존하게 만들었을 것으로 보인다. 인클로저 실시와 더불어 다수의 농장이 병합되는 경우 노동력을 고용하는 차지농의 교구 내에서 정치적 입지가 강화되었을 수 있다. 이 차지농들이 이전과 달리 노동수요가 큰 농번기에만 인력을 고용하고 나머지 시기에는 인력을 쓰지 않으면 결국 이들은 교구에 구호를 요청하게 된다. 이런 경향이 18세기 말과 19세기 초에 걸쳐 두드러지게 목격된다고 학자들은 지적한다.[56]

이제까지의 논의를 통해 의회인클로저와 열린교구-닫힌교구체제 사이에 밀접한 관련성이 있다고 추측한 근거를 살펴보았다. 높은 농업종사자 비중, 낮은 구빈지출, 낮은 인구밀도, 그리고 높은 토지소유 집중도가 특징인 닫힌교구에서는 인클로저가 조기에 그리고 별다른 반대 움직임에 봉착하지 않고서 진행될 수 있었다. 그리고 인클로저는 다시 닫힌교구의 특징들을 강화하는 방향으로 영향

[54] Chambers(1935); Craftes(1978); Snell(1982), pp. 138~227.

[55] 인클로저가 고용기회를 증대시킨다고 주장한 Chambers(1935)는 그 논리적 귀결로서 인클로저가 구빈지출액의 감소를 가져온다고 주장하였다.

[56] Boyer(1990), pp. 85~149.

표 4-4 옥스퍼드셔의 의회인클로저와 열린교구-닫힌교구체제

(1) 그 룹	(2) 특 징	(3) 인클로저 실시 교구수	(4) 인클로저 미실시 교구수	(5) 인클로저실시 교구 비율(%)	(6) 인클로저 연도	(7) 인클로저 비율(%)
A	강한 개방	2	4	33	1824	79
B	약한 개방	25	5	83	1809	88
C	중 간	83	15	85	1818	80
D	약한 폐쇄	44	19	70	1801	88
E	강한 폐쇄	30	35	46	1801	98
합/평균		184	78	70	1810	86

자료: 본문 참조.

을 끼쳤다. 이와 대조적으로 열린교구에서 인클로저 시도는 종종 격렬한 반대에 직면하였고 심지어 사업계획이 좌초되는 사례도 많이 있었다. 그리하여 열린교구로서 지니는 특징들은 더욱 강화되는 현상이 초래되었을 것이다.

옥스퍼드셔의 사례는 이상에서 언급한 상호관련성을 지지하는 모습을 보여 주는가? 몇 가지 기준을 정하여 클러스터 분석의 결과가 옥스퍼드셔 의회인클로저의 역사와 일관성을 보이는지를 살펴보자. 인클로저에 관한 정보는 테이트가 수집한 자료에 의존하였다.[57] 표 4-4는 강한 개방에서 강한 폐쇄에 이르는 다섯 가지 유형의 교구들이 인클로저의 진행에서 어떤 특징을 보여 주었는지를 알려 준다. 제(3)항은 의회인클로저가 실시된 교구의 수를 기록하고 있고, 제(4)항은 의회인클로저가 이루어지지 않은 교구의 수를 보여 준다.

[57] Tate(1978). 또한 Oxfordshire County Council(1975)도 참조하였다. 면적은 1881년 인구센서스 자료를 이용하였다(Parliamentary Papers, 1883).

제(5)항에는 의회인클로저가 실시된 교구의 비율이 실려 있으며, 제(6)항에는 의회인클로저가 실시된 평균연도를 기록하였다. 마지막 제(7)항에는 1831년을 기준으로 의회인클로저가 완료된 교구의 비율을 계산하여 기록하였다.

제(5)항을 보면 의회인클로저가 이루어진 교구의 비율이 폐쇄성이 강한 교구일수록 대체로 낮음을 확인할 수 있다.[58] 그룹 E의 강한 닫힌교구에서의 수치는 특히 낮은 것으로 나타났는데, 이는 닫힌교구가 합의에 의한 방식으로 이루어질 가능성이 높았다는 앞서의 논의를 지지한다. 의회인클로저가 시행된 시점의 평균을 기록한 제(6)항에서도 우리의 논의에 대체로 부합하는 모습이 관찰된다. 의회인클로저가 지연된 곳은 폐쇄적이기보다 개방적인 성격을 지닌 교구들이 상대적으로 많은 것으로 나타났다.[59] 제(7)항은 1831년을 기준으로 하였을 때 개방성이 강한 교구보다 폐쇄성이 강한 교구에서 인클로저의 완료 비율이 높은 것으로 드러났다. 이 결과 역시 열린교구보다 닫힌교구가 앞서서 인클로저를 경험하는 경향이 있었음을 시사한다. 종합하자면, 열린교구-닫힌교구체제는 의회인클로저의 진행상황과 밀접한 관련성을 지녔다고 말할 수 있다.

인클로저와 열린교구-닫힌교구체제의 관계와 관련하여 노동수요의 계절성 문제를 더 살펴볼 필요가 있다. 앞서 언급한 바와 같이, 옥스퍼드셔를 포함한 영국의 남중부지역은 밀경작과 목축이 혼재한 형태가 일반적인 모습이었고, 이에 비해 남동부지역은 밀경작

---

58 강한 개방교구의 경우는 예외적 모습을 보인다. 아마도 그룹 A의 표본크기가 작은 것이 부분적 이유였으리라 추측한다. 어떤 교구들은 합의에 의한 방식이나 의회입법에 의한 방식으로도 인클로저가 이루어지지 않았다는 사실도 이유의 일부라고 생각된다.

59 옥스퍼드셔에서 의회인클로저의 23%가 1830년 이후에 진행되었다(Turner, 1980, p. 86).

이 지배적 농업형태를 이루었고, 남서부지역은 목축이 압도적인 지위를 차지하였다. 연중 노동수요의 변동이 적은 목축지역에 비해 노동수요의 계절차가 극심한 밀경작지역에서는 노동력의 확보가 더욱 큰 관심사로 부각되었다. 노동수요의 계절성은 한편으로는 모든 교구가 매년 거의 동일한 시점에 막대한 노동공급을 필요로 한다는 면에서 안정적 노동력 확보를 둘러싼 교구 간 갈등을 첨예화하였고, 다른 한편으로 고용주로 하여금 가능한 한 노동자를 농번기에만 고용할 방법을 강구하게 하였다. 이러한 양면적 필요성의 해결책으로 기능한 것이 바로 열린교구-닫힌교구 간 구분이 남동부지역에서 가장 첨예하였던 것은 이러한 사정의 결과였다.[60] 그렇다면 혼합농업이 일반적이었던 옥스퍼드셔에서 의회인클로저는 노동수요가 계절성에 대해 어떤 효과를 초래하였을까?

어떤 교구에서 퇴거명령서(Removal Order)를 발부하는 시점은 교구가 더 이상 노동력을 필요로 하지 않는 시점과 밀접히 관련되어 있다. 따라서 퇴거명령서가 발부된 양의 계절적 변동추세는 그 지역 노동수요의 계절성을 나타내는 지표로 간주할 수 있다.[61] 그림 4-1은 옥스퍼스셔에 보존되어 있는 총 2,418건의 퇴거명령서를 대상으로 1751~1834년 기간을 네 시기로 구분하여 그 월별 추이를 분석한 결과를 담고 있다. 퇴거명령이 초겨울에 정점을 이루고 목축관련 노동수요가 있는 봄철에 소폭의 증가를 보인 후 수확기인 늦여름에 최저점을 나타내는 추세는 혼합농업이 지배적인 이 지역의 경제구조와 상응하는 모습을 보인다. 시기적 추이를 면밀히 살펴보면 거기에서 두 가지 변화를 찾을 수 있다.

첫째, 1790년대 중반 이후에 4월의 소폭 증가현상이 사라졌으

[60] Parliamentary Papers(1843); Holderness(1972).

[61] Snell(1985); Landau(1988) 참조.

그림 4-1 옥스퍼드셔 퇴거명령서의 월별 추이와 시기적 변천, 1751~1834년

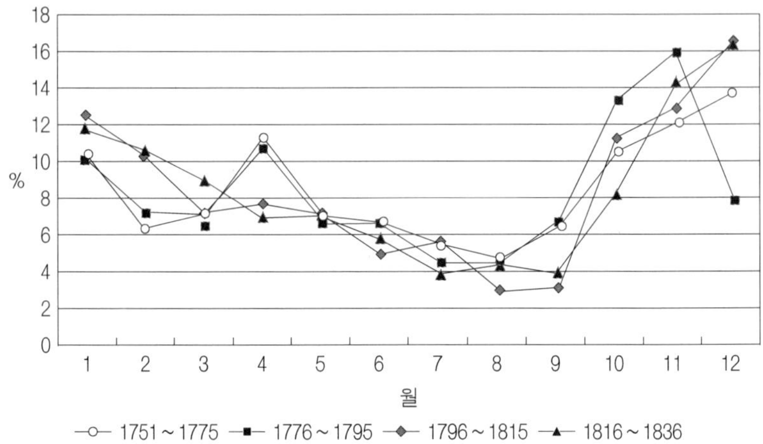

며, 둘째 마찬가지로 같은 시기에 늦여름 농번기 최저점의 깊이가 깊어졌다는 점이다. 이러한 변화가 발생한 이유는 당시의 경제상황을 살펴봄으로써 유추해 볼 수 있다. 나폴레옹전쟁중이던 1796~1815년 기간은 유례없이 높은 곡물가를 기록한 시기로 목초지와 황무지를 경지로 전환할 목적으로 의회인클로저가 왕성하게 이루어졌다. 이것이 노동수요의 계절적 변동폭 확대로 이어지게 된 것이다. 전쟁의 종결과 더불어 1815~1834년은 곡물가 하락과 대량실업을 동반한 농업불황이 발생한 시기였다. 늦여름 퇴거명령수가 소폭 늘어난 것을 곡물가가 하락하는 가운데 일부 경지가 목초지로 재전환되었다는 당시 기록과 일치한다. 그러나 재전환의 규모는 크지 않았던 것으로 보인다.[62] 종합적으로 본다면 의회인클로저를 통해 옥

62 Mingay(1989).

스퍼드셔는 나폴레옹전쟁기를 겪으면서 혼합농업에서 곡물재배 중심으로 변모하였다. 이는 노동수요의 계절성을 증대시켰고, 그 결과 열린교구-닫힌교구 차이로 대표되는 교구 간 사회경제상황의 편차는 증대되었다.

5 맺음말

이 장은 의회인클로저와 농촌사회구조의 변화와의 관계를 고찰하는 것을 목적으로 하였다. 기존의 연구사에 대한 비판적 재평가와 옥스퍼드셔의 자료를 이용한 실증적 분석을 결합하여, 의회인클로저에 대해 그간 불충분하게만 논의되었던 측면들을 밝혀 보고자 하였다. 첫째, 인클로저의 사회경제적 영향에 대한 수정주의적 해석이 지니는 약점을 논의하였다. 특히, 토지소유구조와 보유방식 분석을 통한 이 진영의 연구들은 긴터의 최근 연구에 의해 방법론적으로 치명적인 타격을 입게 되었다. 개방경지에 논의를 집중하고 공동지를 무시하였던 것도 심각한 문제라는 점도 강조하였다. 특히, 공동지와 공동권의 가치에 대한 추계는 이런 비판에 힘을 더해 주었다.

후반부에서는 상이한 사회적·경제적·인구학적 속성을 지닌 교구들 간의 관계에 대해 논의를 전개하였다. 열린교구-닫힌교구모형을 적용하여 1830년대 초 옥스퍼드셔에서의 교구 간 관계에 대한 분석을 실시하였다. 이 분석결과는 옥스퍼드셔의 인클로저 역사와 매우 밀접한 관련성을 보였고, 이 관련성은 열린교구-닫힌교구모형이 시사하는 바와 상통하는 것으로 나타났다. 퇴거명령서의 분석을 통해 살펴본 노동수요의 계절성에 대한 의회인클로저의 효과도 유사한 결과를 보였다.

이러한 결과는 연구자들에게 새로운 역사적 균형감각을 요구한다. 즉, 개방경지와 공동지, 환금작물 재배와 자급자족적 영농, 농업노동자와 생계형 빈농, 전통적 인클로저와 의회인클로저 등의 차이와 상대적 중요성에 대해 기존 연구가 보여 주는 역사상과는 다른 모습을 시사한다. 18세기 말~19세기 초 영국 곳곳에서 농업에 관한 자료를 집대성하였고 영농발전을 위해 힘쓴 가장 영향력 있는 개혁가였던 영(A. Young)의 사례가 이 균형감각에 대한 일례를 잘 제시한다. 그는 18세기 말 개방경지의 경작이 비효율적이고 비과학적이라고 비판하면서 의회인클로저의 필요성을 지속적으로 역설하였다. 그러나 19세기에 접어들 무렵 그는 의회인클로저로 인해 발생하는 공동권 보유자의 재산상의 손실, 그리고 더 나아가 농업노동자로 전환된 사람들의 자존심(self-respect)과 근면(industry)의 상실에 낙담하게 되었다. 그 결과 그는 의회인클로저가 개화된 제도가 아니라 가진 자의 힘이 의회입법이라는 수단을 통해 무자비하게 관철된 것이라는 확신에 도달하게 되었다.[63] 아쉽게도 현대의 경제사학자들은 영의 경험에 주목하지 않아 왔다. 이 장의 연구결과는 이제 우리가 눈을 돌려 올바른 균형감각이 무엇인가 되새겨 보기를 주문한다.

---

[63] Young(1774, 1808). 또한 Mingay(1975)도 참조.

제 2 부

지방통치체제와 복지제도

제 5 장

·

지방통치와 간이심판소의 역할

제 6 장

·

토지대여정책과 빈곤문제

제 7 장

·

근대화, 경제변화와 복지시스템의 변천

제 8 장

·

빈민법 개정과 사회변동

5 지방통치와 간이심판소의 역할

1. 지방통치의 제도적 틀
2. 지방정부의 위계구조
3. 간이심판소의 발달과정과 치안판사의 위상
4. 간이심판소의 전국적 분포와 운영
5. 사례연구 : 케임브리지셔의 경험
6. 맺음말

1 지방통치의 제도적 틀

18세기에서 19세기 초반에 이르는 시기에 잉글랜드의 대부분 지역에서는 지주층이 주축을 이룬 지방자치적 성격의 통치체제가 작동하고 있었다. 19세기 중반까지도 중앙정부의 역할은 전국 각 지역에 대한 직접적 통치에까지 이르지 못하는 경우가 많았고, 공업화와 도시화에 따른 새로운 정치세력의 등장은 아직 본격적으로 이루어지지 않고 있었다. 그렇다면 이 시기 지주층의 지방통치는 어떤 방식에 의해 이루어졌을까? 일부 대지주의 사적인 영향력만으로 모든 지방의 통치가 효과적으로 이루어질 수는 없었을 것이고, 또한 정책의 일관성을 높이고 정책의 지역별 편차를 줄일 필요성이 사회적으로 요청되었을 것임은 상상하기 어렵지 않다. 과연 당시 지방사회는 어떤 제도적 틀을 통해 통치되었던 것일까? 어떤 행정조직과 사법기구들이 지주층의 지방통치업무에 사용되었으며, 이들 각각의 기능과 상대적 중요성은 어떠하였을까? 이 장에서 이 질문에 대한 답을 구하고자 한다.

역사가들에게 가장 친숙한 지방정부단위는 교구(parish)다. 18세기와 19세기를 거쳐 교구가 대다수 일반대중의 생활에 가장 직접적인 영향을 미치는 행정 및 사법단위였음은 분명하다. 애덤 스미스(A. Smith)는 1776년 그의 대표작 『국부론』에서 교구가 이웃한 지역간의 인구이동을 막는 장애물로 작용하고 있다고 한탄하였다. "다른 나라에서 임금률에 분명한 차이를 내곤 하는 바다의 만곡이나 높은 산맥보다 (영국에서는) 가난한 사람이 인위적인 경계인 교구를 통과하는 것이 더 어려운 경우가 자주 있다"는 표현에서 그가 교구를 자유방임적 시장경제주의의 장애물로 인식하였음을 쉽게 이해할 수 있다.[1] 그러나 교구의 중심적 역할에 대해서는 그와 이데올로기적으로 대척점에 서 있는 사람들도 인정을 하는 사례가 많았다. 예를 들어, 1830년대 초 정치구조 개혁분위기가 한창 고조되었을 때에 중앙집권적 권력체제를 주장하였던 한 빈민법 보조위원(assistant commissioner)은 교구중심주의가 영국 지방사회의 본질적 부분임을 시인하였다. "현재의 상황에서 개별 교구는 교구운영에 있어서 독립된 국가와 마찬가지이다. ……(교구들을) 이어 주는 유일한 연결의 끈은 교구 간 법령인 정주법(law of settlement)뿐이다."[2] 노동빈민의 생활과 사고방식에 관한 역사가들의 연구결과도 대부분 교구의 중요성을 강조하고 있다. 인구사, 빈민구제, 고용시장, 혼인과 가계구성 등 다양한 주제에 관해 진행된 수많은 연구들이 이러한 경향을 보여 왔다.[3]

그러나 노동인구의 생활단위 및 지방유지들의 통치단위로서 교구에만 주목하는 방식의 연구는 교구보다 높은 차원에서 이루어진 다양한 사회적·정치적 제도와 관습에 대해 충분히 주의를 기울이지 못할 위험을 안고 있다. 농촌 지방정부에 관한 18세기 한 정치평론가의 지적은 이러한 위험성을 잘 표현해 준다.

> 교구행정에 있어서, 외형상의 관리자인 교구감독관(overseer)은 하급

---

[1] Smith(1977), p. 245.

[2] Parliamentary Papers(1834c), p. 153. Eastwood(1994), p. 167에서 인용.

[3] 자세한 내용은 아래의 본문 참조. 교구의 중요성은 특히 농업지역에서 더 컸지만, 도시화가 진전된 지역이나 공업화를 경험하고 있던 지역에서도 본질적으로는 유사한 상황이었다. 지방정부의 지역적 차이에 관한 논의로는 Clarke(1955)를 보라. 교구 자체의 발달사와 기능에 관해서는 Kent(1995), pp. 363~404; Fletcher(2003), pp. 177~196; Pounds(2000).

> 의 인물인 경우가 많다. 그리고 그 배후에서 교구의 제왕(King of the Parish)이 활동하고 있으며, 그의 일처리에 대해 교구감독관은 감히 아무런 조정도 할 수 없다. 훌륭한 제왕을 가진 교구는 행복하다![4]

당시 대부분의 교구업무를 처리한 것은 교구감독관 및 교구위원(churchwarden)이었는데, 이들은 직업 및 사회계층으로 볼 때 차지농이 가장 큰 비중을 차지하였고, 상공업에 종사하는 중소납세자가 뒤를 이었다. 이들의 업무처리는 상급관리인 지주들의 통제와 조정하에 놓여 있는 경우가 많았다. 계급으로서의 지주는 차지농과 농업노동자에 대해 우월한 위치에서 다양한 방식으로 통제력을 행사하였고, 때로는 교구의 경계를 벗어나 널리 분포되어 있는 토지의 소유자로서 해당 지역의 경제적·정치적 판세에 결정적인 영향을 끼쳤다. 또한 지주는 교구보다 상위에 있는 광역지방정부의 주요 직책들을 차지하고 있었으므로, 행정적 수단 및 사법적 제도를 통해 지방사회의 주요 현안들을 감시·관리하고 해결하였다. 특히, 치안판사(magistrate)직의 실질적 독점은 지주층이 사회적 통제력을 폭넓게 유지하는 데 중요한 역할을 하였다.

지주층이 영향력을 행사하는 경로로서 일찍부터 연구대상이 되어 왔던 것은 개인적 네트워크였다. 특히, 친족망과 토지소유지를 통한 지주의 지방통치는 이러한 사적 네트워크를 가능하게 한 중심축으로 인정되어 왔다.[5] 그렇지만 이것이 지주의 사적 네트워크에서 벗어난 지역에 대해 지주의 통제력이 별로 미치지 않았음을 의미하지는 않는다.[6] 지주층의 지방통제와 관련하여 더욱 주목해야

[4] Scott(1773), p. 50.

[5] Mingay(1963); Thompson(1964); Tadmor(2001).

[6] 이와 관련된 논의 가운데 열린교구-닫힌교구모형에 관해서는 유의할 점이 있다.

할 점은 사법 및 행정에 관한 지방정부기구들이 지주층에 의해 장악되어 있었다는 사실이다. 주(county) 또는 그 하부의 중간급 지방정부단위는 최하급 지방정부단위인 교구수준에서 결정·집행되는 사안들에 대해 광범위한 감시·지휘 및 조정기능을 보유하였다. 많은 역사가들은 18세기 후반과 19세기 전반에 지방에 대한 지주층의 치안판사로서의 통치력이 절정에 이르렀다고 보고 있는데, 이는 그들의 사적 통제력만이 아니라 공적 통제기구의 장악력까지를 염두에 두고 이루어진 평가라고 보아야 한다.[7]

그간 교구보다 상위의 지방정부단위에 대해 지주층이 어떤 방식과 수준의 통제력을 행사하였는지에 관하여 연구가 전혀 없었던 것은 아니다. 그 가운데에는 빈민법조합(Poor Law Union)과 같이 역사학자들 간에 치열한 논쟁의 대상이 되었던 지방정부단위도 있었다. 1834년의 이른바 신빈민법(New Poor Law) 제정에 따라 지주층의 지방통치능력이 얼마나 변화하였는가, 그리고 지역에 대한 통제력을 유지하기 위해 지주층은 어떤 대책을 강구하였는가에 대한 논의는 이미 잘 알려져 있다.[8] 그렇지만 빈민법조합이 설립된 1830년대 중반 이전에 대해서는 연구가 한정적일 뿐 아니라 관심의 초점도 정부구조 변천사의 측면에 치우쳐 있다.[9] 이 장에서는 신빈민법

상이한 성격의 교구의 존재가 지주층의 영향력이 닫힌교구에만 미치고 열린교구에는 미치지 않았음을 의미하는 것이라고 해석되어서는 곤란하다. 오히려 이 모형은 닫힌교구와 열린교구 사이에서 발생하는 물적·인적·금융적 이동에 관해 지주층이 적극적으로 통제력을 사용하였음을 보여 주는 것으로 이해하는 것이 적절하다. 자세한 논의는 Banks(1988); Song(2002); Mills(2006). 이 모형에 관한 이론적 논의는 Spencer(2000).

[7] 대표적으로 Poynter(1969), p. 10; Eastwood(1994), pp. 48~50.

[8] 대표적 저작물로 Brundage(1978); Digby(1978); Dunkley(1979); Mandler(1987); Brundage, Eastwood, and Mandler(1990); Song(1999). 빈민법의 변천에 관해서는 본서 제7장과 제8장에서 상세히 다룰 것이다.

[9] Keith-Lucas(1980); Eastwood(1997).

이 제정되기 훨씬 이전인 18세기부터 지방정부가 어떻게 발달하였으며, 지주층이 지방정부를 어떻게 장악하고 통제하고 활용하였는가를 논하고자 한다. 논의의 초점은 그간 다른 지방정부단위에 비해 적은 관심만을 받아 온 간이심판소구역(petty sessional division)에 맞춘다.[10] 그리하여 간이심판소야말로 지주층이 자신의 지방을 통치하는 수단으로 가장 폭넓게 사용하였고 또한 가장 효과적으로 사용이 가능하였던 지방정부기구였다는 점을 밝히고자 한다. 논의의 순서는, 먼저 전국적인 차원에서 간이심판소의 기능과 성립 및 변천과정을 통해 그 관할구역인 간이심판소구역이 18세기 이래 지방의 유력자가 자신이 속한 지역을 통치하는 매우 효과적인 중간급 지방정부단위였음을 보이고자 한다. 다음으로는 이러한 제도사적 고찰을 바탕으로 1830년대 초를 기준으로 간이심판소구역의 전국적인 설립실태를 살펴본다. 후반부에서는 지역의 사례를 통해 간이심판소구역의 중요성을 실증적으로 고찰하고자 한다. 관련된 자료가 가장 풍부하게 남아 있는 케임브리지셔(Cambridgeshire)의 사례를 통해 고용, 구빈지출, 토지분여 등 대다수 노동인구의 생활과 밀접한 정책들에 대한 자료를 통계화하고, 이에 대한 분석을 통해 간이심판소구역의 지방통치단위로서의 중요성을 부각시킬 것이다.

간이심판소와 관련한 연구가 그간 많지 않았던 데에는 현존하는 자료가 부족하다는 점이 크게 작용하였다. 간이심판소는 각 지역의 원활한 통치를 위해 지역의 유력자들이 자발적으로 구성한 비공식적 기구였기 때문에, 거기에서 어떤 안건이 논의되었으며 어떤 정책을 어떤 방식으로 집행하였는지에 대해 중앙정부에 보고할 의

[10] 간이심판소구역에 관한 역사가들의 관심은 여전히 부족한 상황이다. 예를 들어, 근래에 발간된 개별 주의 역사지도서들 가운데 상당수는 여전히 간이심판소구역에 관한 정보를 싣고 있지 않다(Dils, 1998; Kirby and Oosthuizen, 2000).

무가 없었다. 따라서 지역 내의 행정적 편의상 작성되어 현재까지 운좋게 남아 있게 된 소수의 자료를 제외하고는 체계적인 자료가 전해지지 않고 있다. 자료의 부족은 연구를 제약하는 요소임에 분명하지만, 다른 한편으로는 자료가 부족하다는 사실 자체가 이 자료가 지주로 대표되는 지방유력자들이 어떻게 지역을 통치하였는가를 가장 명확하게 보여 주는 종류임을 말해 준다. 즉, 저명한 법률사학자인 매이트랜드(F. W. Maitland)가 지적하듯이 간이심판소구역은 '법이 아닌 관습·호의·편의의 문제(a matter of custom, courtesy, and convenience than of law)'이었던 것이다. 정치사학자 란다우(N. Landau)의 표현을 빌자면 간이심판소는 '치안판사에 의해 그리고 치안판사 자신들을 위해 발달시킨 제도(an institution developed by and for the magistrates themselves)'이었던 것이다.[11]

최근에 와서야 정부구조 변천사 이외의 영역에서 역사가들이 간이심판소구역에 관해 관심을 기울이기 시작하였다. 특히, 빈민법하에서의 노동이동에 관한 연구가 간이심판소에 관한 관심을 증폭시켰다.[12] 그러나 이들조차도 아직은 간이심판소 자료의 연구사료로서의 잠재적 가치에만 주목할 뿐, 간이심판소의 역할과 역사적 중요성 자체에 대해서는 본격적인 관심을 기울이지 않았다. 간이심판소가 어떻게 운영되었는지, 시간이 경과함에 따라 어떤 변천을 경험하였는지, 당대의 사회경제적 변화와 어떤 연관성을 지니는지 등 당시 영국 사회의 운행원리를 파악하는 데 중요한 질문들에 대해 상세한 연구가 이루어지지 않았다.

---

11 Redlich(1903), p. 6에서 인용; Landau(1984), pp. 209~239.

12 Landau(1990), pp. 541~572; Wells(1993), p. 124; Mills(2006).

2 지방정부의 위계구조

잉글랜드의 지방정치권력구조를 고찰하기 위해서는 우선 지방정부의 업무가 어떻게 분담되었는가를 이해할 필요가 있다. 업무의 성격에 따라 다음과 같은 위계체계하에서 역할의 분업이 이루어졌다. 지방정부구조의 최하위를 구성한 것은 교구였다. 각 교구에서 행정담당자들—교구감독관과 교구위원—은 교회의 개축과 수리, 도로의 개·보수 등 교구 내 시설관리업무를 담당하였다. 그러나 그들에게 이보다 더 무거운 행정적 부담은 다양한 종류의 구빈관련 업무였다. 교구는 노동대중의 입장에서 볼 때 가장 중요한 법적 행정단위였는데, 그 가장 큰 이유는 개인의 정주권이 교구를 단위로 해서 부여되었기 때문이다. 잉글랜드의 모든 개인은 출생, 혼인, 고용, 도제교육 등의 조건에 따라 특정한 하나의 교구에 정주권을 가졌는데, 1834년 이전의 이른바 구빈민법(Old Poor Law) 시기를 통해, 그리고 엄밀하게는 신빈민법 시기에도 빈민법조합이 징세와 구빈지출의 단위로 확정되는 1865년까지, 이 정주권은 개인이 경제적으로 곤궁에 처하였을 때 어느 교구에 구호를 청할 수 있는가를 결정하는 핵심적 잣대로 기능하였다.[13] 노동계급의 대다수는 생애주기 중 소득이 지출보다 부족해지는 시점을 맞이하거나 또는 특수한 개별적 사정으로 경제적 어려움에 직면할 가능성을 늘 지니고 살았다. 또한 궁핍에 대한 대응으로 정규적 고용만이 아니라 텃밭갈기, 이

[13] Snell(1985); Caplan(1978).

삭줍기, 가축 사육, 땔감수집, 그리고 때에 따라서는 친족에의 의존, 이웃과의 상호부조, 자선기금 요청 등 가능한 모든 공식적·비공식적 수단에 의존하는 이른바 '임기응변경제(economies of makeshift)'를 유지하였다. 특히, 개인이 공동권과 관습권을 주장하고 이익을 취하는 것은 거의 대부분 해당 교구에서의 정주권 보유가 전제되어야만 가능하였다.[14] 구휼과 관련된 교구의 업무는 이러한 정주권 보유 교구민의 경제사정을 심사하고 생계유지를 보장하는 매우 일상적이고 구체적인 내용이 대부분이었다. 그리고 개별 교구가 취하는 구빈정책의 종류와 수준은 그 교구가 처한 사회적·경제적 상황에 의존할 수밖에 없었다. 사정이 이렇다 보니 교구 행정담당자의 관심은 매우 협소하였고, 따라서 지리적으로 보다 넓은 영역을 관리해야 하는 치안판사의 업무와 마찰을 빚는 경우가 흔치 않게 발생하였다.[15]

잉글랜드의 지방을 지역적(regional) 수준에서 통치하는 광역적 행정·사법단위는 주(county)였다. 1년에 네 차례 정해진 일자에 개최된 사계심판소(Quarter Sessions)는 이 중앙정부단위의 권능과 위세를 보여 주는 상징성 높은 기구였다. 통상 지역 내 최대 유지가 중앙정부의 임명을 통해 주지사(Lord Lieutenant)에 오르게 되는데, 이 주지사가 회의를 주재하는 가운데 주의 여러 지역에서 활동하는 치안판사들이 모두 모여 지역현안을 논의하는 자리가 바로 사계심판소였다. 여기에서 처리하는 안건들은 주로 사회질서의 유지, 조세액의 결정과 징수, 하급정부단위로부터 항소된 사안의 처결 등이었다. 18세기 중반까지만 해도 사계재판소는 주지사의 개인적 성향 및 영향력이 큰 소수의 치안판사들의 견해에 따라 주별로 상이하게 진행되었지만, 18세기 후반부터는 회의시기의 정례화, 회의장소의 공공

---

14 Humphries(1990); Broad(1999); King(2000).

15 Smellie(1968).

화, 회의절차의 정비 등 일련의 '근대화' 과정을 거치게 되었고, 마침내 19세기에 들어설 무렵에는 전국적으로 통일적인 형식과 체계를 갖추게 되었다.[16]

이 장의 주된 관심사는 교구와 주의 중간에 위치한 지방정부단위인데, 여기에는 몇 가지 상이한 단위들이 존재해 왔다. 그 중 가장 널리 알려져 있는 것은 아마도 헌드레드(hundred)일 것이다. 18세기 후반과 19세기 전반에 발간된 대부분의 정부자료들은 지역구분단위로서 평균적으로 20여 개의 교구로 구성된 헌드레드를 사용하였다. 따라서 헌드레드는 인구센서스, 지방세 자료, 빈민지출 통계 등 중앙정부가 수집하고 집계한 주요 지방관련 자료에서 기본적인 지역단위로 등장하였다. 그러나 이러한 점이 헌드레드가 지방통치의 실질적 유효수단이었음을 의미하는 것으로 보기는 어렵다. 무엇보다도 헌드레드는 연속적인 토지를 둘러싼 행정구역이 아니고 많은 경우에 있어서 여러 곳에 분산된—경우에 따라서는 다른 주에까지 분산된—토지를 한 구역으로 묶고 있었기 때문에 지방을 통치하는 현실적인 단위가 되기에는 부적합하였다. 또한 헌드레드는 중세 이래 이미 수 세기에 걸쳐 존재하였지만 그간 경계의 변경이 거의 이루어지지 않았다는 사실도 헌드레드의 통치수단으로서의 실질적 유용성에 의문을 던져 준다.

중간급 지방정부단위로서 역사가의 주목을 가장 많이 받아 온 것은 역시 빈민법조합이었다. 1834년 신빈민법은 그간 지방에 따라 다양성이 컸던 구빈정책을 중앙정부 통제하에 체계화·단일화하고자 구빈행정의 새 단위로서 빈민법조합을 창설할 것을 규정하였다. 즉, 기존 교구를 수십 개 단위로 한데 묶어 빈민법조합으로 통합하

16 Eastwood(1998), p. 467; Phillips(2004), pp. 873~891.

고, 각 빈민법조합에 단일한 노역원(workhouse)을 세워 통일된 구호 정책을 시행하는 것을 목표로 하였다.[17] 이 법에 기초해 의회가 구성한 빈민법위원회(Poor Law Commission)는 가장 바람직한 빈민법조합의 형태가 "원형으로서, 상설시 또는 정기시가 열리는 교구를 중앙에 놓고 이 장시에 익숙한 인근주민들의 거주 교구들을 통괄하는" 모습이라고 상정하였다.[18] 브런디지(A. Brundage)를 포함한 역사가들이 지적한 것처럼, 실제 빈민법조합의 형성과정에서 지방유력자들의 입김이 많이 작용해서 이 기본 원칙이 훼손된 경우가 적지 않았다. 그러나 종합적으로 본다면 이 원칙에 따라 빈민법조합의 경계선이 설정된 사례가 훨씬 많았던 것으로 보인다.[19] 이 행정단위는 앞서 언급한 대로 1830년대에 와서야 형성되었던 탓에 연구주제로서 시기적 제약을 갖는다.

중간급 지방정부단위로 세 번째 들 수 있는 것이 이 장의 관심 대상인 간이심판소구역이다. 튜더기 이래 수 세기에 걸쳐 각 주에서 치안판사의 역할과 활동양식을 규정한 문서들은 모두 치안판사의 활동양식을 업무성격에 따라 다음의 세 가지로 분류하고 있다.[20] 첫째는 1인의 치안판사 단독으로 업무를 처리하는 것이다. 단독치안판사(Single Justice)가 처리할 수 있는 업무 가운데 노동대중에게 가장 중요하였던 것은 교구에서 내린 구호결정에 대해 피구휼민이 제기한 항소의 처결이었다. 피구휼민은 교구감독관과 교구위원이 결정한 구빈지출액이 부적합하다고 판단할 경우 해당 교구를 관할하고 있는 치안판사에게 항고를 할 권리를 보유하고 있었다.[21] 피구

---

17 윌리엄 4세 4~5년 법률 제76조.

18 Parliamentary Papers(1835a), p. 120; 송병건(2003), pp. 65~66.

19 Crowther(1983); Brundage(1993); Song(1999).

20 Webb and Webb(1906), pp. 387~392.

21 Dunkley(1979); Morgan and Rushton(2003).

휼민들은 어느 치안판사가 구빈지출에 가장 관대한가에 대해 알음알음으로 정보를 얻었고, 따라서 이들 소수 치안판사의 관대한 성향이 구빈행정을 방만하게 만들었다고 일부 역사가들은 주장해 왔다. 이러한 내용의 비판이 당시 자료에서 적지 않게 발견되는 것으로 보아 이 주장은 어느 정도 사실에 가까웠던 것으로 보인다. 특히, 나폴레옹전쟁이 끝난 1810년대 중반부터 구빈재정 운영에 통제를 가하는 입법의 필요성이 정치권에서 활발히 논의되었음을 상기한다면, 위에서 언급한 현상이 18세기 후반과 19세기 초반에 자주 발생하였다고 유추할 수 있다.[22] 치안판사 단독으로 처리할 수 있는 업무는 이것만이 아니었다. 부랑자(vagrant) 신고가 들어오는 경우 이들을 붙잡아 정주권이 있는 원교구로 강제송환하는 일도 단독처리가 가능한 업무였다. 지방도로의 관리에 부실한 교구에 대해서 단독치안판사가 이를 지적하고 개선을 명령할 수도 있었다.[23]

치안판사가 활동하는 두 번째 양식은 관할지역의 2인(또는 그 이상)의 치안판사들이 모여 공동으로 업무를 보는 방식이다. 지방정부 업무의 대다수는 이 방식에 의해 진행되었다.[24] 복수치안판사(Double Justice)는 대다수의 가벼운 범죄에 대해 선고를 내리는 권한을 행사하였고, 사생아 출산이 보고된 경우 생물학적 아버지를 수

---

[22] Taylor(1969). 스터지스번법(Sturges Bourne's Act)은 치안판사의 교구업무 개입권한을 제한하려는 목적에서 제정되었다. 이 법에 따라 교구회의에서의 의결권은 납세자인 교구회의 구성원들의 토지임대액에 따라 차등적으로 부과되었다. 조지 3세 58년 법률 69조; 조지 3세 59년 법률 제12조. 자세한 내용은 Poynter(1969).

[23] 조지 2세 17년 법률 제5조; 윌리엄 3세 11년 법률 제18조; 앤 12년 법률 제13조; Webb and Webb(1906), pp. 387~392; Landau(1988), p. 403.

[24] 엄밀히 말하자면, '사법적 행위(judicial act)'는 2인 이상의 치안판사가 만나 공동으로 안건을 처리해야 하였고, 반면에 '행정적 행위(ministerial act)'는 2인 이상의 치안판사가 함께 담당하되 반드시 한 자리에 모여서 안건을 처리할 필요는 없었다. 자세한 내용은 당시 치안판사들의 업무처리에 있어 전문안내서 역할을 하였던 Burns(1831)를 참조하라. 위의 구분에 관해서는 특히 pp. 466~467.

배하고 검거하도록 명령을 내릴 수 있었다. 또한 개별 교구의 교구감독관과 도로측량사에 대한 임명권을 보유하였고, 교구감독관이 작성한 교구의 결산서류에 대한 감사도 맡았으며, 교구가 재정적 부담을 지는 교구도제(parish apprentice)의 계약서에 최종적인 서명도 하였다. 구빈업무와 관련해서는 빈민의 정주지가 어디인가에 대해 불확실성이 있는 경우 이를 판정하였고, 거주지 교구에서 정주권을 지니지 못한 빈민에 대해 퇴거명령을 내리는 업무, 그리고 타교구로 일자리를 구해 이주하려는 빈민에게 정주증명서를 발급하는 업무도 담당하였다. 결론적으로 말해 빈민법 및 지방노동시장의 기능과 관련된 대부분의 업무는 이들 복수치안판사의 손에서 이루어졌다고 보아도 무방한 상황이었다.[25]

치안판사들의 마지막 활동양식은 사계재판소를 통한 집단적 업무처리였다. 이 양식은 주로 치안판사들이 주정부의 최상급심 법정을 구성하고 공동판결을 내리는 과정을 통해 이루어졌다. 사계심판소에서는 도로세율의 설정, 교량의 보수와 개축, 감옥의 관리감독 등 행정적 업무를 처리함과 동시에, 주요 범법자에게 형을 선고하고 지방의 분쟁사안에 대해 항소심을 진행하는 등의 사법적 업무를 관장하였다.[26] 구빈업무만을 놓고 본다면 사계심판소는 항소된 사안에만 관여하므로 그 역할이 간이심판소에 비해 제한적이었다.

[25] Webb and Webb(1906), pp. 298~299n, 392~396; Landau(1990), p. 547.
[26] Moir(1969), pp. 85~107; Webb and Webb(1906), pp. 396~400.

3 간이심판소의 발달과정과 치안판사의 위상

치안판사라는 명칭이 말해 주듯이 애초에 치안판사가 담당한 주된 임무는 거주지역의 치안유지였다. 그런데 16세기부터 치안판사가 담당해야 하는 업무의 종류와 양이 현저히 증가하기 시작하였다. 도제계약의 체결, 임금, 주요 식량 및 재화가격의 통제, 주점의 인허가, 도로와 교량의 관리상태 점검, 감옥과 정신병원의 관리, 이를 위한 지방세의 부과, 빈민법 관련업무 등이 모두 이에 해당하였다.[27] 업무량의 증가에 따라 각 주의 치안판사들은 특정 업무의 원활한 처리를 위해 정기적으로 회의를 갖는 것이 필요하게 되었다. 이런 목적으로 각 주는 여러 개의 구역으로 구획되었는데, 기존의 헌드레드 경계를 큰 수정을 거치지 않고 사용한 경우가 많았고, 때로는 작은 헌드레드 2~3개를 묶어 하나의 구역으로 통합하였다. 이러한 치안판사의 회의체는 초기에 '사적 심판소(private sessions)'이나 '월례모임(monthly meetings)' 등 다양한 이름으로 불렸다가 17세기와 18세기를 거치면서 '특별심판소(special sessions)'라는 명칭으로 점차 통일되어 갔다. 가장 널리 알려진 특별심판소는 간선도로심판소(Highway Sessions)와 양조자심판소(Brewster Sessions)였다.[28]

그러나 치안판사가 처리해야 할 업무는 시간이 흐를수록 더욱 더 가중되었고, 따라서 특별심판소가 개최되는 제한된 일수로서는 효과적인 업무처리가 불가능하게 되기에 이르렀다. 이에 따라서 그

[27] Beckett(1986), pp. 377~378.

[28] Stone(1844), pp. 22~28.

때그때의 지역사정에 맞게 개최하는 비형식적이고 신축적인 회의가 필요하다는 목소리가 호응을 얻어 갔다. 점차 각 구역의 치안판사들은 특별심판소가 개최되는 일자 사이에 정기적으로 회합을 갖는 방향으로 의견을 모아 갔다. 이 자발적 모임의 장소는 대개 구역 내의 장시 또는 대형 객사가 있는 읍(town)으로 정하였다. 치안판사들은 이 곳에 모여 복수치안판사가 처리하도록 되어 있는 업무 그리고 법률적으로는 단독으로 처리할 수 있으나 보다 전문적인 조언과 전례를 구할 필요가 있는 업무를 보았다. 이렇게 해서 등장하게 된 치안판사들의 자발적이고 비공식적인 기구가 바로 간이심판소였다. 18세기 중반에 이르면 대다수의 주에서 간이심판소는 자기 고유의 조직형태와 운영형식을 갖추게 되었고, 19세기 초반에는 모임이 정례화되어 지역사정에 따라 주간, 격주간 또는 월간으로 간이심판소가 개최되는 것이 전국적으로 보편화되었다.[29]

간이심판소가 이렇게 지방정부의 핵심 기구로 자리를 잡게 되자, 복수치안판사의 업무로 규정되지 않은 사안들조차도 간이심판소를 통해 처리되는 사례가 점차 늘어났다. 즉, 즉결심판의 대상이 되는 경미한 범죄는 원래 단독치안판사가 처리할 수 있는 종류였지만 이들 가운데 많은 수가 간이심판소에 참석한 치안판사에 의해 처리되었다.[30] 간이심판소를 중심으로 치안판사의 힘이 모아질 수 있었던 또 다른 요인은 치안판사를 그 지역의 토지세위원회(land tax commission)와 창문세위원회(window tax commission)에 자동으로 임명하는 관행이었다. 조세에 관련된 권한의 장악은 교구행정에 관한 감독권의 행사와 더불어 치안판사가 지방을 통치하는 데 가장 효과적인 수단이 되었던 것이다.[31]

[29] Webb and Webb(1906), pp. 400~411; Landau(1984), p. 232; Moir(1969), p. 134.
[30] Beattie(1974), pp. 78~80; Bushaway(1982).

초기의 법령들은 복수치안판사가 업무를 처리하는 경우 '근접한 치안판사(next Justice)'와 함께 해야 한다고 규정하고 있었다. 그러나 '근접한'의 의미가 불명확하였기 때문에 개별 주 내의 모든 영역에서 동일하게 이해되지는 않았던 것으로 보인다. 실제로 2인의 치안판사가 집행한 업무가 나중에 보니 이미 다른 2인의 치안판사에 의해 처리된 사례—일부는 처리내용도 상이한 채로—가 적지 않게 보고되었다.[32] 그러나 18세기를 거치면서 각 주에서 간이심판소가 치안판사의 업무처리 중심 장소로 자리를 잡으면서 이런 현상은 눈에 띄게 줄어들었다. 이제 치안판사들은 간이심판소를 통해 의견을 조정할 뿐 아니라 다른 치안판사의 활동에 대한 정보도 많이 얻을 수 있게 된 것이다. 그리하여 18세기 말이 되면 간이심판소는 그 자체로 대표성을 갖게 되어 거기에서 결정된 사항은 그 구역 내의 모든 치안판사에게 구속력을 미치게 되었다. 또한 관할구역에 관한 사항도 정비되어, 치안판사는 자신이 거주하고 있지 않은 구역의 사안에 대해서는 업무처리권을 갖지 못하도록 제도적 장치가 마련되었다.[33]

이렇듯 간이심판소가 지방통치의 핵심적 기구로 자리를 잡게 된 데에는 간이심판소의 기능과 업무절차 등에 대한 제도의 정비가 중요한 역할을 하였다. 그러나 전국 각 지방의 정치무대에서 지주층의 입지가 강력하였다는 사실도 간이심판소의 위상강화를 배후에서 뒷받침한 중요한 요인이었다. 지방정부 발달사의 권위자인 웹

---

31 재산보유자격으로 1699년 50파운드 이상의 토지세 납부가 입법화되었고, 1701년에 액수가 두 배로 증가되었다. 치안판사의 대다수는 이 자격조건에 걸리지 않았다 (Beckett, 1986, p. 380).

32 최소한 18세기 중반까지는 이런 사례가 많이 존재하였다. 구체적 사례를 보려면 Webb and Webb(1906), pp. 393~396 참조.

33 Landau(1984), pp. 233, 238.

부처(S. and B. Webb)는 지방이 주도하는 정책에 대해 중앙정부와 의회가 적극적으로 관여하지 않고 그저 소극적으로 추인하는 경향이 강했다는 점을 강조하였다. 1740~1810년 사이의 입법에 대한 방대한 연구 끝에 그들이 도달한 결론은, 지방정부 업무에 관한 법률안이 하원에 상정되는 경우는 거의 대부분 치안판사의 권한이 확대되는 결과로 이어졌다는 것이었다. 예를 들어, 18세기 후반이 되면서 빈민구호, 부랑자 처리, 감옥관리 등 지방정부와 관련된 법안을 의회에서 다루어야 할 상황이 발생하면 의회에서 제2독회(second reading)를 하기 전에 치안판사들이 해당 법안을 회람하도록 제도화되었다. 지방유지의 권력독점화를 비판하는 웹 부처의 입장에서 볼 때 이런 변화는 과거 공개적으로 처리되었던 업무들이 이제는 소수 지방권력층의 자의에 의해 비밀스럽게 결정되는 방식으로의 악화를 의미하였다. 간이심판소의 심판단을 구성하는 과정에서도 치안판사의 권력집중화가 영향을 미쳤다. 18세기 중반 이후 주지사는 심판관을 임명함에 있어서 치안판사들의 권고를 그대로 따르는 것이 일반적 관례가 되었다.[34] 란다우가 지적한 것처럼 간이심판소는 행정적 편의성(administrative convenience)과 지주층의 사회정치적 결속력(socio-political solidarity)의 통속적 결합이 낳은 사생아였다.[35]

---

[34] Webb(1948), p. 151; Webb and Webb(1906), pp. 553~555. 치안판사와 간이심판소의 강화된 권한에 관해서는 또한 다음을 참조하라. Poynter(1969), p. 10; Zangerl(1971~1972), p. 111; Marshall(1974), pp. 155~168.

[35] Landau(1984), p. 239; Beckett(1986), p. 374.

4 간이심판소의 전국적 분포와 운영

이제 간이심판소의 전국적 분포와 운영상황을 살펴보자. 잉글랜드에는 얼마나 많은 간이심판소가 존재하였는가? 각 주에서 간이심판소 구역은 몇 개의 교구를 관할하였나? 간이심판소구역의 면적은 얼마나 되었고 관할인구는 얼마나 되었나? 그리고 얼마나 많은 치안판사들이 실제 업무를 보고 있었나? 이런 질문들에 대한 답은 시기에 따라 다소 차이가 날 수 있다.[36] 간이심판소구역에 관한 전국적인 조사는 1830년대에 이르러서야 이루어지기 시작하였고, 본격적인 상세한 조사는 1840년대에 한 번, 그리고 1870년대에 몇 차례 진행되었다.[37]

표 5-1은 자료의 확보가 가능한 시기 중 가장 이른 시점인 1830년대 초를 기준으로 해서 위 질문에 대한 통계치를 제시해 준다. 1831~1832년의 의회보고서는 각 지역 치안판사의 활동현황을 조사한 결과를 담고 있는데, 이 자료와 1831년 인구센서스 결과들 담고 있는 1833년 의회보고서를 결합하면 당시의 간이심판소구역에 관한 전국적 상황을 파악할 수 있다.[38]

간이심판소의 개수는 러트랜드(Rutland)의 1개로부터 대규모 주인 노폭(Norfolk)의 30개까지 그 폭이 매우 넓었다. 잉글랜드 전체로

[36] 옥스퍼스셔를 대상으로 한 연구의 결과에 따르면 최소한 19세기에 들어서서는 간이심판소구역의 숫자가 크게 변화하지는 않은 것으로 보인다(Song, 1998a).

[37] Parliamentary Papers(1845, 1878a, 1878b).

[38] Parliamentary Papers(1878b), pp. 256~257; Parliamentary Papers(1833), p. xlix.

표 5-1 1831년 주별 간이심판소의 상황

주	(1) 간이 심판소수	(2) 평균 교구수	(3) 면적 (제곱마일)	(4) 인구 (천 명)	(5) 활동적 치안판사수
Bedford	6	21	77	16	9
Berks.	6	26	125	24	21
Buckingham	11	18	67	13	14
Cambridge	9	18	95	16	8
Chester	8	11	132	42	9
Cornwall	17	12	78	18	5
Cumberland	5	21	305	34	11
Derby	6	23	171	40	13
Devon.	18	26	144	27	10
Dorset	9	30	112	18	8
Durham	12	6	91	21	7
Essex	15	27	102	21	11
Gloucester	18	19	70	22	10
Hereford	12	18	72	9	13
Hertford	14	10	45	10	11
Huntingdon	4	25	93	13	6
Kent	14	29	111	34	12
Lancaster	28	3	63	48	5
Leicester	6	35	134	33	7
Lincoln	17	37	154	19	7
Middlesex	13	15	22	104	22
Monmouth	10	13	50	10	6
Norfolk	30	24	67	13	7
Northampton	8	38	127	22	13
Northumberland	8	11	234	28	6
Nottingham	7	30	120	32	10
Oxford	11	20	69	14	6
Rutland	1	50	149	19	9
Salop.	17	13	79	13	7
Somerset	20	24	82	20	8
Southampton	11	28	148	29	14

표 5-1 계 속

주	(1) 간이 심판소수	(2) 평균 교구수	(3) 면적 (제곱마일)	(4) 인구 (천 명)	(5) 활동적 치안판사수
Sttaford	8	18	148	51	11
Suffolk	18	28	84	16	9
Surrey	11	13	69	44	23
Sussex	17	18	86	16	11
Warwick	15	14	60	22	4
Westmorland	4	8	191	14	8
Wilts.	15	20	91	16	6
Worcester	13	13	56	16	10
York, East Riding	12	15	93	14	3
City of York & Ainstey	1	44	86	36	–
York, North Riding	17	11	121	11	6
York, West Riding	19	10	136	51	9
England	521	893	4,608	1,091	403
평 균	12.1	20.8	107.2	25.4	9.4

자료: Parliamentary Papers(1831~1832), pp. 256~257; Parliamentary Papers(1833), p. xlix.

는 총 521개의 간이심판소가 있었으므로, 주별 평균으로는 약 12개의 간이심판소가 있었던 셈이다. 간이심판소구역당 평균교구수는 랭카셔(Lancashire)의 3개가 최소였고, 러틀랜드의 50개가 최대였다. 전국 평균은 21개인 것으로 나타났다. 간이심판소구역의 평균면적은 107제곱마일로서, 구역의 형태가 원형이라고 가정한다면 지름 약 11.7마일(18.7km)에 해당하였다. 간이심판소의 평균면적이 가장 작은 주는 대도시지역인 미들섹스(Middlesex)로 전국 평균의 약 1/5 크기였고, 반대로 가장 큰 주는 북부의 컴버랜드(Cumberland)로 전국 평균의 3배에 육박하였다. 간이심판소구역은 평균 약 2만 5,000명의 인구를 포함하였는데, 농촌지역인 허러포드셔(Herefordshire)가

9,000명으로 최소였고 대도시인 미들섹스가 10만 4,000명으로 최대였다. 명목상의 치안판사를 제외하고 실제로 업무를 적극적으로 관장하는 치안판사만의 수를 계산해 보면, 주별로 최소 3인에서 최대 23인이었고 전국 평균은 9인이었다. 종합하자면, 전국적으로 볼 때 평균적인 간이심판소구역은 21개의 교구로 구성되어 있었고, 면적은 107제곱마일이었으며, 9인의 치안판사가 지역주민 2만 5,000명에 관한 사법적·행정적 업무를 처리하였다. 지역적 편차는 큰 편이었고, 특히 도·농 간의 차이가 두드러졌다.

5 사례연구: 케임브리지셔의 경험

간이심판소구역이 잉글랜드 각 지방의 유지들이 지역의 사회경제적 상황을 파악하고 정책을 수립·집행하는 데 실제로 중요한 역할을 하였는가를 보기 위해서는 지역적 사례를 살펴보는 것이 필수적이다. 앞 절에서 우리는 간이심판소의 발달과정을 통해 간이심판소제도가 개별 지역 지배층의 편의에 맞게 운영되었음을 고찰한 바 있다. 간이심판소구역이 실질적 통치수단으로서 중요하였다는 점은 다른 조건이 영향을 끼치지 않는 상황에서 일정 지역 내에서 간이심판소구역별로 상이한 사회적·경제적 정책이 실시되었음을 보임으로써 검증할 수 있다. 이 검증에 적합한 지역은 우선 소수의 거대지주가 자신의 개인적 영향력을 통해 지역을 통치하는 곳이 아니라 다수의 중소규모 지주들이 집단적으로 지방정부기구를 이용하여 통치를 하였을 것으로 보이는 지역이다. 이 조건을 충족시키기 위해서는 토지소유상황을 조사하여 대지주의 존재가 미미한 지역을 선택하는 작업이 요구된다. 간이심판소구역 연구대상으로서 적합한 지역의 둘째 조건은 지역 내의 사회경제적 조건이 유사하여 이들 조건에 의해 연구결과가 왜곡되는 부작용을 막을 수 있어야 한다. 이를 위해서는 농업부문과 공업부문이 혼재한 지역보다는 농업부문이 지배적인 지역이 적합하며, 또한 농업지역 중에서도 농경과 목축이 혼재한 곳보다는 그 중 한 가지가 지배적인 지역이 유리하다.

이 두 조건을 대체로 잘 충족시키는 지역으로서 이 연구는 케임브리지셔에 주목한다. 케임브리지셔는 첫째로 대지주의 부재가 가장 두드러진 지역이었다. 톰슨(F. L. M. Thompson)의 1870년대 토지소유실태 조사에 따르면 케임브리지셔는 토지소유 집중도가 가장 낮은 주들 가운데 하나였다.[39] 19세기 내내 잉글랜드의 토지소유 집중도는 급격한 변화를 겪지 않았고, 토지대장에 기록된 바를 보더라도 케임브리지셔는 1830년경에도 대토지소유자가 거의 없었음이 분명하다.[40] 둘째로 케임브리지셔는 인구의 대부분이 밀농사에 종사하였고 목축 등 기타 농업활동이나 상공업의 비중은 현저하게 낮았다.[41] 케임브리지는 이렇게 위에서 언급한 두 조건을 잘 충족시킬 뿐만 아니라 실제 연구를 수행하는 데 필수적인 풍부한 자료의 존재라는 면에서 매우 유리하다. 1830년부터 잉글랜드 남부를 휩쓸기 시작한 연쇄적인 농민소요—이른바 스윙폭동(Swing Riots)—가 같은 해 11월 케임브리지셔에서 발생하자, 주지사인 하드윅 백작(Earl of Hardwick)의 주도하에 주의 치안판사들이 한자리에 모여 대책을 강구하게 되었다. 이때 치안판사들은 자신이 활동하는 간이심판소구

[39] Thompson(1963), p. 113.

[40] Cambridgeshire County Record Office, *Land Tax Assessments* 1825~1830.

[41] Marshall(1968); Parliamentary Papers(1833); Caird(1967).

역 내의 교구들이 처한 상황의 실태를 조사하여 자료를 제출하기로 결정하였다. 이렇게 수집된 자료들은 1831년 상원 빈민법위원회에 제출되어 그 상세한 내용이 의회보고서에 기재되게 되었다. 이 자료는 습지(fenland)를 제외한 케임브리지셔 대지(upland)의 128개 교구 가운데 8개 교구를 제외한 120개 교구의 사회경제적 상황과 구빈정책에 관해 자세한 정보를 담고 있다.[42] 이 자료가 본 연구에 특히 유용한 이유는 이것이 지리적으로 연속된 교구들에 대한 자료를 담고 있어서 간이심판소구역의 역할을 고찰하기에 적합하다는 점이다. 케임브리지셔의 경우 20개 내외의 교구가 하나의 간이심판소구역을 형성하였고, 주정부 소재지인 케임브리지는 독립된 간이심판소의 관할하에 놓여 있었다.[43]

한 가지 유의할 점은 간이심판소의 기능이 개별 교구의 선택 여지를 완전히 봉쇄한 것은 아니라는 점이다. 개별 교구는 분명 특정한 정책의 채택 여부에 대해 일정한 수준의 결정권을 행사하고 있었다. 특히, 교구 내의 의사결정에는 교구행정을 직접 담당한 차지농을 포함한 중간층 납세자가 중요한 역할을 하였는데, 지주의 영향력이 상대적으로 제한적이었던 열린교구의 경우 이들의 권한이 상당히 컸던 것으로 보인다. 따라서 교구에서 결정된 정책이 해당 교구를 관할하는 간이심판소에서 치안판사들이 선호한 정책과 일치하지 않을 가능성은 충분히 있었음을 염두에 둘 필요가 있다.[44]

표 5-2는 조사의 대상이 된 교구들의 정보를 간이심판소구역별로 구분하여 정리한 것이다. 표는 크게 보아 두 부분으로 나눠지는

---

42 Parliamantary Papers(1830~1831); 송병건(2001), pp. 127~149.

43 사회경제적 상황이 다른 지역과 크게 달랐던 케임브리지 북부 습지는 분석에서 제외되었다.

44 Mills and Short(1990).

표 5-2 케임브리지셔 간이심판소구역과 구빈정책

간이심판소 구역	보티섬 (Bottisham)	호위스 (Howes)	린톤 (Linton)	롱스토 (Longstow)	뉴마켓 (Newmarket)	로이스톤 (Royston)	평균
I. 사회경제적 여건							
주당 임금 (맥주 포함, 실링)	**10.9** (10)	10.6 (24)	10.3 (30)	**10.1** (14)	10.2 (18)	10.4 (24)	10.4 (120)
납세자 중 노동력 고용 인비율	43.0 (11)	51.4 (27)	**33.8** (30)	**52.5** (14)	37.8 (19)	49.7 (26)	44.3 (127)
스윙폭동 발생한 교구비율	18 (11)	10 (28)	20 (30)	**0** (14)	5 (19)	**23** (26)	20 (128)
II. 구빈정책							
1인당 구빈지출(파운드)	0.72 (11)	0.82 (28)	**0.88** (30)	0.74 (14)	**0.88** (19)	**0.64** (26)	0.77 (128)
혼인 여부에 따른 임금차별	75 (8)	54 (24)	43 (28)	**91** (11)	**28** (18)	67 (24)	55 (113)
가족수에 따른 수당	**22** (9)	74 (23)	**81** (26)	57 (14)	75 (16)	31 (16)	63 (104)
순회고용제	**0** (10)	**0** (23)	**0** (28)	**0** (13)	**0** (18)	**9** (23)	2 (115)
노동률제도	30 (10)	29 (24)	**40** (30)	15 (13)	**6** (18)	27 (22)	27 (117)
분여지 대여	63 (8)	**94** (16)	44 (27)	50 (12)	**21** (14)	70 (23)	56 (100)

주: ( ) 안은 응답교구의 수.
진한 글씨는 최대치와 최소치.

자료: Parliamantary Papers(1830~1831).

데, 우선 사회경제적 여건을 말해 주는 변수로 노동자들의 평균임금, 납세자 중 노동력을 고용하고 있는 자의 비율, 스윙폭동이 발생한 교구의 비율 등 세 가지를 선정하였다. 둘째 부분은 구빈액과 구빈지출방식에 관한 것으로서, 1인당 구빈지출액, 혼인자와 비혼인자에 관한 임금차별의 존재 여부, 가족수에 따른 수당제공 여부, 순회고용제(Roundsmen System)를 채택한 교구의 비율, 노동률제도(Labour Rate)를 채택한 교구의 비율, 분여지(Allotments) 제공 여부의 차례로 정리하였다. 비교의 편의를 위하여 최소치와 최대치를 보인 간이심판소구역의 수치를 굵은 글씨체로 나타내었고, 마지막 항에는 주 전체의 평균을 제시하였다.[45]

사회경제적 여건을 보여 주는 지표 중 첫째는 임금률에 관한 것이다. 해당 교구의 거주민이 받는 주당 임금을 묻는 질문에 대한 응답에는 새참으로 맥주가 임금과는 별도로 제공된 경우와 맥주를 제공하지 않는 대신 상대적으로 높은 임금이 지불된 경우가 혼재되어 있었다. 당시 노동자에게 제공된 맥주의 가치가 약 1실링이었다는 조사내용을 고려하여 화폐가치로 표준적인 임금을 산정해서 표에 기록하였다. 간이심판소구역 간에 다소의 편차가 있긴 하였지만 그 절대치는 롱스토 구역의 최소 10.1실링에서 보티셤 구역의 최대 10.9실링으로 차이가 크지 않았다. 이는 당시 케임브리지셔 내 각 지역의 경제사정이 전반적으로 유사하였었다는 사실을 말해 준다. 빈민세 납세자 중 노동자를 고용하는 차지농의 비율은 이들이 고용부담의 일부를 빈민세로 전가시킬 소지가 많았다는 일부 연구의 결과를 반영하여 조사하였다.[46] 이와 반대로 노동력을 고용하는 차지농의 실제 정책결정력에는 한계가 많았고 교구의 범위를 넘는 지주

[45] 송병건(2002), pp. 142~145.
[46] Boyer(1990).

의 영향력이 실제 구빈수준을 결정하는 데 핵심적 역할을 하였다는 주장에 따르면 이 변수의 의미는 축소된다.[47] 이 비율은 조사결과 간이심판소구역에 따라 34퍼센트에서 53퍼센트에 이르는 차이를 보였다. 스윙폭동의 대상이 된 교구가 얼마나 존재하는가를 묻는 질문에 대해서는 지역적 편차가 크게 나타났다. 예를 들어, 롱스토 구역에서는 농민소요의 직접적 대상이 된 교구가 하나도 없었던 데 반해 로이스튼 구역에서는 조사된 26개 교구 가운데 6개 교구, 즉 23퍼센트의 교구가 농민소요를 경험하였다. 흥미로운 점은 임금률이 가장 낮고 노동력을 고용하는 차지농의 비율이 가장 높았던 롱스토 구역에서 농민소요가 나타나지 않았다는 사실이다. 이 세 변수들 간에 뚜렷한 논리적인 상관관계가 보이지 않은 데에는 아마도 임금률의 경우에는 절대적인 차이가 적었고 노동고용 차지농의 비율은 실제 역할이 제한적이었기 때문으로 보인다.

또한 이 변수들은 그 다음 항목인 1인당 구빈지출과도 뚜렷한 상관관계를 보이지 않았다. 1인당 구빈지출액은 간이심판소구역별로 편차가 상당한 정도 있었는데, 린튼 구역과 뉴마켓 구역에서 구빈지출의 부담이 가장 무거웠던 반면 로이스튼 구역이 가장 가벼운 구빈부담을 짊어지고 있는 것으로 나타났다. 1인당 구빈지출이 상대적으로 높거나 낮은 간이심판소구역이 사회경제적 상황에 있어서 특별한 특징을 보이지 않은 점에 주목할 필요가 있다. 특히, 노동고용 납세자의 비중과 상관성이 낮았다는 사실은 차지농이 주축인 교구행정가들의 영향력이 그다지 크지 않았음을 시사한다. 구체적인 구빈방식을 살펴보면, 미혼인 노동자에 비해 혼인한 노동자에게 보다 높은 임금을 지급한 경우가 전체적으로 55퍼센트에 이르렀다.

47 대표적으로 Brundage(1993).

이 교구들에서 미혼자들에게는 기혼자에 비해 평균 약 19퍼센트 낮은 임금이 지급되었다. 일반적으로 기혼자가 미혼자보다 숙련도가 높아 임금을 더 받을 수 있지만, 이 문항의 경우 많은 교구들이 순수하게 혼인 여부의 차이로 인한 임금격차만을 특정해서 언급하였기 때문에 이 효과는 그다지 크기 않을 것으로 보인다. 임금을 혼인 여부에 따라 차별적으로 지급한 교구의 비율은 간이심판소구역마다 크게 상이한 것으로 나타났다. 롱스토 구역에서는 그 비율이 91퍼센트에 이르렀던 반면 뉴마켓 구역에서는 단지 28퍼센트에 불과하였다.

19세기 초를 통틀어 가장 널리 사용된 것으로 알려진 구호방식은 가족의 수에 따른 차등적 수당지급(Family Allowance)이었다.[48] 이 구빈방식 또한 린튼 구역의 81퍼센트에서 로이스튼 구역의 22퍼센트에 이르기까지 간이심판소구역별로 편차가 매우 컸다. 흥미롭게도 이 수치는 1인당 구빈지출액과 밀접하게 관련이 있는 것으로 보고되었다. 이는 구빈지출액 가운데 이 방식으로 지출된 비중이 높았다는 사실에 기인하는 것으로 판단된다. 실직상태에 놓인 노동자들을 빈민세 납세자들이 순차적으로 고용하는 제도인 순회고용제는 19세기 초반까지 꽤 널리 사용되었던 것으로 보이지만, 1830년대 초에 와서는 거의 자취를 감춘 것으로 나타났다. 유일하게 로이스튼 구역에서만 순회고용제가 사용되고 있었고, 그 비율도 응답교구 23개 중 불과 2개 교구뿐이었다. 1820년대부터 순회고용제를 빠르게 대체한 것이 노동률(Labour Rate)제도였다. 각 교구는 교구민 노동자들에 대한 총임금액을 산정한 후 이를 빈민세액에 비례하도록 개별 납세자에게 배분하였다. 개별 납세자는 할당된 금액만큼

[48] Blaug(1964).

노동자를 고용하거나 그만큼 노동자를 고용하기를 원하지 않는 경우 양자의 차액을 빈민세로 납부하도록 고안된 제도였다. 노동률제도는 납세자의 부담수준을 고려하였으며, 고용과 빈민세 납부 중 선택이 가능하도록 함으로써 납세자의 반발을 최소화하였다는 장점을 지녔다. 이러한 장점에 힘입어 노동률제도는 널리 채택되었고, 1830년에는 케임브리지셔 전체 교구 중 27퍼센트가 이를 사용하고 있었다. 노동률제도도 간이심판소구역별로 편차가 컸던 것으로 나타났다. 린튼 구역에서는 응답교구 30개 중 12개 교구에서 이 구빈방식을 채택하고 있었던 반면, 뉴마켓 구역에서는 18개 응답교구 가운데 단 한 교구만이 이를 채택하고 있었다. 마지막으로 노동빈민이 여가를 활용해 가족노동을 이용하여 작물을 경작함으로써 가계소득의 행상을 도모할 수 있도록 마련된 분여지제공제도도 분포에 있어 간이심판소구역 간에 눈에 띄는 편차를 보였다. 호위스 구역에 있는 교구 중 94퍼센트가 교구민들에게 토지를 대여하였던 데 반해 뉴마켓 구역에서는 분여지제공 교구의 비율이 21퍼센트에 불과한 것으로 나타났다. 분여지대여정책의 경우 대체적으로 널리 사용되었음에도 불구하고 1인당 구빈지출액과는 뚜렷한 상관성을 보이지 않는 것으로 밝혀졌다. 이는 아마도 각각의 교구에서 노동자에게 대여된 분여지의 수나 규모가 제한적이었기 때문이었던 것으로 추측된다.[49]

이상의 분석결과를 종합해 보면 케임브리지셔의 간이심판소구역 간에 구빈방식에서 눈에 띄는 수준의 편차가 존재하였었다는 점을 확인할 수 있었다. 이런 편차의 원인을 이룰 만한 사회경제적 조건을 찾기 힘들다는 점을 고려한다면, 이 편차의 상당 부분은 간

[49] Burchardt(1997), pp. 165~175; Burchardt(2000), pp. 667~684.

이심판소별로 치안판사들이 선호한 구빈정책에 차이가 많았던 데에 기인한다고 추정할 수 있다.

6 맺음말

18세기와 19세기 전반 잉글랜드에서 지주층의 지방지배력이 컸다는 점에는 대부분의 역사학자들이 동의해 왔다. 그러나 구체적으로 어떤 통치기구를 활용하였고, 이 통치기구가 어떤 변화과정을 겪었는가에 대한 연구는 그간 매우 부족하였다. 이 연구는 간이심판소라는 중간급 지방정부기구와 간이심판소구역이라는 지리적 행정구역에 초점을 맞추어 잉글랜드의 지방통치 기제를 설명하고자 하였다. 간이심판소의 역사적 발달과정과 특징, 그리고 전국적 조직상황을 고찰하였다. 논문의 후반부에서는 케임브리지셔의 사례를 통해 여러 지방업무, 특히 노동대중에게 가장 중요하였고 업무의 양으로 보아도 가장 비중이 컸던 구빈관련 업무와 정책의 실제 집행자료를 통계화하였고, 이를 통해 간이심판소구역이 실제로 지주층의 지방통치에 유용한 수단으로 기능하였다는 점을 밝혔다. 지주층의 자발적이고 비공식적인 통치기구였던 간이심판소에 대한 분석을 통해 이 연구는 잉글랜드 지방통치에 관한 그간의 연구가 대지주의 사적 영향력을 매개로 한 통치만을 지나치게 강조하였음을 비판한다.

비록 현존하는 자료가 상대적으로 부족하고 연구사도 상대적으로 일천한 지방정부기구였지만 간이심판소는 점차 사회사·경제사 및 법제사 연구자들로부터 더 많은 주목을 받고 있다. 케임브리지셔의 사례를 통한 이 장의 결론이 잉글랜드 전체에 대해 얼마나 일반화가 가능한가에 대해서는 아직 불확실한 면이 많다. 그러나 적어도 간이심판소와 그 구역의 역사적 역할에 대한 연구가 당시의 사회경제구조와 운영방식에 대해 이해의 폭을 넓혀 줄 것임은 분명하다.

6 토지대여정책과 빈곤문제

1. 문제제기와 연구사
2. 케임브리지셔 농촌소요와 지역실태조사
3. 분여지와 감자텃밭의 차별성
4. 정책결정과 지방정부의 역할
5. 맺음말

1 문제제기와 연구사

영국의 사회경제사에서 1830년대는 특별한 위치를 차지하고 있다. 반 세기여에 걸친 전례 없는 도시화와 산업화는 의회개혁(Parliamentary Reform)과 공장법(Factory Laws)의 제정이라는 사건을 통해 영국 사회가 경험한 변화의 심도를 드러냈다. 이 과정에서 농촌사회가 겪게 된 상대적 퇴보는 1830~1831년 전국 농촌지역을 휩쓴 스윙폭동(Swing Riots)의 혼란, 구빈지출의 대규모 삭감과 중앙정부의 지방통제권 강화를 낳은 1834년 빈민법(Poor Laws) 개정이 상징적으로 보여 주었다.[1] 여기에 더해 노동빈민에게 보조적 소득원으로 소규모 토지를 대여하는 정책에 관해 최근 이루어진 일련의 연구는 이 정책이 1830년대 초부터 급속히 확산되었다는 사실을 밝힘으로써 이 시기의 역사적 중요성을 다시 한번 입증하였다.

빈곤문제, 특히 노동능력이 있는 성인이 실업이나 저임금 때문에 공적인 구호를 받아야 하는 사례는 18세기 말 이래 심각한 사회문제로 대두되었다. 그러자 지방의 유지가 지역민에게 최저수준의 생계비 공여를 보장하고 그 반대급부로 복종과 봉사를 요구하는 전통적인 온정주의적 구호정책의 실효성이 의심받게 되었다. 이에 따라 이를 대신하여 빈민구호를 곧바로 그들의 노동의욕 고취로 연결시킬 방안을 찾게 되었다. 그 결과 노동빈민의 부양가족수나 임금수준에 비례하여 구호를 하거나 그들의 해외이주를 지원하는 등 기

[1] Daunton(1995).

존의 구휼방식을 지양하고, 노동자에게 소규모 토지를 제공하며 그 과실을 본인이 누릴 수 있도록 함으로써 소득보조는 물론 근로의욕과 자립적 습성 제고라는 이중효과를 거두려는 정책이 점차 주목받게 되었다. 이 정책은 거의 비슷한 시대에 널리 퍼진 우애조합(friendly society) 및 저축은행(savings bank)의 설립과 더불어 노동계층의 독립심(independence)과 자조(self-help)정신을 강조하는 빅토리아왕조(1837~1901)의 경제사조를 대표하며, 현재 서구에서 논의되는 '노동복지(workfare)'의 역사적 기원을 이룬다고 볼 수 있다.[2]

지금까지 토지대여정책에 관한 논의를 통해 정책의 형성배경이나 시행의 일반적 형태에 관해 상당히 많은 것이 알려졌다. 일찍이 이 주제에 관심을 보인 바넷(D. C. Barnett)의 고전적 연구는, 19세기 초 이래의 각종 유인물과 저서의 분석을 통해 다양한 종류의 토지대여가 모두 농촌의 빈궁화가 심화되는 과정에서 빈민들의 소득보조수단 제공과 동시에 근로의식 고취를 기대한 온정주의적 지주에 의해 주도되었다고 주장한 바 있다. 그는 지주로부터 토지를 염가에 임차한 노동자들은 여가에 자신과 가족의 여유노동을 이용하여 주로 자가소비를 위해 다양한 작물을 경작했다고 설명하였다.[3] 이에 대해 모젤(B. Moselle)은 1834년 빈민법보고서의 자료를 검토한 그의 논문에서 토지대여정책의 주체는 지주가 아니라 차지농이며, 임대수입의 극대화를 추구한 그들의 상업적 이해가 대여의 주된 동기였다는 주장을 펼쳤다. 그는 대여된 땅이 대부분 감자경작에 쓰였으며 고율의 임대료가 부과되었다고 주장하였다.[4] 아처(J. E. Archer)는 영국 남동부지방에 관한 사례연구를 통해 모젤의 주장에 대해

[2] Hopkins(1995).

[3] Barnett(1967).

[4] Moselle(1995).

비판을 가하였다. 아처는 토지의 주공급자가 지주였으며, 정책의 기본 동기는 농촌소요가 빈도를 더하는 가운데 지방유지로서의 지주가 토지대여를 계기로 삼아 지역사회의 결속력을 강화하고 빈민층의 독립과 자조정신을 고취함으로써 지역의 통제력을 강화하고자 한 것이라고 해석하였다. 그는 또한 저율의 임대료와 다양한 작물의 재배가 일반적이었다고 지적하였다.[5]

토지대여정책에 관해 가장 상세한 연구를 수행한 버카트(J. Burchardt)도 차지농은 토지대여가 자신과 무산노동자의 구분을 약화시킬지 모른다는 우려 때문에 대여정책에 반대하는 입장을 보였다고 강조함으로써 바넷과 아처가 주장한 '지주 주도의 사회통제' 설에 손을 들어 주었다. 버카트는 특히 모든 대여토지가 동질적인 성격을 가졌던 것이 아님을 지적함으로써 임대료와 작물다양성을 둘러싼 상반된 견해를 해소시킬 단서를 제공하였다.[6] 노동자에게 제공된 토지의 성격은 단일한 것이 아니라 그 제공주체와 제공조건 및 동기면에서 다양하였던 것으로 보인다. 위의 논쟁과 관련하여 가장 중요한 구분은 분여지(allotment)와 감자텃밭(potato ground)이라고 볼 수 있다.[7]

분여지는 지주가 여가에 가족노동만을 이용하여 경작할 것을 조건으로 농업노동자에게 제공하는 토지로서, 통상 1년단위로 계약되며, 계약불이행과 같은 특별한 문제가 발생하지 않는 한 재계약이 이루어지는 것이 관례였다. 토지이용이 지속적인 탓에 윤작(rotation)은 필수적이었

[5] Archer(1997).

[6] Burchardt(1997, 2000).

[7] 본문에서 제시되는 분여지와 감자텃밭 외에 교구 또는 개인이 자선적 목적으로 제공한 토지(parish plot과 charitable land), 소사육을 위한 목초지(cow pasture), 해외이민에 대한 대응책으로 국내의 황무지를 제공하고자 한 국내식민토지(home colony), 전통적으로 주택의 일부를 이루었으나 점차 축소경향을 보인 안뜰(garden patch) 등이 구분가능한 형태의 토지였다.

고, 따라서 감자 외에 밀이나 채소류 등 다양한 작물이 재배되었다. 지주는 임대료수입보다는 노동빈민에 대한 통제력 강화에 관심을 두었기 때문에 대체로 낮은 수준(에이커당 연 2파운드 내외)의 임대료를 부과하였다. 이 임대료를 공정지대(fair rent)라 하였다. 이는 유사한 토질의 땅이 차지농에게 임대되었을 때 기대할 수 있는 임대료수준을 의미하였다. 반면에 감자텃밭은 계절적으로 작물을 심지 않은 채 휴경지(fallow)로 남아 있는 토지로서 농업노동자가 감자를 재배할 수 있도록 차지농이 몇 달간 임대한 땅이었다. 토지제공의 주목적이 임대수입의 획득이었던 까닭에 임대료는 매우 높은 수준(에이커당 연 5~10파운드)이었고, 감자는 윤작영농의 터닙(turnip)이나 기타 사료작물과 마찬가지로 향후 밀이나 보리재배에 유리한 토질을 조성하였기 때문에 차지농은 지질향상이라는 추가적 이익도 누릴 수 있었다. 요약하면 분여지는 낮은 임대료에 장기적으로 대여됨으로써 임차자의 소득수준을 높이는 데 큰 역할을 하였던 반면, 감자텃밭은 높은 임대료에 계절적으로만 대여됨으로써 임차자의 경제적 이익이 크지 않았다는 것이다. 이러한 차이를 고려하면, 모젤은 비율이 높은 감자텃밭의 자료를 연구대상으로 삼았고 바넷과 아처는 분여지의 비중이 큰 자료와 지역을 연구한 결과 서로 상이한 결론에 도달한 것이라고 볼 수 있다.

이러한 논의를 거치면서 토지대여정책에 관한 일종의 합의가 이루어진 것으로 보인다. 첫째, 빈민에게 토지를 대여하는 정책은 인클로저운동의 전개를 포함한 당시의 농업변동이 초래하였다고 보이는 노동자가계의 소득감소를 배경으로 성립하였다. 노동계층의 빈곤화는 구호대상자의 증가와 사회불안을 야기함으로써 지방의 지주가 중핵이 되어 유지하였던 지역사회의 경제기반을 심각하게 위협하였다. 분여지대여정책은 소외된 노동계층의 급진화를 방지하고 그들을 다시 지역공동체로 포섭하기 위해 지주층이 채택한 온정주의적 사회통제방법이었다. 한 지역의 유력한 지주들은 다른 지역의 지주들과 정보를 교환하고, 때로는 연합조직을 결성하기도 하면서 분여지대여에 관련된 의견을 교환·유통시켰다. 그리고 그들은 스스로 분여지를 대여함은 물론 지역사회에서 자신의 지위를 활용하여 분여지대여정책이 널리 채택되도록 영향력을 행사하였다는 것이다.

둘째, 분여지제공정책의 시행이 농민소요에 의해 직접적으로 촉발되었다. 많은 지역에서 분여지를 제공하기 시작한 것이 1830년대 초이고, 이후 급속히 확산되었다는 점에 대해 학자들 간에 이견이 없는 것으로 보인다. 따라서 스윙폭동의 영향이 컸던 촌락에서 분여지에 대한 관심이 높았을 것이라는 유추가 자연스럽게 따른다.

마지막으로 임차자에게 큰 경제적 이익을 안겨 주는 분여지제공정책은 지역통제권의 유지 및 강화가 1차적인 관심사였던 유력지주들이 주축이 되어 발안·실시되었던 반면, 경제적 수혜의 폭이 크지 않은 감자텃밭은 상업적 이해관계를 최우선으로 여긴 차지농에 의해 제공되었다.

그러나 일견 합의로 보이는 이러한 해석이 어느 정도 일반화될 수 있으며, 개별 지역에 얼마나 적용가능한지는 불분명하다. 먼저 인클로저 등의 농업변동에 관해 몇 가지 추가적 논의가 요구된다. 인클로저의 과정에서 노동인구가 잃게 된 공동권과 기타 관습권의 정확한 가치가 어느 정도였는가 하는 문제에 관하여 최근 많은 연구가 이루어지고 있다. 아직은 명확한 결론이 나지 않은 상태이지만, 노동가계의 비임금소득원이 어느 정도 줄어들었다는 점은 분명한 것으로 보인다.[8] 하지만 인클로저가 노동계층의 소득저하를 낳았

[8] Snell(1985); Humphries(1990); King(1991); Shaw-Taylor(2001); 본서 제4장 참조.

고, 이를 보전해 주기 위해 토지대여를 실시하였다는 추론은 지나치게 단순하다고 생각된다. 인클로저가 먼저 진행된 교구가 토지소유의 집중도가 높았고, 노동자의 생활수준이 다른 교구에 비해 상대적으로 높았다는 사실은, 보다 정밀한 해석이 필요함을 시사해준다. 분여지의 대여가 농민반란의 직접적인 결과라는 주장도 실증적 검토를 충분히 거치지 않았다. 교구수준에서 농민소요와 분여지 제공정책을 직접적으로 연결하는 사례가 많이 발견되는지 검토해야 한다. 마지막으로 토지대여정책의 시행이 유력지주들의 개인적 영향력에 주로 의존하였다는 주장도 일반화될 수 있는지 명확하지 않다.

본 장에서는 1830년대 초 케임브리지셔의 자료를 통해 이러한 문제들을 검토하고자 한다. 과연 토지대여정책이 인클로저로 대표되는 당시의 농업변동과 어떤 관계를 맺고 있는지, 스윙폭동과 토지대여정책의 시행은 직접적인 인과관계를 갖는지, 그리고 분여지와 감자텃밭의 구분은 그 사회경제적 함의를 놓고 볼 때 버카트의 주장과 같이 크게 대조되는 것이었는지 조사할 것이다. 특히, 마지막 질문과 관련하여 각 교구에서 토지대여정책의 실시 여부를 결정하는 데 영향을 끼친 요인이 무엇이었는가를 추론해 보고자 한다.

케임브리지셔를 연구대상으로 삼은 것은, 첫째 그 지역에 토지대여정책에 관해 가장 상세한 자료가 있기 때문이다. 기존 연구가 활용하였던 1834년 빈민법보고서 자료는 전국을 대상으로 한다는 장점이 있는 반면, 전체 교구의 약 10퍼센트만이 자료를 제시하고 있다는 단점을 지녔다.[9] 그에 비해 케임브리지셔의 자료는 비록 지역적으로 범위가 한정되어 있지만, 한 지역 내의 거의 대부분 교구

[9] Song(2002).

에 대한 자료를 담고 있다는 장점을 지닌다. 즉, 습지(fenland)를 제외한 케임브리지셔 대지(upland) 128교구 중 8교구를 제외한 모든 교구에 대해 유용한 자료를 제공하고 있다. 지리적으로 연속된 교구들에 대한 자료는 빈곤문제에 관한 지역적 정책이 어떻게 결정되었는가를 규명하는 데에 불가결하다.

둘째, 이 자료가 지닌 더욱 결정적인 중요성은 그것이 스윙폭동 직후에 작성되었다는 점에 있다. 1830~1831년 소요의 와중에서 지역실태조사의 필요성이 대두되었고, 그에 따라 치안판사들이 중심이 되어 조사가 이루어진 탓에 조사결과가 농민폭동과 토지대여 정책 및 다른 빈민구호정책 간의 상호 관계를 살펴볼 수 있는 지극히 드문 기회를 제공한다는 것이다.

2 케임브리지셔 농촌소요와 지역실태조사

1830년 후반에 시작되어 1831년까지 남부 농업지역 전역을 휩쓴 스윙폭동에 대한 가장 상세한 연구는 홉스봄(E. Hobsbawm)과 뤼데(G. Rudé)가 하였고, 이후 찰스워스(A. Charlesworth) 등이 소요의 지리적 전파유형에 관해 연구를 진전시켰다.[10] 이 연구들에 의하면, 케임브리지셔도 농민소요의 폭풍을 직접적으로 겪은 지역 중 하나였다. 특히, 방화, 임금인상 요구 및 농기계 파괴가 폭동의 주된 형

[10] 이하 케임브리지셔의 소요상황은 다음 자료에 의거한다. Hobsbawm and Rudé (1968); Charlesworth(1983); Institute of Historical Research(1948~1989); Public Record Office(1830~1831).

그림 6-1 스윙폭동이 발생한 교구

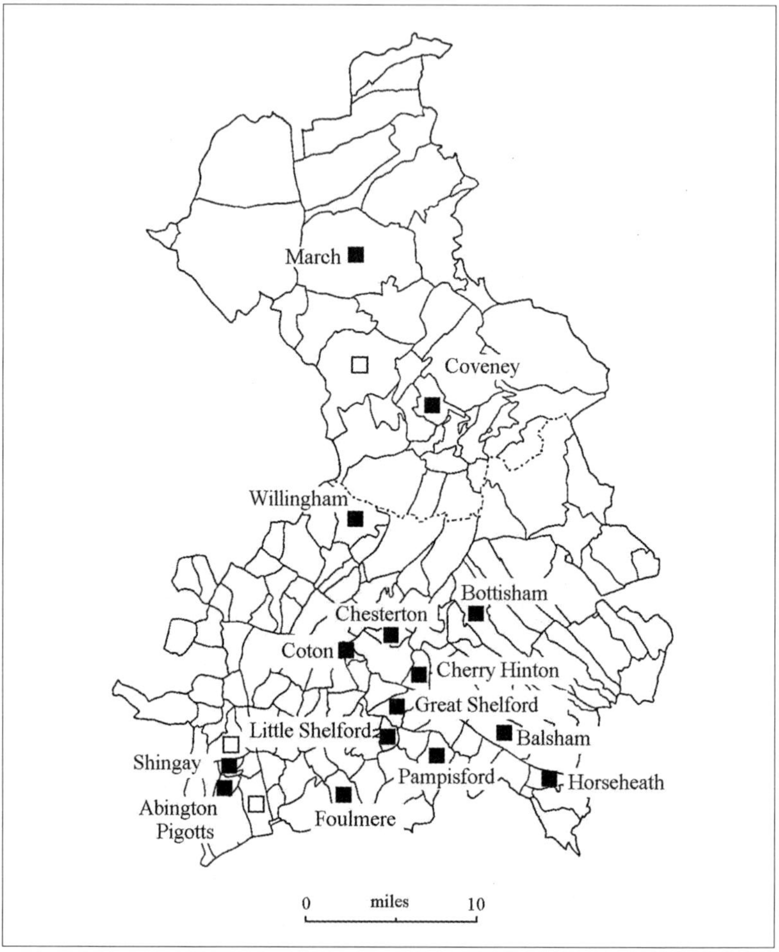

주: 1) ----남부 대지(Upland)와 북부 습지(Fenland)의 경계.
2) 검은색 네모로 표시된 교구가 1830~1831년에 농민소요가 발생한 지역이다. 참고로 1810년대와 1820년대에 소요가 있었던 교구를 흰색 네모로 표시하였다. 여기에서 주 관심지역은 케임브리지셔 남부 대지이지만, 소요의 지리적 양상을 보이기 위해 북부 습지도 논의에 포함시켰다.

태로 나타났다. 그림 6-1에 소요가 발생한 교구의 위치가 표시되어 있다. 중간에 점선으로 표시된 경계는 케임브리지셔 북부 습지를 우리의 연구대상지인 남부 대지와 구분하여 준다.

1830년 11월 17일 코브니(Coveney)에서 방화가 발생하였다. 나흘 후 윌링엄(Willingham)에서 더 큰 규모의 화재가 발생하여 여러 채의 농가와 다량의 곡물이 피해를 입었다. 당시 타임스(*The Times*)는 재산피해가 4,000파운드에 이른다고 추산하였다. 1주일 후 마치(March)에서 또 다른 화재가 발생하였다. 12월 2일에는 주(county)청사 소재지인 케임브리지에서 불과 2마일밖에 떨어지지 않은 코튼(Coton)에서 곡물과 건초가 화염에 휩싸이는 피해를 입었다. 이에 놀란 케임브리지셔의 주지사(Lord Lieutenant) 하드윅 백작(Earl of Hardwicke)은 다음날 치안판사(magistrates)들을 소집하여 회의를 개최하였다. 그리고 논의 끝에 다음과 같이 만장일치로 결의하였다.

> 노동계급 다수의 마음에 존재하는 것으로 보이는 분노는 성품이 사악한 자들의 허설(虛說) 때문에 더 증대되어 왔다. 이러한 분노를 잠재우기 위해서는 우리 주 모든 교구의 빈민실태와 상황에 대한 조사가 반드시 필요하다. 이에 따라 동 법정은 치안판사들에게 자신이 속한 구역(divisions)의 각 교구에 사는 빈민의 실태에 대해 충실하고 상세한 조사를 즉각 시행할 것을 명한다. 그리고 조사를 함에 다음의 질의사항에 대한 응답을 받아, 오는 1월 6일까지 치안서기에게 제출하도록 명한다.[11]

이 조사는 계획대로 실행되어 교구별 설문조사가 이루어졌고, 이후 1831년 상원 빈민법특별위원회(House of Lord Select Committee on the Poor Laws)에 제출되었다. 이 의회보고서가 현재 연구의 대상이 되는 자료다.[12]

---

[11] Cambridgeshire County Record Office(1830~1831).

조사결정에 그치지 않고 하드윅 백작은 12월 4일 재산보호와 방화범 색출을 위한 총연합을 결성하고 주민들에게 여기에 가입할 것을 독려하였다. 그러나 방화는 계속되어 6일 팸피스퍼드(Pampisford)에서 두 명의 방화범이 목격되었다. 한편, 임금인상을 요구하는 시위도 계속되어 케임브리지 근교의 체리힌튼(Cherry Hinton), 보티셤(Bottisham), 셸퍼드(Great and Little Shelford) 등이 12월 3일 대봉기의 위험에 놓였고, 발셤(Balsham), 호스히스(Horseheath), 애빙튼피곳(Abington Pigotts) 등에서도 노동자들의 임금인상 요구가 있었다. 이후에도 여러 형태의 소요와 다양한 요구가 계속되었다.

케임브리지셔에서 농민소요가 발생하고 전파된 경로에 대해 정확히 파악하기는 불가능하다. 농민폭동에 관한 연구들이 당시의 도로망, 친족 및 지역언론을 통한 정보흐름, 비국교도(Nonconformist)의 지리적 분포, 소요에 민감한 온정주의적 대지주의 존재 여부, 소요 주도자의 조직망, 선술집 등 하층민의 집결지에 대한 사회적 통제 수준 등의 중요성을 강조하였다. 그렇지만 케임브리지셔의 경우 구체적으로 어느 것이 주된 요인으로 작용하였는지는 확인하기 힘들다.[13] 더욱이 위에서 확인된 지역에서만 소요사태가 있었다고도 확증할 수 없는 실정이다. 이는 농민소요에 관한 대부분의 연구들이 지방에서 중앙정부의 내무부(Home Office)로 보고된 자료에 기초하고 있기 때문이다. 자료의 속성상 일부 교구가 파악이 되지 않았거나 여러 이유로 보고에서 제외되었을 가능성이 있음에 주의해야 한다.[14] 다만 이렇게 누락가능성이 있는 교구들이 특정한 성격을 체계적으로 지녔을 것인지는 현재로서 알기 어렵다. 이러한 한계 때문

---

[12] Parliamentary Papers(1830~1831), Session 287.

[13] Charlesworth(1983).

[14] 이 점을 지적해 준 스미스(Richiard Smith)에게 감사한다.

에 여기에서는 소요의 전파경로를 확정하려고 시도하지 않고, 소요가 발생한 것으로 확인된 교구가 실제 소요가 발생한 교구를 대체로 대표한다는 전제하에, 이 교구들이 소요를 직접적으로 겪지 않은 교구와 비교할 때 구빈정책 및 토지대여정책면에서 어떠한 차이를 보였는가로 논의를 한정하고자 한다.

경제적 측면에서 볼 때 영국 남동부에 위치한 케임브리지셔는 곡물재배, 특히 밀농사에 주력하는 농업지역이다. 목축이 지배적인 남서부에 비해 남동부의 밀재배지역은 노동수요의 계절적 변동이 두드러졌는데, 이는 두 가지 방식으로 이 지역의 사회경제구조를 규정하였다.

첫째, 차지농은 노동자를 연중 고용하는 방식 대신 여름에서 초가을에 이르는 농번기에만 노동자를 고용하고, 농한기에는 이들을 실업상태에 남겨 두는 방식으로 이익을 도모하였다. 상실된 노동가계의 소득은 교구의 구빈지출에 의해 부분적으로 보전되어야 하였으므로, 차지농은 자신의 고용비용의 일부를 빈민세 납세자 중 노동력을 고용하지 않는 인구에게 전가하는 효과를 누릴 수 있었다. 영국 남동부지역이 상대적으로 높은 구빈지출수준을 보인 것은 이러한 사정을 반영한 것이다.[15]

둘째, 수확기 노동수요의 급증에 대응하는 방편으로 차지농은 장거리 이주민—주로 아일랜드 노동자—을 계절적으로 고용하거나 탈곡기 등 농기계를 도입하였다. 두 방법 모두 지역노동자에게 고용기회와 임금률 측면에서 불리하게 작용하였고, 따라서 18세기 말 이래 청원, 개인적 공격, 대중적 소요 등의 방식으로 노동계층의 반감이 표출되었다. 이에 따라 외지노동력의 고용과 농기계의 도입은

[15] Digby(1982); Boyer(1990).

전면적으로 이루어지지 못하게 되었다.[16]

케임브리지셔의 또 다른 특징은 토지소유가 분산적이었다는 것이다. 1870년대의 조사에 따르면, 케임브리지셔는 잉글랜드 39주 가운데 대영지(1만 에이커 이상으로 정의)의 비율에서 35위, 중대영지(1,000~1만 에이커)의 비율에서 36위에 머물렀다. 이 비율은 1830년대에도 별로 다르지 않았음이 분명하다.[17] 대토지를 소유한 귀족층이 별로 존재하지 않았다는 사실은 이 지역의 정책결정에서 중소규모 토지소유자의 역할이 컸다는 사실을 의미한다. 중앙정치무대에서의 교류, 지방유지들과의 개인적 친분 및 영향력을 통해 정책을 입안·시행하는 경향이 컸던 대토지귀족의 상대적 부재는, 그들과는 다른 경로를 통해 정보를 수집·가공·전파한 중소토지 소유자층이 어떠한 과정을 거쳐 지역정책을 결정하였는지에 대해 상세히 고찰할 것을 요구한다.[18] 이런 맥락에서 중소지주의 활동이 활발하였던 케임브리지셔의 지역정부가 어떤 역할을 하였는지에 주목하는 작업이 필요하다.

3 분여지와 감자텃밭의 차별성

지역실태조사의 핵심적 부분으로 치안판사회의에서 작성한 설문지에 대해 각 교구의 응답내용이 정리되어 있는데, 이것이 본 연

[16] Hampson(1934); Peacock(1974).
[17] Thompson(1963).
[18] Landau(1984); Song(1998a).

구의 가장 중요한 분석자료이다. 설문조사가 한 달이라는 제한된 기간에 이루어졌다는 점은 여타 자료, 예를 들어 1834년 빈민법보고서가 약 반 년에 걸친 조사내용를 담고 있다는 점과 비교해 볼 때, 계절성의 문제를 피하게 해 주고 또 각 교구가 분명히 거의 같은 시기에 응답을 하였다는 면에서 장점을 지닌다. 이 점은 분여지 대여정책이 언제 채택되기 시작하였는가 하는 질문에 유용한 단서를 제시한다. 1831년 상원 빈민법특위에 증인으로 나선 핌 2세(Francis Pym Junior)는 자신이 거주하는 롱스토(Longstow) 교구에서 분여지가 1830년에 처음 대여되기 시작하였다고 말하였다. 그는 이어서 분여지제공의 효과를 묻는 질문에 대답할 수 없다고 하며, 그 이유는 "케임브리지셔에서 이 방안이 최근에 도입된 탓에 효과를 평가할 충분한 시간이 없었"기 때문이라고 하였다.[19] 이 지역에서 1830년 이전에 분여지가 전혀 존재하지 않았던 것은 아니지만, 그 수는 극히 제한적이었을 것으로 보인다.[20]

설문조사의 대상이 된 총 128개 교구 가운데 응답을 전혀 하지 않은 교구는 8개뿐이고, 나머지 120개 교구는 유용한 정보를 제공하고 있다. 그러나 이 120개 교구가 모든 질문사항에 명확하게 대답한 것은 아니었기 때문에, 이 연구는 문항에 따라 분명한 답을 한 경우에만 분석대상으로 삼았다. 토지대여정책에 관해서는 96개 교구가 토지대여정책의 실시 여부에 관해 명확한 응답을 하였다. 그 중 49개 교구가 교구민에게 토지를 제공하고 있다고 대답하였고, 47개 교구는 그렇지 않다고 대답하였다. 경작물, 대여기간, 대여자 등을 기준으로 하여 응답내용을 보다 세밀하게 살펴본 결과, 토지를 제공한 49개 교구 가운데 39개 교구는 분여지를 대여하고 있

[19] Parliamentary Papers(1830~1831), p. 385.
[20] 제4절 참조.

그림 6-2 분여지와 감자텃밭을 제공한 교구

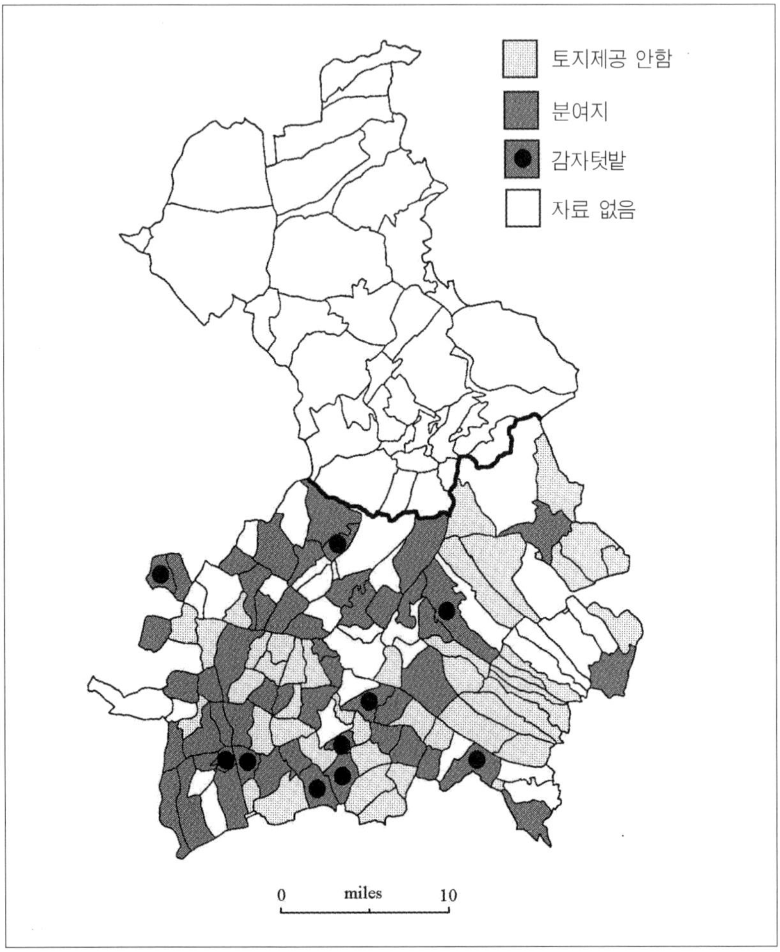

주: ── 남부 대지(Upland)와 북부 습지(Fenland)의 경계.

었고, 나머지 10곳은 감자텃밭을 대여하고 있는 것으로 나타났다. 이 교구들의 위치는 그림 6-2에 표시하였다.

분여지와 감자텃밭에 관한 최근의 연구가 상이한 사회경제적 환경에 있는 교구에서 이 토지들이 상이한 수준으로 채택되었다는 점을 시사하고 있음은 앞에서 이미 언급한 바 있다. 케임브리지셔의 경우도 이와 같은 유형화가 그대로 적용될 수 있는가? 이를 살펴보기 위해 개별 교구의 사회경제적 특질을 고찰하는 것이 필요한데, 이러한 작업에 유용한 분석틀로 열린교구-닫힌교구의 모형을 활용하고자 한다. 모든 교구가 이 두 가지 유형 가운데 하나에 속한 것은 아니지만, 개방도를 달리하는 교구가 근거리에 혼재한 가운데, 상대적으로 개방도가 크게 차이나는 교구 간에 노동력이동과 고용비용 전가를 통해 부단한 상호작용이 있었음을 이 모형은 시사한다.[21]

열린교구-닫힌교구의 모형이 갖는 유용성의 하나는 토지대여, 특히 분여지대여와 노동계층의 빈궁화 관계에 대해 기존 연구와는 다른 해석을 제시한다는 데 있다. 예를 들어, 인클로저의 진행으로 가계소득이 줄 경우 토지대여에 관한 기존 연구들은 이를 보전하기 위해 분여지의 제공이 증가하였을 것이라고 추론하였다. 그러나 열린교구-닫힌교구모형은 보다 복잡한 논의가 필요함을 강조한다. 인클로저는 일반적으로 토지소유가 집중되고 인구밀도가 낮은 촌락에서 일찍 그리고 최소한의 저항만을 경험하면서 진행되었는데, 이는 닫힌교구가 인클로저의 실시에 유리한 조건을 제공하였음을 말해준다. 또한 인클로저가 이루어지고 난 후 토지소유의 집중화 및 경작규모의 대단위화가 진전된 경우가 많음을 상기하면 인클로저가 교구의 폐쇄성 증가로 연결된다는 점도 알 수 있다.[22] 닫힌교구의 경우 지주가 상대적으로 큰 비중의 토지를 소유하였고 지역유지로

[21] Song(2002); 본서 제3장 참조.

[22] Song(2000), pp. 157~158; 본서 제4장.

서의 역할을 강하게 담당하였으므로, 이들이 분여지를 제공하는 정책을 취하였을 가능성이 높다고 추론해 볼 수 있다. 그러나 다른 한편으로는 닫힌교구에서 상대적으로 노동자의 생활수준이 높았고 사회불안의 요소가 낮았으므로, 분여지를 제공할 필요가 적었다고도 볼 수 있다. 종합하면 인클로저가 진행된 교구에서 분여지가 더 널리 대여되었을지 사전적으로 추론하는 것이 불가능하고, 실제로 자주 대여된 것으로 관찰된다 하더라도 그것이 인클로저가 야기한 빈궁화에 대한 대응인지, 이 교구들에서 지주가 더 활발한 역할을 담당하였기 때문인지 불분명하다.

이상의 교구 간 특질차이를 염두에 두고 케임브리지셔에서 토지대여 교구가 어느 정도의 개방도를 보였나 살펴보기로 하자. 토지대여에 관한 질문에 응답한 교구 96곳을 분여지대여 교구, 감자텃밭대여 교구 그리고 어떤 형태로도 토지를 대여하지 않은 교구로 구분하여 개방도의 결정요인으로 간주되는 몇 가지 변수의 평균치를 조사하였다. 그 결과를 표 6-1에 제시하였다.

표 6-1 상단부의 네 항목은 교구의 개방도와 관련된 여러 지표의 평균값을 보여 준다. 케임브리지셔에서 감자텃밭은 분여지에 비해 열린교구의 성격이 강한 곳에서 더 널리 사용되었음을 알 수 있다. 즉, 농업에 종사하는 가족비율과 최대토지소유자가 지불한 토지세의 비중이 감자텃밭이 있는 교구에서 상대적으로 낮고, 교구의 재산규모와 비교한 구빈지출규모 및 인구밀도가 감자텃밭이 있는 교구에서 상대적으로 높았다. 분여지가 있는 교구와 토지를 전혀 공급하지 않은 교구는 케임브리지셔 전체 교구의 평균치와 별다른 차이를 보이지 않았다. 다음의 변수, 즉 전체 빈민세 납세자 가운데 노동력을 고용하는 자의 비율은 감자텃밭대여 교구에서 분여지대여 교구보다 낮은 것으로 나타났다.[23] 이 비율이 노동력을 고용하는 납

표 6-1 케임브리지셔의 전체 교구 중 분여지를 대여한 교구, 감자텃밭을 대여한 교구, 그리고 아무런 토지도 제공하지 않은 교구의 비교

변 수	분 여 지	감자텃밭	토지 없음	평 균
(1) 농업종사 가족의 비율	74.8 (39)	66.3 (10)	73.5 (47)	73.3 (96)
(2) 교구토지세수입 중 최대토지 소유자의 토지세 비율	46.7 (38)	38.7 (10)	46.6 (47)	45.8 (95)
(3) 재산 1파운드당 구빈지출 (파운드)	0.167 (39)	0.211 (10)	0.160 (47)	0.168 (96)
(4) 에이커당 인구밀도	0.23 (39)	0.25 (10)	0.22 (47)	0.23 (96)
(5) 빈민세 납세자 중 노동력 고용인의 비율	43.7 (39)	38.6 (10)	47.9 (47)	45.7 (95)
(6) 공동지 보유 교구의 비율	11.4 (35)	70.0 (10)	23.9 (46)	24.2 (91)
(7) 스윙폭동을 경험한 교구비율	7.7 (39)	30.0 (10)	6.4 (47)	9.4 (96)

주: 괄호 안은 자료수.
자료: (1), (3), (4), (5) Parliamentary Papers(1833), pp. 36～37; (2), (6) Cambridgeshire County Record Office(1825～1830); (7) 제2절.

세자가 그렇지 않은 납세자에게 고용비용을 전가할 수 있는 여지를 나타내고, 따라서 이 비율이 열린교구에서 높을 것이라고 추정할 수 있다면, 이 결과 역시 감자텃밭의 제공을 열린교구의 속성과 연결시킬 수 있음을 시사해 준다. 여기서도 분여지공급 교구와 토지

[23] 이 비율은 1831년 인구센서스로부터 다음의 방식으로 도출하였다. (노동력고용 납세자의 비율)=(노동력을 고용하는 농지경작자)/[(20세 이상 남자)－(농업노동자)－(비농업노동자)－(제조업 피고용인)－(하인)－(상업 및 수공업 피고용인)×2/3－(기타)×4/5](송병건, 2000, p. 164).

대여가 없었던 교구는 주 전체의 평균과 유사한 수준을 보였다.

가장 극적인 차이를 보인 변수는 공동지 보유 교구의 비율이었다. 먼저 케임브리지셔 평균 및 토지를 제공하지 않은 교구의 평균에 비해 분여지는 공동지가 남지 않은 교구, 즉 인클로저가 이루어진 교구에서 상대적으로 더 널리 사용되었다. 이는 인클로저로 노동계층이 빈궁화된 것을 보전해 주기 위함이었을 수도 있고, 개방도가 상대적으로 낮은 교구에서 지주가 분여지대여에 적극적인 모습을 보인 탓이었을 수도 있으며, 양자가 복합된 것이었을 수도 있다. 어느 요인이 더 강하였던가는 확인하기 어렵다. 더욱 눈에 띄는 모습은 감자텃밭이 관찰된 교구 중 70퍼센트의 교구에 인클로저가 되지 않은 땅이 남아 있었던 반면에, 분여지대여 교구의 11퍼센트에서만 공동지가 존재하는 것으로 나타났다는 점이다. 케임브리지셔에서 감자텃밭이 공동지를 보유한 교구에서 더 빈번히 제공되었다는 점은 이 지역에서 감자텃밭이 휴경지 아닌 공동지, 특히 황무지를 이용해 조성되었을 가능성이 높다는 가설을 성립시킨다. 실제로 설문응답을 자세히 보면 감자텃밭을 보유한 10교구 중 4곳에서 감자텃밭이 무상으로 제공되었고, 나머지 6교구는 임대료에 관해 언급하지 않고 있다. 즉, 최소한 4할의 교구에서 감자텃밭을 무상임대하였다는 점은 케임브리지셔에서 감자텃밭은 기존 연구들이 보인 바와 달리 차지농이 임대수입 극대화를 위해 대여한 것이 아니라는 사실을 말해 준다. 추측건대, 이 지역에서 차지농은 자신의 고용하에 있던 노동자들에게 감자텃밭을 무상 또는 저렴한 임대료로 제공하고자 하였을 것이고, 이를 위해 자신이 임차한 경작지 중 휴경지를 이용하거나, 대부분의 경우 교구 및 지주층의 지원을 얻어 인클로저가 되지 않은 황무지 등을 이용하였을 것이다. 영국의 남동부는 밀경작에 주력하는 지역으로 수확기를 중심으로 대규모의 노동력이 필요하였기 때문에 일정 규모의 노동력 유지가 필요하였다. 저렴한 감자텃밭의 제공은 노동자들이 외부지역으로 이주하거나 계절적으로 이동하는 것에 대한 방어책이 될 수 있었으리라 생각된다. 어쩌면 경제적 어려움을 겪고 있는 지역의 노동인구에게 일종의 구호방법으로서 공동지의 일부를 감자텃밭으로 전환시켜 무상대여하는 정책을 선택하였던 것인지도 모른다. 어느 경우이건 기존 연구들의 주장과는 달리 케임브리지셔에서 감자텃밭은 노동자에게 상당히 유리한 조건으로 제공된 것임이 분명하다.

마지막으로 감자텃밭은 스윙폭동을 경험한 교구에서 더 빈번하게 관찰되었다. 농민소요를 감자텃밭이 아닌 분여지제공과 연결시킨 것이 기존 연구, 특히 아처의 핵심적 주장이라면 케임브리지셔의 경험은 이에 반하는 모습을 보인 것이다. 설문조사가 이루어지던 시점에 5개 교구가 당시에 분여지대여를 검토중이라고 대답한 바 있다. 흥미롭게도 이 가운데 어느 교구도 스윙폭동의 직접적인 피해를 입지 않았다. 농민소요가 분여지대여정책의 전반적 사회배경을 이룬다는 점을 인정하더라도 이러한 인과관계를 아처와 같이 개별 교구의 차원에까지 적용하는 데에는 주의를 기울여야 한다는 점을 케임브리지셔의 사례는 보여 준다. 역시 이 지역에서 감자텃밭은 임대료 극대화의 상업적 계산에 기초한 것이 아니라, 빈곤문제의 대책이라는 자선적 성격을 지닌 것이었다는 해석에 힘이 실린다고 하겠다. 그렇다면 왜 농민소요에 대한 반응으로 분여지가 아닌 감자텃밭이 사용된 것일까? 정확한 이유는 알 수 없지만, 한 가지 추측을 해 보면, 감자텃밭은 분여지에 비해 물리적인 준비과정이 단순하다는 사실이 작용하지 않았나 싶다. 당시의 자료는 분여지 마련에 필요한 토질개선 등의 과정에 상당한 시간과 노동이 소요된 반면 감자텃밭은 별다른 준비 없이 바로 제공될 수 있었다고 지적하고 있다.[24] 어쩌면 케임브리지셔에서 감자텃밭이 널리 제공된 것은 그만큼 1830년대 초 이 지역의 사회동요가 심각해서 해결책의 마련이 절박하였기 때문인지 모른다. 아쉽게도 아직까지는 이 지역만큼 자세한 자료가 있는 지역을 찾을 수 없기 때문에 심도 깊은 비교연구를 할 수 없다.

4 정책결정과 지방정부의 역할

당시의 많은 자료와 근래의 연구들은 많은 주에서 분여지대여 정책을 이 방안에 대해 적극적 자세를 보인 소수의 대토지를 소유한 유지들이 주도했다고 하였다. 케임브리지셔의 경우는 어떠하였을까? 이 지역의 최대지주인 하드윅 백작은 분여지대여에 호의적이었던 것으로 보인다. 토지제공 여부에 관해 응답한 96개 교구 가운데 1830년 토지세대장에 백작이 최대지주라고 답한 교구는 7개였다. 그 가운데 5개 교구에서 분여지가 존재하였고, 2개 교구에서는 존재하지 않았다. 케임브리지대학교의 다우닝칼리지(Downing College)도 다수의 교구에 토지가 있었다. 이 칼리지가 최대토지소유자였던 5개 교구 중 3개 교구에서 분여지가 공급되고 있었던 것으로 나타났다. 하드윅 백작이나 다우닝칼리지가 분여지를 제공한 주체인지는 명확하지 않지만, 그들의 호의적 태도가 어느 정도 영향을 미쳤을 가능성을 시사하기에는 충분하다.[25]

[24] Denson(1830).

그렇지만 이 정도의 규모는 다른 주의 상황과는 크게 다른 것이었다. 케임브리지셔의 어느 토지소유자도 개인적으로 대규모 분여지를 제공하는 정책을 실험적으로 하거나 다른 분여지 옹호자들과 연계하여 장려운동에 적극적으로 나선 경우가 없었다. 1830년대를 통해 케임브리지셔에는 분여지대여 장려운동단체의 지부가 전혀 설립되지 않았고, 전국적 규모의 장려운동단체들이 펴낸 홍보책자에서도 이 곳 지주들의 활동은 지극히 미약한 것으로 나타났다. 주목의 대상이 된 유일한 인물로 1806년에 케임브리지셔의 윌링엄 교구에서 분여지대여 실험을 시작하였던 로 박사(Dr. Law)를 들 수 있다. 그러나 그는 곧 다른 주의 주교로 옮겨 갔기 때문에 더 이상의 영향을 케임브리지셔에 남기지 못하였다.[26] 이런 면에서 케임브리지셔는 분명 성급한 일반화를 거부하는 사례를 제시한다고 볼 수 있다.

지주들의 개별적 활동이 이렇게 제한적이었다면 어떻게 이 지역에서 분여지가 널리 대여될 수 있었을까? 아마도 지방정부의 역할로 눈을 돌려야 할 것 같다. 18세기 이래 19세기 전반에 이르는 시기에 잉글랜드의 각 지방에서 행정 및 사법업무를 처리한 가장 중요한 지방정부기구는 간이심판소였다. 일반적으로 20~30개의 교구를 포함하고 그 중 시장이 서는 읍(market town)을 중심지로 하는 간이심판소는, 그 지역의 토지소유자 중에서 임명되는 치안판사들이 주축이 되어 빈민구호, 이주, 고용정책 등 핵심적인 업무를 처리하는 지방정부단위였다. 앞에서 언급하였던 1830년 12월 3일의 케임브리지셔 치안판사회의의 결의사항에 나타난 구역(division)이 바로 이 간이심판소의 관할구역을 의미하는 것이었다. 케임브리지셔의 경우 평균 20개 내외의 교구가 하나의 구역을 형성하였고, 주정

[25] Cambridgeshire County Record Office(1830).
[26] Denson(1830).

부의 소재지인 케임브리지는 독립된 간이심판소의 관할하에 있었다.[27] 각 구역의 업무량과 기타 사정에 따라 매월, 격주 또는 매주 열린 간이심판소에서 치안판사들은 자신이 얻은 정보를 교환하고, 앞으로 어떤 정책을 마련하여 어떻게 시행할 것인가에 관해 의견을 모았다. 노동빈민에게 토지를 대여하는 방안도 그 성격상 여기에서 논의되었을 가능성이 크다.[28] 간이심판소의 개별 구역에서 어느 치안판사가 영향력이 컸으며, 그들이 지역사회 문제의 원인을 어떻게 진단하고 어떤 해결방안에 동조하였는가에 따라 각 간이심판소의 구역은 상이한 정책을 채택하였을 것이다.

물론 간이심판소의 기능이 개별 교구의 선택여지를 완전히 봉쇄한 것은 아니었다. 각 교구는 분명 어떤 정책을 채택할 것인가에 대해 상당한 결정권을 가지고 있었다. 특히, 교구 내에서의 의사결정에는 지주뿐 아니라 교구행정을 직접 담당한 차지농을 포함한 중간층 납세자가 중요한 역할을 하였고, 특히 열린교구의 경우 후자의 역할은 더욱 컸다.[29] 후자가 빈곤정책을 놓고 전자와 이해관계가 다른 경우는 적지 않았으며, 따라서 교구가 결정내린 정책은 간이심판소가 선호한 정책과 일치하지 않을 수 있었다. 이와 같은 사정을 고려하면 우리는 한 간이심판소구역에 속한 교구가 반드시 동일한 정책을 채택하지 않았을 수 있다는 추론에 도달할 수 있다.

이제 관심의 초점이 되는 변수를 다른 변수들이 얼마나 설명해 주는가에 대해 통계적인 방법을 통해 교구단위의 직접적인 추정이

27 Cambridgeshire County Record Office(1830); 본서 제5장.

28 높은 곡물가를 보인 1828년 각 간이심판소구역을 대표하는 치안판사들이 모여 케임브리지서 중앙위원회를 창설, 이후 주의 구빈수준과 방식을 조율하는 역할을 담당하였는데, 이 위원회의 권고사항 가운데 하나가 토지대여정책을 적극적으로 고려하는 것이었다(Hampson, 1934; Camridgeshire County Record Office, 1828~1830).

29 Eastwood(1994).

표 6-2 1830년 케임브리지셔의 분여지 공급에 관한 로짓분석 결과

	평균 (mean)	계수 (coefficient)	*t*값 (*t*-ratio)
상수		−1.72186	−0.493
공동지*	0.250	−1.24388	−2.176
임금(실링)	10.470	−0.15856	−0.574
정원	0.940	0.14168	0.014
자선토지*	0.762	0.61784	1.131
인구밀도*	0.225	13.0222	3.364
스윙폭동*	0.122	2.44001	2.153
농업인구의 비율(%)	73.171	0.57540	0.031
최대토지소유비율(%)*	45.291	0.24382	2.275
보티셤 구역*	0.095	−1.41397	−2.021
린튼 구역*	0.262	−3.80824	−3.956
롱스토 구역*	0.131	−0.77135	−1.112
뉴마켓 구역*	0.155	−2.94631	−3.815
로이스톤 구역*	0.190	−2.63150	−3.423
관찰수		84	
Log Likelihood		−30.61428	

주: * 통계적으로 유효함.

가능하다. 표 6-2는 로짓분석(Logit Analysis)이라는 계량분석방법을 이용하여 케임브리지셔의 교구들 가운데 분여지제공정책을 채택한 교구와 그렇지 않은 교구가 어떤 변수들에 의해 설명될 수 있는가를 분석한 결과를 보여 준다. 설명변수로는 교구 내에 공동지가 존재하였나, 교구 내의 평균임금이 얼마였나, 교구 내에 정원(텃밭)이 딸린 집이 얼마나 되었나, 교구가 구빈사업에 사용하기 위한 용도의 토지를 가지고 있었나, 인구밀도가 얼마였나, 스윙폭동을 경험하였나, 농업에 종사하는 인구의 비율은 얼마나 높았나, 교구 내 최대지주가 소유한 토지는 전체 교구면적의 몇 퍼센트였나, 그리고 어느 간이심판소구역의 관할이었나 등이었다. 이 변수들에 대한 자료를 보유한 84개 교구가 분석의 대상이 되었다.

분석결과를 살펴보면 우선 공동지가 존재하는 교구는 분여지의 공급이 통계적으로 유의미하게 적은 것으로 나타났다. 즉, 인클로저가 진행된 교구에서는 공동지가 사라지고 빈곤문제가 악화되어 분여지를 대여할 필요성이 커졌음을 시사한다.[30] 인구밀도가 높은 교구 또한 분여지 공급이 통계적으로 유의미하게 많은 것으로 나타났다. 인구밀도가 빈곤의 압박과 상관성이 크기 때문으로 보인다.[31] 농민소요를 경험한 교구일수록 분여지 공급이 많았다는 점도 이해하기 어렵지 않다. 악화되는 농촌의 치안을 회복하고 기존 질서를 되살리기 위해서 분여지의 대여와 같은 정책이 요구되었을 것이다. 대토지소유자는 분여지 마련에 적극적인 경향이 있었으므로, 이 변수가 양의 유의미한 계수를 보인 것도 역사적 사실과 부합한다.[32] 본 연구와 관련하여 가장 흥미로운 결과는 어느 간이심판소구역에 속하였는가에 따라 토지분여의 수준이 매우 달랐다는 점이다. 다른 변수들을 통제하였을 때 이러한 결과나 나타났다는 것은 각각의 간이심판소구역에서 치안판사들은 분여지대여가 자기 구역의 구체적 상황에 얼마나 적합한가 하는 판단에 따라 상이한 결정을 한 것이라고 해석할 수 있다.

---

30 Turner(1980); Neeson(1993).

31 Hampson(1934).

32 Moselle(1995), pp. 501~535; Burchardt(1997).

5 맺음말

이 장에서는 최근에 주목받은 1830년대 초 토지대여제도에 관한 현재의 논의수준을 점검하고, 케임브리지셔의 지역사례를 통해 어느 정도의 일반화가 가능한가를 가늠해 보았다. 기존 연구들이 갖는 상호 모순점들은 상당한 정도 노동자들에게 제공된 토지의 다양성을 고려하지 않은 탓에 발생한 것이었다. 분여지와 감자텃밭은 대여의 기본 목적, 대여자의 신분, 대여기간, 임대료, 재계약 가능성, 작물의 종류면에서 근본적인 차이를 보였으므로, 이를 염두에 두면 기존 연구들이 두 종류의 토지 가운데 하나에 치우친 관심을 보였다는 사실이 명확해진다.

그간의 연구가들이 도달한 잠정적 합의는, 첫째 분여지에 비해 감자텃밭은 노동자에게 크게 불리하였고, 분여지는 인클로저가 초래한 노동계층의 궁핍화에 대한 대응으로 실시된 측면이 강하였으며, 둘째 분여지대여정책은 소요사태를 겪은 곳에서 더 활발히 채택되었고, 마지막으로 분여지대여정책의 채택에는 개인적 영향력을 사용한 지주의 역할이 컸다는 것이다.

케임브리지셔에서 스윙폭동의 와중에 실시된 지역상황 조사보고서를 통해 이러한 논의의 적용가능성을 고찰한 결과 다음의 결론에 도달하였다.

첫째, 토지를 대여하지 않은 교구에 비해 분여지제공 교구에서 인클로저의 사례가 더 빈번히 관찰되었다. 하지만 이것이 인클로저가 초래한 궁핍화 때문인지, 인클로저가 일찍 전개된 닫힌교구에서 지주들이 토지대여정책에 대해 적극적 태도를 보였기 때문인지는 불분명하다. 분여지에 비해 감자텃밭은 공동지가 남아 있는 교구에서 훨씬 더 널리 사용되고 있었는데, 이는 이 지역에서 감자텃밭이 공동지를 이용하여 조성되었을 가능성이 높음을 시사한다. 감자텃밭은 많은 경우 무상으로 대여되었고, 전반적으로 분여지에 비해 감자텃밭이 노동자에게 불리한 조건에 제공되었다는 근거는 발견되지 않았다.

둘째, 분여지대여와 스윙폭동은 직접적인 연관관계가 없는 것으로 나타났다. 오히려 감자텃밭이 농촌소요와 양의 관계를 보였는데, 이는 이 지역의 감자텃밭 제공조건이 양호하였으며, 아마도 기술적으로 분여지에 비해 감자텃밭이 단기간 내에 조성하기 쉬웠기 때문이 아닌가 추측된다.

마지막으로 지주역할에 대해서는 확정적으로 말하기는 힘들지만, 이 지역에서 분여지제공에 적극적인 대지주나 조직이 부재하였다는 사실에 비추어 볼 때, 개별 지주의 역할보다는 지역유지들이 모여 정보를 나누고 정책을 입안하는 지방정부단위인 간이심판소의 역할에 더 초점을 맞출 필요가 있다고 보인다. 로짓분석을 통한 케임브리지셔 분여지제공정책의 채택요인에 대한 분석의 결과, 공동지의 존재 여부, 자선용 토지의 가용 여부, 인구밀도, 농민소요의 경험, 토지소유집중도, 그리고 간이심판소구역이 유의미한 설명력을 보였다.

케임브리지셔의 사례를 놓고 볼 때 이제까지 토지대여에 대해 이루어진 연구들이 얼마나 일반화될 수 있는가 하는 질문에 대해 부정적일 수밖에 없는 것 같다. 이 주제에 관한 현재의 실증연구 수준으로는 기존의 연구가 미약한 것인지, 아니면 케임브리지셔의 사례가 독특한 것인지 판단하기 어렵다. 시기적으로 1830년대 초라는 영국의 사회경제사에서 중요한 시점에 위치하고, 사상적으로 구래의 온정주의적 복지관념에서 노동의식의 고취를 강조하는 빅토리아시대의 새 복지관념으로 이행하는 초기 형태라는 면에서 학계로부터 더 많은 주목을 받아 마땅한 주제임이 분명하지만, 이 논문은 토지대여정책의 배경과 시행에 관해 지금까지 밝혀진 것보다 우리가 아직 모르는 것이 더 많다는 점을 말해 주고 있다.

7 근대화, 경제변화와 복지시스템의 변천

1. 빈민법의 사회경제적 배경
2. 구빈민법의 변천과정
3. 빈민법 개정논의의 전개
4. 빈민법의 사회경제적 효과
5. 맺 음 말

1 빈민법의 사회경제적 배경

20세기에 이르기까지 시행이 계속되었던 빈민법의 연원은 14세기 말까지 거슬러 올라간다. 그러나 최초의 빈민법이 장구한 기간을 통해 원형대로 이어져 내려온 것은 아니었고, 수차에 걸친 개정에 의해 법의 모습이 크게 변화되었다. 그 중에서도 1834년에 이루어진 개정이 가장 중요한 의미를 지닌 것이었다고 인식되어 왔다. 1834년의 개정이 이렇게 평가된 것은 그것이 빈민법의 역사상 외형적으로 가장 큰 변화를 가져왔다는 사실에도 기인하지만, 18세기 후반부터 본격화된 영국 사회 내의 변화과정이 심도 있게 진전된 결과 이와 같은 변화에 의해 빈민법 자체의 성격이 바뀌지 않을 수 없게 된 시점에서 이루어진 개정이었다는 사실에 더욱 크게 기인한다.

이 장은 당시의 사회경제적 변화 및 그러한 변화 속에서 각 사회집단의 이해관계와 관련하여, 빈민법의 내용이 어떻게 변천하였으며 사회적으로 어떤 기능을 담당하였나를 구명하는 것과, 빈민법이 미친 사회경제적 효과를 분석하는 것을 목적으로 한다.

빈민법에 관한 연구는 1960년대부터 양적으로 크게 증가하였는데, 연구는 넓게 보아 두 방향으로 진행되었다. 첫째는 개별 지역에서 빈민법이 시행된 양상을 구체적으로 밝히는 사례연구였고, 둘째는 당시에 빈민법이 수행한 사회적 역할이 무엇이며, 빈민법의 시행양상이나 구빈지출의 수준이 지역 및 시기적으로 차이를 나타낸 이유가 무엇인가를 전국적 규모에서 고찰하는 작업이었다. 이 연구는 사회변화 속에서 빈민법의 역사적 위치를 조망하는 것을 목적으로 하므로 후자의 입장에서 논의를 전개할 것이다. 따라서 연구대상의 지역적 범위를 잉글랜드와 웨일즈 전역으로 잡기로 한다.[1]

후자의 입장에 선 연구성과가 그 동안 많이 축적된 것이 사실이지만 이들 모두가 빈민법 및 사회경제적 상황에 관한 정확한 이해에 기초하고 있다고 보이지는 않는다. 빈민법체계 내의 일부 요소를 경시하거나 과도하게 강조한 논자가 있는가 하면,[2] 빈민법 개정 동기의 다양한 측면을 밝히지 못한 논자도 있다.[3] 또한 당시의 경제구조에 대한 고려를 소홀히 한 연구도 있고,[4] 사회관계에서 일면만을 강조한 연구도 있다.[5] 이 장은 전국적 규모의 연구들을 비판적으로 검토하고 그간의 지역적 사례연구 성과들을 수용함으로써, 변화하는 경제·사회구조 속에서 빈민법이 변천해 간 과정에 관해 종합적인 상을 구성해 보고자 하는 것이다 .

이러한 연구목적에 따라 이 장에서는 빈민법이 시행된 전 기간을 다루지는 않을 것이며, 오직 '산업혁명기'만을 논의의 대상시기로 한정한다. 18세기 중반에서 19세기 중반에 이르는 시기에 영국

1 스코틀랜드에서의 빈민법은 연구성과가 미약하고 통계자료도 부족하기 때문에 논의에서 제외하기로 한다. 스코틀랜드 빈민법에 관하여는 Mitchison(1974) 및 Paterson (1976)을 보라. 아일랜드에서는 빈민법이 시행되지 않았다. 그렇지만 이 장에서 이들 지역에 대한 고려가 전혀 이루어지지 않는 것은 아니다. 이들 지역과 잉글랜드 및 웨일즈 지방과의 관련성은 주로 노동이동과 사상적 영향을 살피는 대목에서 다루어질 것이다.

2 예컨대, 블록(M. Blaug)은 빈민법을 수당제(allowance system)와 동일시함으로써 정주법(Law of Settlement)에 대해서는 아무런 고려를 두지 않았고, 반대로 테일러(J. S. Taylor)는 정주법의 역할을 과장하였다(Blaug, 1963; Blaug, 1964; Taylor, 1976).

3 로버츠(D. Roberts)는 빈민법 개정에 대해 각 계급이 기대한 바가 상이하였다는 사실을 간과하였다(Roberts, 1963).

4 터커(G. S. L. Tucker)는 잉글랜드 남부지방과 북부지방 사이의 경제구조상의 단절성에 세심한 주의를 기울이지 않았다(Tucker, 1975).

5 맥클로스키(D. McCloskey)와 보이어(G. R Boyer)는 지역사회에서 지주층의 영향력을 과소평가한 채 빈민법 시행에 있어서 차지농을 비롯한 중산층의 역할만을 일방적으로 강조하였다(McCloskey, 1973; Boyer, 1990).

에서 발생한 일련의 변화를 어떻게 평가할 것인가에 관하여 학자들 간에 견해가 일치되어 있지는 않다. 경제적인 차원에서 본다면 당시에 발생한 변화가 과거와의 단절을 의미할 수 있는 수준은 아니었다는 견해가 매우 설득력을 지닌 것으로 받아들여지고 있다.[6] 그렇지만 변화가 경제적 측면에 국한하여 발생한 것은 아니었고, 사회구조와 사회구성원의 생활방식에도 중대한 변화가 일어났다는 점 역시 널리 인정받고 있다. 빈민법의 변천과정을 연구함에 있어서는 변화의 다양한 측면들을 폭넓게 살피는 것이 요망되므로, 이 장에서 '산업혁명'이란 용어는 퍼킨(H. J. Perkin)의 정의에 부합하는 것으로 사용하기로 한다.[7]

> ……산업혁명은 상업의 확장을 넘어서며, 특정 산업에서의 일련의 기술변화를 넘어서며, 일반적 경제성장의 가속화도 넘어선다. ……생활규모의 확장은 인구의 규모와 분포, 사회구조와 조직, 그리고 그것들이 요구하고 옹호하는 정치적·행정적 상부구조에 있어서의 사회 자체의 급격한 변화를 요청하고, 수반하고, 포함한다. 그것은 한 마디로 '사회혁명'이다.

산업혁명기 영국의 경제구조는 18세기 후반기에 대체적인 윤곽이 결정되었다. 그것의 특징은 무엇보다도 북부지방과 남부지방이 경제적으로 단절되어 있었다는 점에서 찾을 수 있다. 공업화가 주로 북부지방을 중심으로 진전됨으로 인해 산업적 경기변동은 북부지방에 국한된 문제로 자리를 잡았다. 반면 공업화가 미진하였던 남부지방에서는 공업화에 따른 북부지방의 생활방식 변화에 대해 남부인들이 느끼는 이질감 및 그들의 공장규율에의 반발, 그리고 수송수단의 미발달과 기타 제도적인 요인들에 의해 북부지방으로의

[6] Clapham(1926); Deane and Cole(1962); Crafts(1985).

[7] Perkin(1972), pp. 3~4.

노동이동이 크게 제한되고 있었고, 이에 따라 남부지방은 만성적인 인구과잉의 문제에 직면하였다.[8] 노동시장의 지리적 단절성으로 인하여 북부 고임금·남부 저임금이라는 상태가 해소되지 못한 채 지속적으로 유지되었다.[9]

농업지역에서는 18세기를 거치면서 확립된 삼분제(tripartite system)가 산업혁명의 전 기간을 통해 기본적인 사회구조로 존재하였다. 이 제도는 차지농이 지주로부터 토지를 임차하고 생산수단을 갖지 못한 농업노동자를 고용하여 경작하는 것을 내용으로 한 것이었는데, 이 제도는 지주·차지농·농업노동자의 관계를 경제적 측면에서만 규정한 것은 아니었다. 지주는 지역사회의 수호자로서 차지농과 농업노동자의 생계를 책임지는 가운데 비경제적인 사항까지도 고려를 해야만 하였다. 이에 반해 차지농의 행동의 동기는 주로 경제적 이해와 관련되어 있었다. 한편, 농업노동자는 지주로부터 자신의 생존을 최종적으로 보장받는 대신 지역사회의 질서유지자 및 빈민의 보호자로서 지주의 지위를 인정하는 계층이었다 .

지배층의 사회적 책임과 피지배층의 복종을 강조하는 이와 같은 온정주의(paternalism)에 입각한 상호의존적 사회관계는 영국 사회에 지극히 깊이 뿌리내리고 있는 것이었지만, 18세기를 거치면서 사회경제적 여건의 변화에 자극받아 점차 퇴색되어 갔다.[10] 공업의 부흥과 경제적 개인주의의 침투가 온정주의적 사회관계를 유지하는데 필수적인 계층 간의 직접적 접촉관계를 마모시킴으로써,[11] 지배

---

8 Redford(1968), pp. 84~96; Pollard(1978), pp. 105~115.

9 농촌의 인구과잉문제는 적어도 철도건설붐이 노동수요를 급증시킨 1840년대까지는 계속되었다(Jones, 1964, p. 327).

10 톰슨(E. P. Thompson)은 18세기를 '온정주의의 위기'라고 규정하였다(Thompson, 1974).

11 Laslett(1965), p. 70.

층과 하층민 간의 '연계고리(chain of connection)'를 차츰 해체시켜 갔다.[12] 특히, 18세기 말 프랑스혁명의 여파가 영국 사회에까지 전해질 것을 지배층이 심히 우려하지 않을 수 없는 상황이 되면서 온정주의는 급속히 약화되어 갔다. 온정주의의 쇠퇴는 특히 지주가 하층민에 대한 보호자로서의 의무을 수행하지 않는 경우가 빈발하게 되었다는 면에서 강하게 나타났다.

시장경제의 침투가 진전된 결과 온정주의적인 이른바 '도덕경제(moral economy)'를 가능하게 하였던 임금 및 곡물거래가격에 대한 지주의 치안판사로서의 통제는 이제 경제사정이 극히 어려운 해를 제외하고는 현실적으로 어렵게 되었다.[13] 이와 같은 상황에서 온정주의적 지주의 하향의무 이행수단으로 마지막까지 사용된 것이 빈민법이었다.[14] 농촌에서 온정주의적인 지주층의 힘이 점차 약화되긴 하였지만 적어도 1830년대까지는 그 힘이 강력하게 남아 있었고, 특히 사회가 위기상황에 놓이게 된 때에는 지주층이 위기극복 방안으로 온정주의적 위계질서에 대한 의존을 강화하려 하였다.

북부지방에서도 경제구조의 변화에 따라 사회관계가 변질되어 갔다. 그러나 남부 농촌에서 상호의존적 사회관계가 유지된 것과 마찬가지로 농촌 이외의 지역에서도 온정주의적인 위계질서는 완강하게 존속하였다.[15] 공업화의 진전에 따라 지배적 사회세력으로 부상한 산업자본가층은 유순한 노동자의 안정적 확보와 같은 경제적인 사항에 관심이 지대하였으므로, 남부 유력세력인 지주층과 달리 온정주의적 사회관계에 강한 집착을 보이지 않은 경우가 많았다.

---

12 Briggs(1983), p. 5.
13 Thompson(1971); Baugh(1973), p. 59.
14 Webb and Webb(1927), pp. 181~182.
15 Perkin(1972), pp. 17~62.

북부지방에서 온정주의를 유지하는 데 적극적이었던 계층은 온정주의와 국교회 복음주의의 연결을 통해 기존 사회질서를 강화하려고 한 이른바 '하이 토리(High Tory)'였다. 하이 토리는 토지귀족, 성직자, 의사, 언론인, 그리고 일부 공장주에 이르기까지 그 구성이 다양하였는데, 토리주의(Toryism)라고 불리는 이들의 사회관은 정파로서 토리당의 그것과 전적으로 일치하지는 않았고, 이러한 불일치는 1820년대부터 표면화되기 시작하였다.[16] 1830년대 이래의 여러 사회입법은 토리주의에 힘입은 바 매우 큰 것이었다.

영국 빈민법의 역사는 14세기 말까지 거슬러 올라가지만 여기서 논의대상이 되고 있는 빈민법의 직접적인 기원은 17세기 초에서 찾을 수 있다. 엘리자베스 치세하에 증가하는 부랑민이 사회안정을 해칠 것을 우려하여 많은 빈민법령들이 제정된 바 있는데, 이 법령들은 1601년에 종합되어 하나의 빈민법령으로 완성되었다. 이 법이 수차에 걸친 수정을 거치면서도 20세기까지 계속되었던 빈민법이다.[17]

1601년의 법은 빈민이 부랑민화하는 것을 방지하기 위하여 각 지방의 교구들로 하여금 노동능력이 있는(able-bodied) 빈민에게는 노역원(workhouse)에서 일거리를 제공하고 노동능력을 갖지 못한 빈민에게는 구호를 해 줄 것을 명하였다. 이 법은 또한 노동능력을 가진 빈민으로서 노동에 임하지 않는 자에게는 가혹한 처벌을 가할 것도 규정하였다. 그런데 구빈비용을 각 교구의 재정으로부터 충당해야 하는 체제하에서는 구호수준이 높은 교구로 빈민들이 이주해 감으로써 교구 간에 구빈부담이 크게 불균등해질 위험이 있었으므

---

16 Perkin(1972), pp. 238~239. 하이 토리의 이념에 관한 자세한 논의는 이영석(1989), pp. 81~87 참조.

17 엘리자베스 43년 법률 제2호. Slack(1988, 1990).

로, 이러한 위험을 막기 위하여 1662년의 정주법은 교구가 교구 내에 정주하고 있는 빈민에 대해서만 구호할 의무을 지고, 그렇지 않은 빈민에 대해서는 해당 교구로 퇴거를 명할 수 있도록 규정하였다.[18]

이들 법에 기초한 빈민법체제하에서 치안판사는 차지농이나 소상인 등 주로 중간층을 교구관리(parish officer)로 임명하여 구빈업무를 담당하게 하였고, 구호량에 대한 감독관의 결정에 불복하는 빈민들의 항소에 대해 그 인정 여부를 판결하였다. 구빈행정을 직접 담당한 것은 교구관리들이었지만 그들은 치안판사의 토지를 임차한 차지농인 경우가 많았고, 항소를 당하는 것에 대해 교구관리들이 부담을 크게 느꼈다는 점을 이용하여 구호를 후하게 해 주도록 빈민들이 그들에게 압력을 가하는 것이 가능하였으므로, 구빈행정에서 교구관리들이 자의적으로 권한을 남용할 소지는 그다지 크지 않았다.[19]

중상주의적 환경에서 빈민법은 주로 빈민의 부랑을 억지하는 것을 목적으로 하였던 까닭에 법의 시행에 가혹성이 현저하였으나, 18세기 중반부터는 법의 성격이 변모해 갔다. 지속적인 밀가격의 상승에 자극받은 인클로저운동의 확산 및 토지소유의 집중, 그리고 농촌가내공업의 쇠퇴라는 경제상황의 변화는 빈곤에 대한 사람들의 태도를 바꿔 구빈지출을 증가시켰다. 1782년의 길버트법(Gilbert's Act)은 노동능력을 가진 빈민들도 노역원에 수용하지 않은 상태로 구호를 받게 한다는 '원외구호(outdoor relief)'의 원칙을 천명하였다.[20] 1795년에는 정주법의 규정이 완화되어 노동이동을 다소 자유롭게

18 Taylor(1976), pp. 49~51.

19 Dunkley(1979), pp. 376~379.

20 조지 3세 22년 법률 제83호.

만든 한편,[21] 버크셔(Berkshire)에서는 곡물가격을 고려하여 가족수에 따라 임금을 보조하는 이른바 '스핀햄랜드제도(Speenhamland System)'가 실시되기 시작하여 이듬 해에 의회의 승인을 얻었다.[22]

나폴레옹전쟁(1793~1815) 기간에 높은 수준을 유지하였던 곡물가격이 종전과 함께 하락하기 시작하고 실업이 급증하면서, 1810년대 중반에는 구빈지출이 크게 증가하였다. 이에 따라서 빈민법의 폐지를 주장하는 목소리가 점차 높아져 갔다. 특히, 맬서스의 주장은 의회 내의 이러한 조류에 깊은 영향을 미쳤다. 이 시기부터 구빈지출의 감축을 목적으로 한 구빈방식의 확장이 뚜렷하게 나타났다. 1818년의 스터지스번법(Sturges Bourne's Act)도 구빈행정상의 효율성을 제고하고 그로써 구빈지출을 절감하겠다는 의도하에 제정된 것이었다.[23] 그러나 1815년 이래 농촌의 경제사정이 악화를 거듭하고 소요가 발생빈도를 더해 가는 와중에서도 근본적인 개혁의 움직임은 보이지 않았고, 1830년대 초 스윙폭동이 발생한 이후에야 개혁의 주장은 성과를 거두기 시작하였다.

1832년 8월부터 빈민법의 시행실태에 관한 전국적인 조사가 실시되었고, 이를 기초로 하여 1834년에 왕립위원회는 유명한 '빈민법보고서'를 정부에 제출함으로써, 구빈민법(Old Poor Law)을 대체하는 신빈민법(New Poor Law) 탄생의 토대를 마련하였다.[24] '빈민법보고서'는 당시 빈민법체제의 근본적인 폐해가 노동능력이 있는 성인빈민에 대한 원외구호, 그 중에서도 특히 임금보조수당(allowance-in aid of-wages)에 있다고 주장하였다.[25] 이 구호방식은 1795년까지는

---

[21] 조지 3세 3년 법률 제101호.

[22] 조지 3세 36년 법률 제2호.

[23] 조지 3세 8년 법률 제69호.

[24] 정식명칭은 'Royal Commission for Inquiry into the Poor Laws'였다.

[25] Parliamentary Papers(1834a), pp. 11~18.

시행이 극히 미약하였는데, 이제는 그것이 남부지방 전역에 만연되었고 북부지방에서도 확장추세에 있다고 하였다. 특히, 인구과잉문제에 직면하였다고 여겨졌던 남부지방에서도 빈민법이라는 인위적인 장애만 제거된다면 실제로는 노동과잉이 존재하지 않을 것이라고 보았다. 빈민법보고서는 무분별하고 방만한 구빈지출이 노동자의 자립심을 소멸시키고 구호에의 기대감만을 증대시켰으며, 이러한 효과가 다시 구빈지출의 증대를 불가피하게 만드는 악순환을 초래했다고 주장하였다. 그리고 높은 수준으로 유지된 구빈지출은 노동생산성을 저하시키고, 인구의 증가와 노동이동성의 제한을 가져오고, 임금과 지대를 낮추고, 빈민세 납세자의 부담을 가중시키고, 농촌지역에 만성적인 소요를 초래했다고 주장하였다.[26]

빈민법보고서에 기초하여 제정된 1834년의 빈민법개정법(Poor Law Amendment Act)[27]은 노동능력을 갖춘 자에게는 노동을 부과한다는 1601년 법의 원칙으로 돌아갈 것을 목표로 삼은 것이었다. 개정 이전에는 무급의 교구관리들이 구빈실무를 담당하는 개별 교구가 구빈의 책임을 맡았으나, 이 법은 기존 교구를 빈민법조합 단위로 확대·재편할 것과, 1년을 주기로 개선되는 보호위원(guardian)들과 당연직 보호위원 자격을 가진 치안판사가 보호위원회의(Board of Guardians)를 구성하고 상근직의 유급직원(officer)을 두어 구빈실무를 담당하게 할 것, 그리고 중앙에 빈민법위원회(Poor Law Commissioners)를 설치하여 전국의 구빈행정을 총괄하도록 할 것을 규정하였다. 구호방식은 노동능력이 있는 빈민에 대한 원외구호를 일체 금지하고, 저수준의 구호만을 '잘 규제된 노역원(well-regulated workhouse)'에 수용된 빈민에 한하여 실시하도록 하였다. 그리고 노동능력을

26 Parliamentary Papers(1834a), pp. 21~29, 31~55.
27 윌리엄 4세 4~5년 법률 제176호.

가진 빈민 가운데 낮은 수준의 구호와 노역원이 부과하는 노동 및 규율을 감수할 의향이 있음을 스스로 밝히는 자에 한하여 노역원에 수용될 자격을 부여한다는 노역원심사제(Workhouse Test)의 실시도 규정하였다.

그러나 법이 시행된 양상은 빈민법 개정론자들이 제시하였던 청사진과는 매우 큰 차이를 보였다. 사회적으로 강력한 영향력을 행사할 수 있는 지위에 있던 세력들은 변화하는 사회경제적 여건 속에서 자신의 이익에 도움이 되는 방향으로 신빈민법을 운용하였다. 북부 공업지역에서는 반빈민법운동이라는 극명한 형태로 새 체제에 대한 저항이 발생하였다. 남부지방의 경우 저항의 강도는 상대적으로 낮았지만 여러 방법을 통해 신빈민법의 변용을 도모하였다.

2 구빈민법의 변천과정

18세기 후반을 거치면서 영국의 경제구조는 심대한 변화를 겪었다. 1760년대까지 전국에서 농업노동자의 임금이 가장 높은 지역은 남부지방이었고, 전체적으로 보아 지역별로 특징적인 산업의 발달은 아직 이루어지지 않고 있었다. 그러나 북부지방을 중심으로 공업이 발달해 감에 따라 노동력에 대한 수요가 지속적으로 증대해 갔고, 그 결과 18세기 말에는 북부지방이 전국에서 가장 높은 임금 수준을 기록하게 되었다.[28]

[28] 이 시기에 형성된 북부 고임금·남부 저임금이라는 이중구조는 19세기 말까지 계속되었다(Hunt, 1986, pp. 938~948).

표 7-1 18세기 후반의 밀가격 변동추세

연 도	밀가격지수(1700/1=100)	연 도	밀가격지수(1700/1=100)
1740~1750	84	1770~1780	136
1745~1755	90	1775~1785	132
1750~1760	101	1780~1790	142
1755~1765	106	1785~1795	148
1760~1770	117	1790~1800	196
1765~1775	141	1795~1805	250

자료: Deane and Cole(1962), p. 91.

농업 내부에서도 변화는 뚜렷하였다. 무엇보다도 표 7-1이 나타내는 바와 같이 밀가격이 장기적인 상승추세를 보였다. 1760년대 말부터 계속된 밀가격의 상승은 인구증가에 따른 밀수요의 증대가 흉작의 빈발로 인한 밀공급의 감소와 결합함으로써 발생한 것이었다.[29] 밀가격의 상승은 경작지의 가치를 높여 인클로저의 확대를 유발하였다. 인클로저는 1760년대와 1770년대, 그리고 전쟁기에 특히 가속화되었다.[30] 남동부지방이 인클로저를 통해 밀경작에의 특화를 심화시켜 간 것과는 대조적으로 남서부지방은 목축업에 계속 의존하였다. 곡물재배와 목축으로의 지역적 특화는 농업노동자에 대한 고용구조가 지역별로 상이한 모습을 갖도록 만들었다. 곡물재배에 특화된 지역일수록 수확기를 중심으로 단기간에 많은 노동력이 필요하였다. 이에 따라 노동자의 임금은 수확기에 급증하였으며, 연중 수확기에 가장 높은 고용수준을 보이게 되었다. 한편, 밀경작에의 특화는 고용에 있어서 남성노동자가 여성노동자보다 선호되도록 함

[29] Chambers and Mingay(eds.)(1966), p. 111.

[30] Hobsbawm and Rudé(1973), pp. 26~28; Boyer(1985), pp. 133~140.

으로써 남성노동자의 임금을 장기적으로 상승시켰고, 이 과정을 통해 밀경작에서 밀려나게 된 여성노동자는 임금하락을 겪어야 하였다. 임금률의 성별 격차가 확대되는 추세는 1760년대에 시작되어 대부분의 지역에서 1790년대까지 계속되었다. 이들 지역과는 달리 남서부지방에서는 고용의 계절성이 심하지 않은 가운데 연중 최대 고용이 봄에 나타나는 양상이 계속되었다. 고용상의 성별 분화도 발생하지 않아 남동부와 같은 성별 임금률격차의 확대양상은 보이지 않았다.[31] 당시 경작과 목축을 경제여건에 따라 바꿔 가면서 행하는 호환농업(convertible husbandry)이 전국에 걸쳐 널리 이루어지고 있었으며, 남동부지역에서도 목축이, 그리고 남서부지방에서도 밀재배가 상당히 이루어진 것이 사실이지만, 전체적으로 본다면 농업의 지역별 특화는 이전에 비해 크게 진전되었다고 볼 수 있다.[32]

남동부지방의 차지농들은 노동수요의 계절성에 직면하여 기존의 경우처럼 1년 단위로 고용계약을 하는 것보다 노동수요의 변동에 따라 고용일을 조절하고 나머지 기간은 농업노동자를 실업상태에 둔 채 원외구호를 하는 것이 더 저렴한 노동력확보책이라고 여기게 되었다. 물가상승이 지속된 당시로서 고용계약의 단위기간을 단축하는 것은 차지농들에게 인플레이션의 부담을 회피할 수 있는 기회를 제공해 주는 것이기도 하였다.[33] 이 노동계약기간 단축의 경우와 마찬가지로 토지분여의 축소에 따른 농업노동자에의 보상도 임금이나 고용기회의 형태보다는 원외구호의 형태로 이루어지는 것이 차지농들의 경제적 이익에 부합되었다. 더욱이 차지농들은 빈민

---

31 Snell(1981).

32 지역별 특화는 고용구조 외에 고용시장의 개장시기 차이나 혼인의 계절별 빈도 차이에서도 뚜렷이 드러난다(Snell, 1981, pp. 410, 423의 주; Kussmaul, 1993).

33 Clapham(1926), pp. 121~122; Hobsbawm and Rudé(1968).

세의 징수를 통하여 노동고용에 드는 비용의 일부를 자신들에 비해 노동을 적게 고용하거나 고용을 전혀 하지 않는 납세자에게 전가할 수 있다는 이유로 인해 구빈지출을 선호하였다.

구빈지출의 증가를 초래한 또다른 경제적 요인은 농촌가내공업의 쇠퇴였다. 농업생산성의 증대에 따른 농산물 생산에의 집중[34]과 북부 가내공업과의 경쟁에 따른 남부 가내공업 제품에 대한 수요감소[35]로 인해 남부지방의 가내공업은 이스트 앵글리아(East Anglia)와 미들랜드(Midlands) 남부의 모직물생산지를 중심으로 쇠퇴하게 되었다.[36] 이로 인한 농외소득의 감소도 보상을 수반하지 않았으므로 농업노동자 가계의 소득은 낮아질 수밖에 없었고, 부득이 구빈지출은 증가해야만 하였다.

그러나 이 시기의 구빈지출 증가가 이러한 경제적 요인에 의해서만 촉발된 것은 아니었다. 구빈행정에의 개입이 표면화되지는 않았지만 빈민의 보호자로 남기를 희구하였던 지주들의 온정주의적 관심이 계속되었을 뿐 아니라, 노동 및 빈곤에 대한 당대인의 의식변화도 구빈지출이 증가하는 데 크게 기여하였다. 첫째, 자기애(自己愛)를 인간의 기본적 본성으로 여긴 홉스(T. Hobbes)류의 사상이 퇴조하고 대신 박애를 인간본성의 중요한 일면으로 파악함으로써 구호와 자선행위를 옹호하는 사상이 감상주의 사조의 확산에 뒷받침되면서 널리 전파되었다. 둘째로, 노동자의 고임금이 국부의 증진에 기여한다는 스코틀랜드학파(Scottish School)의 학설이 국부증진을 위해서는 노동자의 저소득이 필수적이라는 중상주의 견해를 극복하면서 성장해 갔다. 이와 더불어 빈곤이 개인적 태만에 기인하는 부

[34] Jones(1974), pp. 131, 138.
[35] Boyer(1985), p. 140의 주.
[36] Lloyd-Pritchard(1951), pp. 371~377.

표 7-2 잉글랜드 및 웨일즈의 구빈지출 증가율

기 간	실질구빈지출: 연간 증가율(%)	1인당 실질구빈지출: 연간 증가율(%)
1748/1750~1776	1.79	1.19
1776~1783/1785	3.04	2.22
1783/1785~1803	2.21	1.12
1803~1818/1820	2.84	1.38
1818/1820~1832/1834	1.10	−0.34
1748/1750~1783/1785	2.08	1.42
1783/1785~1818/1820	2.50	1.24
1783/1785~1832/1834	2.10	0.78

자료: Boyer(1985), p. 145.

끄러운 것이라고 인식하는 청교도적 사고가 수그러들고, 대신에 빈곤과 불평등이 마음에 행복과 구원을 주기 위해 신이 내린 일시적 시험이라고 받아들이는 감리교(Methodism)가 부흥한 사실도, 빈민을 위험시하여 강압적으로 처우하였던 빈민법 초기의 인식을 깨는 데 크게 기여하였다.[37]

구빈지출은 이제까지 살펴본 사회경제적·사상적 변화에 힘입어 빈민법보고서가 구빈지출이 확대되기 시작한 시기라고 주장하였던 1795년보다 30년 이상 앞선 시기에 이미 높은 증가율을 보였던 것이다. 보이어(G. R. Boyer)가 작성한 표 7-2는 1748~1750년에서 1783~1785년에 이르는 시기가 1783~1785년에서 1818~1820년까지의 시기보다 1인당 실질구빈지출의 증가율이 더 높았음을 보여 준

[37] Coats(1958, 1960).

다. 이 표를 통해 우리는 원외구호의 원칙을 확립한 것으로 알려져 있는 1782년의 길버트법이 제정되기 이전에 이미 원외구호가 널리 시행되고 있었다는 사실을 확인할 수 있다.[38] 노이만(M. Neuman)은 버크셔(Berkshire)의 사례를 통해 적어도 1770년대에 원외구호가 실시되었음을 밝힘으로써 이러한 사실을 뒷받침하고 있다.[39]

1795년 5월 6일 버크셔의 스핀햄랜드에서 회합을 가진 치안판사들은 곡물가격을 고려하여 농업노동자의 임금을 부양가족수에 따라 보조해 줄 것을 결의하였다.[40] 스핀햄랜드제도라는 이름으로 널리 알려진 구빈방식이 채택된 데에는 이 시기에 고유한 경제적·사회적 상황이 중요한 요인으로 작용하였다.

나폴레옹전쟁으로 인해 외국으로부터의 곡물수입이 곤란에 처한 상황에서 1794년부터 연이어 흉작이 발생하자, 궁핍해진 하층민들이 혁명세력화할 것을 우려하게 된 지주층이 하층민의 전통적인 '생존권'을 보장해 줌으로써 기존 사회질서를 유지하고자 이 제도를 실시하게 되었다고 보인다. 즉, 경제사정이 심각한 지경에 이르지 않아 사회질서를 안정적으로 유지할 수 있었던 시기에는 지주층의 하방의무에의 태만이 서서히 확대되어 갔으나, 이제 경제상황이

---

38 이 시기에 원내구호(indoor relief)가 주종을 이루지 않았음은 분명하다. 1802년까지도 노역원의 수효는 약 400개에 불과하였고, 수용지는 전체 피구호자의 8% 수준이었다(Blaug, 1963, p. 137).

39 Neuman(1972), pp. 85~127. 코츠(A. W. Coats)도 이 법이 이미 널리 시행되고 있는 원외구호에 대해 그 원칙을 입법화하였다는 점에만 의의를 갖는 것이었다고 지적하였다(Coats, 1960, pp. 48~51).

40 구체적으로 보면, 8파운드 11온스 무게의 이등품 밀가루로 만든 빵의 가격이 1실링인 경우 남성노동자에게 구빈세로부터 주당 3실링, 그의 부인과 자녀에게 1인당 6펜스씩을 보조하고, 빵의 가격이 1실링 4펜스인 경우 남성노동자에게는 4실링, 가족에게는 1인당 1실링 10펜스씩을 보조하며, 빵가격의 등락에 따라 이와 같은 비율로 보조액을 증감시키도록 하였다. 이러한 수치는 노동자의 총지출 가운데 절반이 빵 구입에 소요된다는 가정에 입각하여, 1인이 주당 1갤런의 빵과 1실링 상당의 기타 식량을 구입하도록 책정된 것이었다(Neuman, 1972, p. 88).

악화되고 사회혼란의 위협이 현실로 나타나게 되자 지주층은 온정주의적 사회질서의 붕괴를 막기 위해 빈민의 보호자 역할을 재개해야만 하였던 것이다.

스핀햄랜드제도의 의의를 다른 면에서 찾는 논자도 있는데, 그에 의하면 이 제도는 노동의 이동성이 더이상 부정될 수 없게 된 상황에서 지주층이 농촌인구의 이출을 막기 위해 고안해 낸 장치라고 한다.[41] 이 주장은 스핀햄랜드제도를 같은 해에 이루어진 정주법의 완화조치와 깊이 관련된 것으로 본다. 이전까지 각 교구는 정주하지 않고 있는 빈민에 대해서 아무 제약 없이 퇴거를 명할 수 있었지만, 이제는 정주하지 않는 빈민이 교구에 대해 실제로 구호를 요청하였을 때에만, 그것도 그 빈민이 자신의 정주교구로 이동해 갈 수 있는 건강상태에 있을 때에만 퇴거를 명할 수 있도록 정주법의 조항이 개정되었다. 이 조치로 인하여 일자리가 많은 지역에서는 노동자들이 퇴거당할 위험 없이 자신과 가족을 부양할 수 있게 되었다. 이러한 조치가 이루어진 데에는 빈민에 대한 유화적 태도의 확산이라는 사상적 조류의 영향도 컸지만, 공업화의 진전으로 노동력에 대한 요구가 증대된 데 따른 산업자본가의 '공리주의적 배려'가 강력하게 밑바탕에 깔려 있었다고 보인다. 이리하여 노동이동을 더이상 억제하기 어렵게 된 농업사회가 선택한 고육지책이 곧 스핀햄랜드제도라는 것이다.[42]

그러나 이러한 주장은 이 제도의 실시가 지속적이지 못하였다는 사실에 의해 비판받게 된다. 이 제도는 결코 독창적인 것이 아니어서 정주법이 완화되는 1795년 이전에 이미 유사한 형태로 존재

[41] Polanyi(1944), pp. 77~102.

[42] 폴라니(K. Polanyi)는 스핀햄랜드제도와 1799년의 결사금지법(Combination Act)이 그러한 고안물이라고 주장하였다(Polanyi, 1944, p. 81).

하고 있었으며,[43] 동년 이후에도 곡물가격이 예외적으로 높은 시기만으로 시행이 국한되었다는 증거가 많다.[44] 이와 같은 사실에 비추어 볼 때 스핀햄랜드제도는 노동이동의 방지를 주 목적으로 한다기보다는, 곡물가격이 매우 높은 상황에서 지주가 기존의 상호의존적 사회관계를 보강할 것을 목적으로 그 실시를 결정한 면이 강하다고 봄이 타당하다고 하겠다.

스핀햄랜드제도는 과거의 온정주의적 보호수단과는 분명 성격을 달리하는 것이었다. 지주가 치안판사의 자격으로 임금률을 결정하거나 곡물의 거래가격을 지정하던 도덕경제적 수단과는 달리 이 제도는 시장에서 수요와 공급에 의해 결정되는 임금과 곡물가격을 그대로 인정한 채 그 수준에 따라 구호의 양만을 조절하도록 하였던 것이다. 그렇지만 이러한 변화에도 불구하고 이 제도는 분명 상호의존적 위계질서를 유지·강화하려 한 지주층의 노력의 소산이었으며, 따라서 이 제도는 온정주의 내에 융합된 정치경제학의 모습을 지닌 것이었다고 평가할 수 있다.[45]

전쟁이 끝나기 전까지 농업은 비교적 호황을 누려, 높은 수준의 농업이윤과 지대를 유지하고 있었다.[46] 이와 더불어 전쟁수행에 필요한 노동력의 수요도 컸으므로 종전 이전의 구빈지출은 실업보다는 주로 높은 곡물가격에 대한 대응이었다고 보인다.

그러나 종전과 함께 상황은 크게 달라졌다. 무엇보다도 군대 및 군수관련 직종에 종사하던 약 40만 명이 고용에서 떨어져 나와

---

43 Hammond and Hammond(1911), pp. 163~164; Webb and Webb(1927), p. 177의 주; Neuman(1969), pp. 317~322.

44 예컨대, 에섹스, 노폭, 베드포드셔의 경우 이 제도는 1795년에 실시되었다가 1796, 1797년에 폐지되었고, 1800년에 재실시되었다가 다시 1801년에는 사용되지 않고, 이후 매우 낮은 수준으로 1834년까지 계속되었다(Boyer, 1985, pp. 146~147).

45 홉스봄과 뤼데도 같은 견해를 보이고 있다(Hobsbawm and Rudé, 1968, pp. 47~49).

46 Blaug(1964), pp. 57~62.

야 하였다.[47] 그 결과 종전 후 수 년간 영국의 실업수준은 유래를 찾기 힘들 정도로 높았고, 구빈지출액도 사상 최고를 기록하였다. 이 시기부터 1830년에 이르기까지의 기간은 또한 농업불황이 지속된 시기였다. 이 기간에 농업산출은 증가일로에 있는 인구를 부양하는 데 큰 어려움이 없을 정도로 증대될 수 있었다. 그러나 산출 증가의 대부분은 노동투입의 확대가 아니라 경작수단의 개량에 따른 1인당 생산성의 증대에 기인하였으므로 고용상황은 그다지 개선되지 못하였다.[48] 한편, 밀가격의 하락에 따라 일부 지역이 밀경작에서 목축으로 전환한 사실도 노동수요의 감소를 초래함으로써 노동과잉의 한 요인을 이루었다.[49] 이와 같은 농업불황은 1820년대 농촌가내공업의 쇠퇴를 동반함으로써 심각성을 더해 갔다.[50] 1816년과 1822년에 이스트 앵글리아에서 하층민들이 전개한 일련의 소요 및 방화는 경제사정의 악화가 농촌사회의 안정을 위협하는 수준에 이르렀음을 보여 주는 것이었다.[51] 표 7-3은 당시 경제사정의 악화에 따라 구빈지출이 높게 유지된 상황을 보여 준다.

농업불황은 농업노동자뿐 아니라 소토지소유자와 차지농에게도 경제적인 압박을 초래하였다. 1815년 이전까지 많은 자금을 농업에 투자하였던 소토지소유자들은 전후의 낮은 곡물가격과 불확실한 시

[47] Jones(1964), p. 325.

[48] Collins(1969), pp. 456~457. 1815년 이래 20년간 농촌인구는 급속하게 증가한 반면에 농업노동자의 고용은 23%의 증가에 머물렀다(Jones, 1964, p. 323).

[49] Snell(1981), p. 432.

[50] Parliamentary Papers(1934c)에 이에 대한 증거가 많이 보인다. 레이스제조업은 7a. 31a, 41a, 45a, 332a, 334a, 340a, 노끈가공업은 178a, 217a, 226a, 장갑제조업은 369a, 372a, 382a, 409a, 582a, 견직물업은 145a, 169a, 339a, 482a, 단추제조업은 140a, 143a, 리본제조업은 542a, 546a, 편물제조업은 283a에 쇠퇴의 기록을 담고 있다.

[51] 당시 농촌 빈곤문제의 심각성은 동기가 대부분 경제적인 것이었던 범죄의 발생건수를 통해서도 입증된다(Hobsbawm and Rudé, 1968).

표 7-3 잉글랜드 및 웨일즈의 연도별 총구빈지출

연 도	총 액 (£,000)	지 수 (1802=100)	쿼터당 평균 밀가격(s.d.)	밀가격으로 환산한 지수
1802	4,078	100	69.10	100
1812	6,676	164	126.6	90
1813	6,295	154	109.9	98
1814	5,419	133	74.4	125
1815	5,725	140	65.7	149
1816	6,918	169	78.6	151
1817	7.890	193	96.11	139
1818	7,532	184	86.3	148
1819	7,330	180	74.6	168
1820	6,958	171	67.10	176
1821	6,359	156	56.1	194
1822	5,773	142	44.7	223
1823	5,734	141	53.4	185
1824	5,787	142	63.11	155
1825	5,929	145	68.6	148
1826	6,441	158	58.8	188
1827	6,298	154	58.6	184
1828	6,332	155	60.5	179
1829	6,829	167	66.3	170
1830	6,799	167	64.3	182
1831	7,037	173	66.4	182
1832	6,791	167	58.8	199
1833	6,317	155	52.11	204

자료: Blaug(1963), p. 180.

장에 직면하면서 부채의 누적에 고심해야 하였고, 대다수의 차지농들은 그간의 인클로저 비용과 증대된 지대의 부담으로 어려움을 겪지 않을 수 없었다.[52] 이와 같은 상황에서 소지주와 차지농은 비용 문제에 보다 깊은 관심을 기울이게 되었고, 빈민에 대한 그들의 태도는 경화되어 갔다. 그들이 구빈비용의 절감을 위해 여러 가지 방안을 강구하게 된 것은 비로 이러한 배경에서였다.

구빈비용 절감책으로는 우선 새로이 도입된 구빈방식인 노동률(Labour Rate)제도를 들 수 있다. 이는 빈민세 납세자들이 노동자들을 각각의 임금률로 고용하고 납세자 간에 정한 기준고용량보다 적게 고용하는 경우 그 차이에 해당하는 금액을 빈민세로 납부해야 하는 제도로, 다른 구호방식에 비해 비용절감을 기할 수 있다는 장점을 지녔다.[53] 이 제도는 1820년대 중반부터 사용되기 시작하여 구

---

52 Nauman(1972), pp. 114~115.

53 빈민법보고서는 구빈민법하의 구호방식을 다음과 같이 구분하고 있다.

- 원외구호(outdoor relief)
  - 노동능력이 있는 자에 대한 구호
    - 현물(in kind)구호
    - 화폐(in money)구호
      - 노동 없는 구호(relief without labour)
      - 수당(allowance)제도
      - 순회노동제(roundsman system)
      - 교구고용(parish employment)
      - 노동률(labour rate)제도
  - 노동능력이 없는 자에 대한 구호
- 원내구호(indoor relief)

현물구호는 대개 지대 및 가옥임대료의 형태로 행해졌다. 화폐구호 가운데 노동 없는 구호는 교구가 빈민에게 아무 조건 없이 구호만 하는 것이며, 수당은 임금의 부족분을 충당하는 임금보조수당과 가족수에 따른 가족수당(family allowance), 그리고 식량가격의 변동에 따른 종가수당(bread scale allowance) 등으로 나뉜다. 순회노동제는 납세자들이 정해진 수만큼의 빈민을 고용한 임금률에 순차적으로 고용하고 그보다 적게 고용한 경우에는 차액을 빈민세로 납부하는 방식이며, 교구고용은 빈민들로 하여금 교구가 제공한 구호를 받는 대신에 교구 내의 노역에 참여하도록

빈민법의 마지막 수 년간에 급속히 확산되었고, 그 결과 1832년에는 이 제도를 사용하는 지역이 남부지방 곡물재배지역 교구의 약 1/5에 이르렀다.[54]

구빈지출을 절감하려는 또다른 시도는 1818년 스터지스번법의 제정에서 찾을 수 있다. 일명 특별교구회의법(Select Vestries Act)이라고 불리는 이 법은 교구 내에 대지주가 거주하지 않는 열린교구(open parish)의 구빈행정상 비효율성을 제거하고자, 외부치안판사의 간여를 어렵게 하고 교구회의 성원의 권한을 재산규모에 따라 재배분하며 구빈행정을 보좌할 보조관리(assistant overseer)를 유급으로 두도록 규정하였다.

그렇지만 이러한 구빈비용 절감노력에도 불구하고 표 7-3에서 보듯이 이 시기에 구빈지출이 뚜렷하게 감소되지는 않았다. 이와 같은 양상이 빚어진 데에는 납세자의 경제적 이해와는 다른 동기에 입각하여 행동하는 지주층의 역할이 강하게 작용한 것으로 보인다. 구사회질서에의 집착을 버리지 않은 대지주들은 농촌의 상황악화 속에서 지역사회의 책임자로서 차지농 및 농업노동자의 고통을 나누어 맡아야 할 필요성을 절감하게 됨으로써, 차지농에게는 파산을 방지해 주기 위하여 지대를 삭감하거나 명목지대율은 종전대로 유지한 채 실질적인 부담을 경감시켜 주었고,[55] 빈민에게는 차지농의 구빈지출 삭감 시도를 막음으로써 계속된 구호를 약속하였다.[56]

강제하는 방식이다. 이들 구호방식은 개별적으로 시용되기보다는 다양하게 혼합되어 사용된 경우가 많았다.

54 주별 사용교구 비율은 Blaug(1964) 참조.

55 Hunt(1959), pp. 98~108.

56 납세자들이 부당하게 구빈지출액을 삭감함으로써 빈민들의 고통이 가중되었다는 치안판사들의 주장에 대해서는 Parliamentary Papers(1834c), Vol. 33, pp. 7d, 16d, 100d, 147d, 165d, 198d, 219d, 236d, 241d, 297d, 320d, 338d, 349d, 378d, 396d, 434d, 440d, 460d, 469d, 487d, 548d, 566d(Dunkley, 1979, p. 394 참조).

1818년에 특별교구회의법이 제정되었다고 해서 특별교구회의가 전국적으로 광범위하게 조직된 것은 아니었다. 특별교구회의가 조직된 정도는 지주의 영향력 강도와 밀접하게 관련되었다. 1823년 자료를 보면, 전국 43주에 2,452개의 특별교구회의가 존재하였는데, 그 중에서 1,220개가 캐어드가 획정하였던 남북구분선의 위쪽 15주에 위치하였고, 남부지방에서는 주별 특별교구회의의 수가 북부지방에 비해 월등히 적음을 알 수 있다.[57] 이렇듯 농촌지역에서는 특별교구회의가 광범위하게 조직되지 않았을 뿐 아니라, 이 법이 시행된 지역에서도 구빈업무에서 치안판사의 지위는 그다지 저하되지 않았다. 빈민에게 교구회의가 내린 구호 여부 및 구호량 등의 결정사항이 종전에는 1인의 치안판사가 재심을 요구함으로써 번복될 수 있었으나, 이 법의 실시로 치안판사 2인 이상의 재심요구가 필수조건으로 되었다. 그렇지만 사정에 따라 치안판사 1인의 요구만으로 번복이 가능하였으며, 이러한 '사정'의 심사권을 치안판사 자신이 보유하고 있었으므로, 구빈업무에 대한 치안판사의 영향력은 별다른 손상을 입지 않을 수 있었다.[58]

빈민법 시행에 있어서 지주의 영향력이 계속된 사실은, 구빈행정을 치안판사의 통제권 밖에 놓는 것만이 빈민세 부담을 경감하고 구빈행정에 효율성을 도모하는 것이라는 납세자 및 구빈담당자들의 불안에서도 명확하게 드러난다. 1832년 자료에 따르면, 조사된 291교구 중 272교구에서 치안판사의 영향력을 막으면 경제성을 획득할

[57] 북부에서는 체셔, 랭카셔, 요크셔 세 주에만 총 611개의 특별교구회의가 조직되었고, 북부에서 이 회의의 수가 최소인 노팅검셔조차 31개를 보유하고 있었다. 반면 남부에서는 이 회의의 수가 헌팅턴셔 11, 베드포드셔 12, 미들섹스 15, 케임브리지셔 17, 허트포드셔 18, 서리 21, 버크셔 25, 윌트셔 29 등이었다(Dunkley, 1982, pp. 52~53).

[58] Dunkley(1973) p. 837.

수 있다고 응답하였고, 10교구만이 치안판사의 통제를 막으면 오히려 구빈지출이 증가할 것이라고 응답하였으며, 9교구는 별다른 변화가 없을 것이라고 응답하였다.[59]

지주층이 기존 사회질서를 고수하고자 함에 따라 대부분의 지역에서 심각한 농촌문제에도 불구하고 저임금과 노동수요의 부족을 치유할 획기적인 정책이 제시되지 못하였다.[60] 당시의 토리 정부도 구질서의 파괴를 염려하여 기존 사회체제의 중요한 지주의 하나인 빈민법에 급격한 변화가 발생할 가능성을 배제하고자 고심하였다.[61] 이와 같은 분위기와는 달리, 의회에서는 맬서스의 사상적 영향하에서 노동이동을 방해하고 인구증가를 초래하며 노동자의 자립심을 저해하는 빈민법을 폐지해야 한다는 주장이 점차 고조되어 갔다. 이들 철폐주의자(abolitionist)의 주장이 의회에서 호응의 범위를 크게 넓혀 가기는 하였지만, 급속한 변화에 반대하는 견해 역시 여전히 완강하게 뿌리박고 있었다. 구질서의 붕괴를 우려한 농촌지주들과 정부에까지 파고들 수 있을 만큼 철폐주의의 영향력이 강대하지는 못하였던 것이다. 빈민법에서 중대한 변화는, 한편으로는 의회 내 보수세력과 지방 지주층 및 정부가 개혁을 불가피한 것으로 인식하게 될 만큼 경제상황이 더욱 악화되고, 다른 한편으로는 맬서스적 철폐주의의 극단성을 대체할 수 있는 현실성 있는 개혁원리가 제시되는 시점이 도래해야만 비로소 가능하였다.

---

59 Parliamentary Papers(1834c), Vol. 33; Dunkley(1979), p. 386 참조.

60 일부 지주들은 농한기에 도로보수나 배수사업을 벌임으로써 고용문제를 완화시키고자 하였다. 그러나 이와 같은 미봉책은 농촌문제의 외피만을 건드린 것일 뿐 문제의 근본적인 해결방안이 될 수 없었다(Jones, 1974, pp. 326~327).

61 예를 들어, 1817년의 하원위원회는 정부의 압력에 의해 그 임무가 스터지스번법의 제정을 준비하는 것에 국한되었다(Dunkley, 1982, p. 93).

3 빈민법 개정논의의 전개

1830년과 이듬해에 발생한 스윙폭동과 벤담(J. Bentham)의 사상에 영향을 받은 개정주의자(revisionist)들의 대두가 위에서 말한 조건을 충족시켜 주었다. 1815년 이래 농촌을 압박해 온 문제들이 누적되면서 1830, 1831년에는 그 폭발로서 스윙폭동이 발생하였다. 폭동은 임금인상, 고용창출 또는 기계파괴와 같이 주로 경제적인 주장을 내용으로 한 것이었고, 각각의 폭동은 국지적 범위에서 단기간에 한정되어 발생하였지만 발생의 광범성이 사태를 심각하게 하였다.[62]

표 7-4는 폭동의 지역별·유형별 발생상황을 보여 주고 있다. 소요와 방화가 거듭되는 가운데 농촌치안력의 강화를 요구하는 목소리가 높아 갔지만 교구별로 치안을 담당할 직원을 고용하고자 한 1830년의 치안법(Constable Act) 제정은 실효를 나타내지 못하였고, 군대의 동원도 만족할 만한 성과를 거두지 못하였다.[63] 폭동에 대한 지주층과 정부의 대응능력에 한계가 있다는 사실만이 뚜렷해진 상황에서 지주들은 질서회복을 위한 개혁방안을 생각하지 않을 수 없게 되었다. 온정주의적 사회질서는 점차적으로 기반을 상실해 갔지만, 이 시기까지도 지주의 영향력은 구빈행정에 강하게 미쳤다. 표 7-5[64]에서 알 수 있듯이 대부분의 지역에서 치안판사의 구빈행정

62 Hobsbawm and Rudé(1973); Charlesworth(1983).

63 Dunkley(1979), pp. 13~22.

64 Parliamentary Paper(1834c), Vol. 33.

통제는 계속되었으며, 빈곤의 압력이 컸고 폭동의 영향이 심각하였던 남동부지방의 경우 그 통제력은 특히 강력하게 존속하였다. 이들 지주는 빈민법을 개정함으로써 농업노동자와 빈민을 훈육하고 지역사회의 질서를 회복시킬 것을 기대하게 되었다.[65] 이러한 지주층의 견해변화는 빈민법 개정을 통해 빈민세 부담을 줄일 수 있으리라 여긴 중산층의 경제적 이익과도 합치되는 것이었다 .

개혁에 대해 미온적인 태도를 견지하였던 의회의 보수세력과 휘그(Whig) 정부도 더이상 사태를 방관만 할 수 없게 되었다. 의회에서 1831~1832년 세 차례에 걸쳐 토지분여를 확대하자는 법안이 마련되고 노동률제도를 확대하자는 법안이 통과되는 등 근본적인 변혁을 회피하려는 시도가 계속되기는 하였지만, 문제의 해결책으로는 미흡하다는 인식이 고조되었고 빈민법 개정논의의 주도권은 점차 정부의 손에 놓이게 되었다.[66] 정부가 개혁에 착수하게 된 데에는 사회상황이 악화되었다는 사실 이외에도 정부가 수용할 수 있도록 극단적인 철폐주의를 대신할 새로운 개혁원리가 대두하였다는 사실이 큰 밑거름이 되었다. 사회질서의 지탱을 위해 빈민법은 반드시 유지되어야 하지만 기존 빈민법의 유지는 바람직하지 못한 결과를 초래한다는 딜레마의 해결책으로서 새로이 제시된 것이 '열등처우(less eligibility)'의 원리였다. 이 원리는 구호를 받지 않는 상태의 노동자 소득보다 낮은 수준의 구호만을 노역원에 수용된 빈민에 한정하여 실시하고, 이러한 저수준의 구호와 노역원의 규율을 감수할 의사를 지닌 빈민만을 노역원에 수용하도록 하는 노역원심사제

---

65 Crowther(1981), pp. 11~29.

66 Poynter(1969), pp. 295~300. 왕립위원회가 토지분여와 노동률제도에 관해 빈민법보고서에 특별한 장을 마련하면서까지 강력하게 반대를 표명한 것은 바로 의회 내 보수세력의 주장을 반박하기 위해서였다(Parliamentary Paper, 1834a, pp. 100~126).

표 7-4 스윙폭동의 발생상황

구 분	방화	경고 편지	임금 폭동	십일조 폭동	노역원 폭동	인클로저폭동	곡물 폭동	파업	정치적	폭행	약탈	절도	기계파괴			지대 폭동	치안 방해	합계
													탈곡기	기타 농업기계	공업 기계			
Beds.	6	1	3	4	0	0	1	0	0	1	0	0	0	0	0	0	0	16
Berks.	13	5	14	0	0	0	1	0	0	2	47	2	75	3	2	0	1	165
Bucks.	3	8	3	1	0	0	0	0	0	3	2	1	7	6	5	0	0	39
Cambs.	7	1	5	0	1	0	0	0	0	2	0	0	1	0	0	0	0	17
Cheshire*	3	1	0	0	0	0	0	0	0	0	0	0	0	0	0	0	0	4
Cornwall*	1	0	2	0	0	0	4	0	0	0	0	0	0	0	0	0	0	7
Cumberland*	3	2	0	0	0	0	0	0	3	1	0	0	0	0	0	0	0	9
Derby*	2	1	0	0	0	0	0	2	1	0	0	0	0	0	0	0	0	6
Devon*	4	7	1	1	0	0	0	1	1	0	0	0	3	0	0	0	0	18
Dorset	12	0	5	0	0	0	0	0	1	4	9	1	9	1	0	0	0	42
Essex	8	4	13	1	0	0	1	0	0	1	1	0	15	2	0	0	0	46
Glos.	5	0	0	1	0	1	0	0	1	4	0	0	19	6	0	0	0	37
Hants.	15	12	14	5	2	0	0	0	1	26	76	2	45	7	3	0	0	208
Hereford*	2	2	0	0	0	0	0	0	0	0	0	0	0	0	0	0	0	4
Herts.	5	1	0	0	0	0	0	0	0	0	0	0	0	0	0	0	0	6
Hunts.	3	3	0	0	0	0	0	0	0	0	4	0	15	0	0	0	0	25
Kent	61	11	29	4	1	0	0	0	1	5	3	0	37	0	0	2	0	154
Lancs.*	3	0	0	0	0	0	0	1	5	0	0	0	0	0	0	0	0	9
Linca.	28	0	0	0	0	0	0	0	0	2	0	0	0	0	0	0	0	30

표 7-4 계 속

구 분	방화	경고 편지	임금 폭동	십일조 폭동	노역원 폭동	인클로저폭동	곡물 폭동	파업	정치적	폭행	약탈	절도	기계파괴			지대 폭동	치안 방해	합계
													탈곡기	기타 농업기계	공업 기계			
London*	0	1	0	0	0	0	0	0	1	0	0	0	0	0	0	0	0	2
Middx.*	5	6	0	0	0	0	0	0	0	0	0	0	0	0	0	0	0	11
Norfolk	19	1	3	11	1	0	0	1	0	12	0	0	29	0	11	0	0	88
Northants.	4	2	0	0	1	0	0	0	1	4	1	0	4	1	0	0	1	19
Notts.*	1	2	1	0	0	0	0	0	1	0	0	0	0	0	0	0	0	5
Oxon.	5	1	2	0	0	2	0	0	1	4	0	0	14	0	1	0	0	30
Salop.*	3	0	0	0	0	0	0	1	0	0	0	0	0	0	0	0	0	4
Somerset	2	2	1	0	0	0	0	0	2	3	1	1	3	0	0	0	0	15
Staffs.	3	0	0	0	0	0	0	2	0	0	0	0	0	0	0	0	0	5
Suffolk, E.	6	0	11	10	0	0	0	0	0	0	0	0	0	0	0	1	0	28
Suffolk, W.	2	2	6	1	0	0	0	0	0	0	0	0	1	0	0	0	0	12
Surrey	23	0	1	4	0	0	0	0	0	1	0	0	0	0	0	0	0	29
Sussex, E.	23	4	25	19	5	0	0	0	2	3	0	0	0	0	0	0	0	81
Sussex, W.	11	5	22	1	1	0	0	0	1	0	12	0	11	0	0	0	0	64
Warwicks.*	1	0	0	0	0	0	0	0	0	0	0	0	1	0	0	0	0	2
Wilts.	18	4	0	0	0	0	0	0	0	20	62	3	97	0	4	0	0	208
Worcs.	0	2	0	0	0	0	0	1	0	2	1	0	2	0	1	0	1	10
Yorks.*	4	7	0	0	0	0	0	0	0	0	0	0	2	0	0	0	0	13
합 계	316	99	162	63	13	3	7	11	23	100	219	10	390	26	27	3	3	1,475

주: * 지역은 폭동의 영향이 적었던 지역.
자료: Hobsbawm and Rudé(1964), pp. 304 ~ 305.

표 7-5 구빈행정에 대한 치안판사의 통제상황

주	응답교구의 비율(%)			주	응답교구의 비율(%)		
	통제 있음	통제 없음	통제 가끔 있음		통제 있음	통제 없음	통제 가끔 있음
Sussex	77	15	8	Surrey	75	25	0
Bucks.	81	15	4	Middlesex	50	50	0
Suffolk	63	37	0	Westmorland	34	53	13
Essex	85	15	0	Warwick	63	37	0
Oxford	78	18	4	Devon	50	28	22
Beds.	64	18	18	Somerset	71	29	0
Northants.	77	15	8	Yorks.(N. R.)	57	29	14
Wilts.	82	13	5	Gloucester	61	33	6
Berks.	74	22	4	Shropshire	15	85	0
Norfolk	65	31	4	Worcester	41	53	6
Hunts.	80	10	10	Durham	52	43	5
Kent	62	26	12	Cornwall	44	44	12
Hants.	75	19	6	Derby	25	25	50
Cambridge	52	30	18	Notts.	60	40	0
Herts.	43	50	7	Stafford	38	50	12
Yorks.(E. R.)	33	67	0	Cheshire	14	72	14
Leicester	69	8	23	Northumb.	30	60	10
Dorest	82	9	9	Yorks.(W. R.)	69	21	10
Hereford	33	47	20	Cumberland	46	50	4
Lincoln	50	38	12	Lancashire	9	73	18

자료: Dunkley(1979), pp. 382~383.

를 실시함으로써, 빈민법 자체는 유지하되 빈민들을 노동에 종사하도록 자극하여 빈민의 고용주에의 의존을 강화하고 이로써 사회질서를 바로잡는다는 것을 내용으로 하였다. 열등처우원리의 수단으로 노역원심사제가 채택된 데에는 1820년대를 통해 일부 지방에서 이 제도가 효과를 거두었다는 사실이 크게 작용하였다. 특히, 1821~1822년에 노팅검셔(Nottinghamshire)에서 맬서스주의에 영향을 받은 개혁가들에 의해 시행된 조치의 성공사례는 빈민법 개정에 중요한 자극제가 되었다.[67]

이상에서 본 바와 같이 빈민법 개정은 빈민법의 고수가 곤란하고 철폐 또한 어려웠던 당시의 상황과 철폐주의의 대두 이래 계속된 사회개혁사상, 그리고 현실성을 가진 대안을 제시할 수 있게 한 지방의 구빈행정 개혁경험이 종합됨으로써 가능하였던 것이다.

논자에 따라서는 1834년의 빈민법 개정이 1810년대 이래 의회 내에서 가장 적극적으로 가장 지도력 있는 철폐주의자였던 브루엄(L. Brougham)에게서 강력한 영향을 받았고, 노팅검셔의 개혁가들이 사상적으로 맬서스주의에 의해 고무된 바 컸다는 점을 근거로 하여, 개정을 맬서스적 철폐주의 전통과 직접 연결시키기도 한다.[68] 그러나 이와 같은 견해에는 몇 가지 난점이 따른다. 무엇보다도 1831년 이후 정부는 줄곧 브루엄을 구빈정책의 결정과정에서 배제시켜 왔다는 점에 주목할 필요가 있다. 그리고 애초 왕립위원회의 역할은 빈민법문제에 최종적인 해결을 짓는 것이 아니라 일반적인 구휼정책을 수립하고 수행할 기관을 창설하는 데에 한정된 것이었

[67] Marshall(1961); Poynter(1969), pp. 310~316.

[68] 예를 들어, 브런디지(A Brundage)는 빈민법 개정의 준비작업으로서 1832년에 실시되었던 전국적인 구빈실태조사가 브루엄(Brougham)에 의해 계획된 개혁노선으로 나아가는 전주였다고 주장한다(Brundage, 1978, pp. 16~18).

고, 정부의 각료들도 이 위원회에 큰 기대를 걸지 않은 채 전면적인 개혁에는 반대한다는 입장을 계속 취하였다는 점을 보더라도, 왕립위원회가 철폐주의의 영향하에 개혁을 이끌었다고 보는 견해는 수긍하기 어렵다.[69] 또한 노팅검셔의 경험이 빈민법 개정에 영향을 준 것은 분명하지만 이 지역의 구빈행정 개혁내용이 전부 반영되지는 않았으며, 개정안은 이론적으로 맬서스주의와 양립하기 힘든 면을 내포하고 있음에도 주목해야 한다. 빈민법 개정론자들은 이 법의 실시로 자립심을 회복한 노동자들의 생산성 증가가 노동수요를 증대시킴으로써 노동과잉문제를 일소하고 임금률을 상승시킬 것이라고 주장하였다. 노동생산성의 제고를 통해 인구증가가 빈곤에 미치는 압박을 벗어날 수 있다는 이와 같은 경쟁적 노동시장에의 신뢰는 노동자의 빈곤이 불가피하다는 '자연법'을 신봉하는 맬서스주의를 탈피한 것이라고 볼 수 있다.[70] 실제로 철폐주의가 비현실적이라는 비판은 이미 1810년대부터 이루어져 왔고, 철폐주의 진영 내부에서도 극단성을 극복하려는 노력이 꾸준히 전개되어 왔던 것이다. 그리하여 빈민법 개정이 본격적으로 논의된 시기에 와서는 논의의 주도권이 철폐주의에서 개정주의로 옮겨 갔다고 보인다.[71]

1834년의 빈민법 개정은 경쟁시장의 능력에 대한 신뢰를 기반으로 하였다는 면에서 '도덕경제'에 대한 '시장경제'의 침투가 크게 진전된 결과라고 평가할 수 있다. 그러나 신빈민법의 이와 같은 측면만이 개정의 성격을 규정하는 것은 아니었다. 농촌지역의 지주들은 이 법의 시행을 통하여 하층민들의 자립심이 고양되고, 임금률이 상승함으로써 지역사회질서가 회복되고, 지역사회 책임자로서의

[69] Dunkley(1981), pp. 132~133.
[70] Poynter(1969), p. 302; Dunkley(1981), p. 145.
[71] Poynter(1969), pp. 295~310.

자신의 지위가 보전될 것이라고 기대하였다는 사실도 커다란 중요성을 지니는 것이다.[72]

4 빈민법의 사회경제적 효과

구빈민법의 사회경제적 효과에 관한 논의가 본격화된 것은 1960년대에 블록(M. Blaug)이 빈민법보고서의 주장을 논박하는 두 편의 논문을 발표하면서였다. 구빈민법이 빈민세 납세자의 부담을 가중시키고, 노동생산성을 저하시키고 인구의 증가 및 노동이동의 저해를 초래하며, 임금을 낮추고 지주의 지대수입을 감소시키며 농촌사회에 만성적인 소요를 불러일으켰다는 왕립위원회의 주장에 대해, 그는 빈민법보고서의 부록 『농촌질의서』를 통계화하는 작업을 통해 이 보고서는 '비통계적'인 것이었다고 비판하였다.[73] 블록의 연구 이래 구빈민법의 효과에 관한 연구가 다각도로 진행되었는데, 본 항에서는 이들 연구성과를 종합하여 구빈민법의 사회경제적 효과를 검토하기로 한다.

왕립위원회는 빈민법보고서에서 빈민세의 증가가 납세자를 크게 압박하였다고 주장하였다. 그렇지만 실제 부담은 그다지 무거운 것은 아니었다고 보인다. 1830년과 1831년의 경우를 보면 남부지방

72 이러한 점에 주목하여 크라우서(M. A. Crowther)는 빈민법보고서를 '새로운 개인주의 철학과 농촌 온정주의의 어울리지 않는 혼합물(an ill-assorted mixture of the new individualist philosophy and rural paternalism)'이라 평가하였다(Crowther, 1981, p. 19).

73 Blaug(1963, 1964).

에서조차 총소득의 3.3퍼센트만이 빈민세로 징수되었고, 이 가운데에도 상당 부분은 임금의 형태로 노동자에게 돌아갔어야 하는 부분이므로 실제 부담은 결코 높다고 할 수 없는 수준이었다.[74] 더욱이 18세기 중반 이후의 구빈지출 증가액 중 큰 부분은 인클로저의 실시 및 토지분여의 축소가 농업노동자에 대한 보상 없이 이루어진데 기인한 것이었으므로, 구빈지출이 대한 보상방식—예컨대, 연중고용이나 토지분여의 재개—보다 상대적으로 저렴한 방안이었다고 볼 수 있다. 물론 부흥해 가고 있는 공업지역의 경우 세부담은 더욱 경미하였다.

노동생산성에 관해서는, 빈민법이 실업보험적 성격을 강하게 띠었다는 점을 근거로 빈민법이 노동생산성을 크게 저하시켰다는 왕립위원회의 주장을 지지하는 견해가 있다.[75] 그러나 일반적으로 교구의 규모가 작아서 교구위원들이 교구 내 빈민들의 상태를 소상히 파악할 수 있는 경우가 많았다는 사실에 주목할 필요가 있다.[76] 이 빈민세 납세자와 피구호자의 관계는 매우 밀접하였으므로, 구빈행정이 무분별하고 방만하게 이루어졌다는 왕립위원회의 주장은 설득력이 크지 않다고 여겨진다. 또한 1802~1803년의 통계로 볼 때 지속적으로 원외구호를 받은 빈민의 절반 이상이 15세 이하의 아동이었고, 약 15퍼센트의 피구호자가 고령자 및 병환자였으므로, 약 70퍼센트에 해당하는 이들 노동능력이 없는 빈민을 제외하고 나머지 피구호자를 성별로 나눈다면 실제로 노동능력을 가진 성인남성 빈민의 비율은 전체 빈민의 20퍼센트, 전 인구의 2퍼센트 수준에

---

74 Clapham(1926), pp. 362~364.

75 McCloskey(1973); Boyer(1985).

76 Taylor(1969), pp. 292~297; Blaug(1964), pp. 50~68. 전국의 교구인구는 평균(mean) 898인, 중위수(median) 368인이며, 인구가 1만 이상인 일부 대도시 교구를 제외하면 수치는 더욱 작아질 것이다(Blaug, 1964, pp. 243~245).

불과하였다고 보인다.[77] 이러한 상황에 비추어 볼 때, 빈민법의 노동생산성에의 효과는 왕립위원회의 주장과는 달리 그다지 심각한 정도가 아니었다고 생각된다.

농촌지역의 인구가 크게 증가한 것으로 나타난 1821년의 센서스를 보고 맬서스는 빈민법의 시행이 인구증가를 초래하였다고 주장하였고, 왕립위원회도 빈민법보고서에서 유사한 결론에 도달하였다. 이러한 주장은 차지농이 빈민세 부담을 절감하기 위해 고용시 자녀를 가진 기혼남성을 선호함으로써, 노동자의 혼인과 출산을 자극하였다는 점에 근거한 것이었다. 크라우스(J. T. Krause)는 실증분석을 통해 구빈지출수준과 출생률 간에 높은 상관관계가 있다고 주장하였다. 그에 따르면 1830년대와 1840년대 빈민법 개혁에 의해 구호수준이 낮아진 지역에서의 출생률 하락폭이 그렇지 않은 지역에서의 출생률 하락폭에 비해 유의할 만큼 컸다고 한다.[78] 그의 연

---

77 일부 남부 주 및 전국의 빈민분포는 다음과 같다.

주	전체 빈민 중 노약자의 비율 (%)	지속적 원외구호		
		총수 (000)	15세 이하의 아동 (000)	아동의 비율 (%)
Sessex	9	26.4	16.9	72
Wilts.	12	29.4	16.9	57
Berks.	13	12.8	7.5	58
Bucks.	13	13.0	6.5	50
Dorset	20	10.4	4.6	45
Hunts.	13	3.1	1.5	48
Suffolk	12	16.2	1.8	50
Bedford	16	4.5	2.0	44
England와 Wales 전체	16	551.3	315.1	61

자료: Marshall(1968), p. 34.

78 Krause(1958), pp. 52~70.

표 7-6 수당제도의 인구상 효과

비율 (천 명당)	17개 농촌교구 %변화			5개 도회교구 %변화		
	(1)	(2)		(1)	(2)	
출 생 률	31.35	32.32	+3.09	30.98	32.21	+3.97
혼 인 율	6.78	7.28	+7.37	8.26	8.11	−1.81
유아사망률	101.53	97.37	−4.10	113.9	113.9	0

주: (1): 수당제 실시중, (2): 수당제 중단 후.
자료: Huzel(1969), p. 375.

구에 대해 허즐(J. P. Huzel)은 구빈지출수준과 출생률이 높은 상관성을 보인다고 하더라도 그와 같은 사실은 출생률이 빈민법에 의해 증가되었다는 왕립위원회의 주장이 타당함을 입증해 주지는 못하며, 오히려 1830년대 이전에 구빈지출이 높은 수준을 기록하게 된 것은 제3의 요인에 의해 야기된 고출생률에 대한 반응의 소산으로 보아야 할 것이라고 주장하였다. 그는 또한 출생률의 감소가 빈민법 개정 이전에 이미 진행되었을 가능성이 높다고 지적하였다.[79] 크라우스의 연구를 제외하고는 구빈지출과 출생률이 뚜렷한 상관성을 가졌다는 연구는 보이지 않는다.[80] 표 7-6은 남부지방에서 신빙성 있는 자료의 획득이 가능한 15개 주의 22교구를 대상으로 한 허즐의 연구결과를 담고 있다. 수당제의 실시가 중단된 후에도 혼인율과 출생률은 뚜렷한 감소를 보이지 않으므로 맬서스나 왕립위원회의 주장은 설득력을 상실한다. 구빈지출이 유아사망률을 낮춤으로써 인구증가를 초래할지 모른다는 블록의 가설도 입증되지 않는 것으로 나타났다.[81]

[79] Huzel(1969), pp. 430~452.
[80] 예컨대, Tucker(1975), pp. 233~252; Huzel(1980), pp. 367~381 참조.

표 7-7 1821~1830년 켄트 농촌교구의 구빈지출수준과 이입률

1인당 구빈지출	교 구 수	이입률(천 명당)	
		교구 합계	평 균
35s. 이상	49	−842.80	−17.20
30~34s.	83	−860.71	−10.37
20~29s.	77	−426.58	−5.54
15~19s.	68	−398.46	−5.80
0~14s.	67	−115.24	−1.72
합 계	344	−2,641.92	−7.68

자료: Huzel(1980), p. 378.

허즐은 또한 구빈지출이 높은 지역일수록 노동자의 이출률이 높다는 사실을 켄트(Kent) 농촌지역에 대해 밝혀 내었다. 표 7-7은 연구의 결과인데, 이러한 현상에 대해 그는 노동력의 유출이 심한 지역에서 더이상의 노동력이 유출되는 것을 방지하기 위해 구빈담당자들이 구빈지출을 증대시킨 것이 이와 같은 결과를 초래하였으리라고 해석하였다.[82] 빈민법의 노동이동에 대한 영향은 구호에 의한 부분과 정주법 시행에 의한 부분으로 나누어 볼 수 있다. 스미스(A. Smith)는 정주법의 존재가 노동의 자유로운 이동을 심각하게 저해하였다고 주장한 바 있다.[83] 그렇지만 표 7-7에 나타난 1인당 구빈지출액과 이출률 간의 뚜렷한 관련성을 보건대, 정주법에 의한 노동이동 억제보다는 구호에 의한 억제가 더 큰 효과를 나타내었을 가능성이 높다고 추측된다.[84]

[81] Blaug(1963), p. 174.
[82] Huzel(1980), pp. 375~378.
[83] Smith(1977).

빈민법의 시행으로 노동자의 임금이 하락하였다는 왕립위원회의 주장은, 구호가 노동자의 노동의욕을 저하시켜 생산성 하락을 통해 임금을 낮추고, 또한 빈민법이 초래하였다고 간주된 인구증가가 임금상승의 가능성을 제거하였다는 생각에 기초한 것이었다. 1815년 이후 임금률이 하락한 사례가 많이 보고되고 있는데, 이는 부분적으로는 농업불황에 기인하며 부분적으로는 빈민법의 존재에 기인하였다고 할 수 있다. 그러나 이미 살펴본 바와 같이 노동생산성과 인구에 대한 빈민법의 효과는 그다지 강하지 않았다. 임금하락은 오히려 농촌의 고용기회 부족과 더불어, 빈민세를 통해 고용비용 부담을 노동자를 상대적으로 적게 고용하는 납세자들에게 전가하려 한 차지농들의 의도에 기인한 면이 강하였다고 보아야 옳을 것이다.

왕립위원회는 방만한 구빈행정이 빈민세를 증대시켜 차지농을 압박하였고, 그에 따라 지주는 지대수입의 감소를 겪어야 했다고 주장하였다. 전후 농업불황기에 지주가 지대를 경감해 준 사례가 많았던 것은 사실이다. 그러나 이는 빈민법이 초래한 것이기보다는 전쟁기를 통해 농업호황 속에서 지대가 매우 높은 수준을 보였다는 점에 기인한 면이 강하였고, 전후 물가하락으로 인해 지주의 실질적인 지대수취액은 그다지 감소하지 않은 것으로 보인다.[85] 당시 7년 내지 14년이었던 관습적인 차지계약기간의 존재가 지대변화를 지체시켰을 것이라는 블록의 지적까지 고려한다면 빈민법의 지대에 대한 효과는 매우 제한적이었다고 판단할 수 있다.[86]

84 레드포드도 노동이동성에 대해 정주법의 효과보다 수당제의 효과가 더 중요하였다고 주장하였다(Redford, 1968, p. 93).

85 Neuman(1972), pp. 114~115.

86 Blaug(1963), p. 175. 헌트도 이를 지적한 바 있다(Hunt, 1959, p. 102).

1830년대 초의 스윙폭동이 빈민법 때문에 건전한 노동의식을 상실한 무리들에 의해 발생하였다는 왕립위원회의 주장을 타당하다고 판단하게 해 주는 증거는 찾기 어렵다. 표 7-8은 『농촌질의서』의 질문에 대한 각 주의 회답을 정리한 것인데, 이에 따르면 당시 폭동의 원인이 빈민법 시행에 있다는 생각은 그다지 보편적이지 않았다고 할 수 있다. 농촌폭동의 진정한 원인은 저임금과 저고용을 강요한 지속적 불황에서 찾아야 옳을 것이다.

왕립위원회는 빈민법문제를 농업 특유의 문제가 강한 남부지방의 문제로 축소시켰고, 노동능력이 있는 성인빈민의 규모를 과대평가하였으며, 실업이 자발적인 것이라는 그릇된 가정에 입각하여 현실성이 약한 처방을 제시하였다. 왕립위원회는 농촌문제가 빈민법이라는 인위적 요인에 의해 발생하였고, 악폐의 주 요인이 노동능력을 가진 성인빈민에 대한 수당제의 무절제한 사용이었다는 잘못된 진단에 성급히 도달하였다. 빈민법 개정에 핵심적 역할을 수행하였던 시니어(N. Senior)가 전국적 증거수집작업 이전에 주장하였던 사항이 빈민법보고서 곳곳에 그대로 실려 있다는 점[87]과 『농촌질의서』에서 왕립위원회가 임금보조수당과 가족수당을 의도적으로 혼동시키려 하였다는 점[88]은 전국적 구빈실태조사가 이 위원회의 '선입관'을 정당화하기 위해 이루어졌음을 말해 준다. 이 절을 통해 우리는 빈민법보고서의 주장이 그것의 정당화를 위해 작성된 『농촌질의

---

[87] Crowther(1981), p. 16 참조.

[88] 질문 #24의 내용은 다음과 같다. "당신은 자신 또는 가족 때문에 당신의 교구로부터 수당이나 정규적 구호를 받는 사적 고용하의 노동능력 보유 노동자를 데리고 있는가, 그 수효는 얼마나 되는가, 그리고 몇째 자녀부터 구호가 시작되는가? 블록은 이 문항이 임금보조수당과 가족수양을 혼동시킨 것이라고 지적하면서, 왕립위원회가 이와 같은 혼동을 막고자 하였다면 충분히 성공할 수 있었을 것이라고 주장하였다(Blaug, 1964, pp. 231~232).

표 7-8 스윙폭동의 원인

주	저임금	실업	빈민법	독신자의 곤궁	접촉	선동가	개인적 원한
Beds.	2	4	6	1	0	2	1
Berks.	13	8	2	1	7	8	2
Bucks.	2	7	1	0	0	6	2
Cambs.	16	10	5	0	2	5	2
Dorset	4	2	1	0	2	4	0
Essex	8	10	0	0	0	2	0
Gloucs.	6	2	0	0	1	6	0
Hants.	18	14	3	2	3	14	1
Hereford	1	1	0	0	0	0	0
Herts.	1	2	0	0	0	2	1
Hunts.	2	3	1	0	0	0	0
Kent	15	17	4	0	1	6	0
Norfolk	15	14	5	0	1	14	2
Northants.	3	0	1	0	2	3	1
Oxford	6	1	0	0	2	3	0
Somerset	3	2	0	0	0	1	1
Suffolk	12	17	4	0	1	8	4
Sussex	21	23	5	3	5	23	3
Wilts.	9	8	2	2	2	3	0
합 계	157	145	40	9	29	110	20

자료: Hobsbawm and Rudé(1968).

서』도 일치되지 않음을 확인하였다. 구빈민법은 왕립위원회의 주장과는 달리 노동이동에 대한 제약이라는 면을 제외하고는 강한 영향을 미쳤다고 보기 어렵다.

5 맺음말

이 장에서 우리는 18세기 중반 이래 영국에서 진행된 경제·사회구조의 변화 속에서 사회세력들의 이해관계와 영향력에 따라 빈민법이 어떠한 모습으로 변천해 갔으며, 빈민법이 사회경제적으로 어떠한 효과를 초래하였나 고찰하였다.

18세기 중반부터 인클로저운동의 가속화와 토지소유의 집중화를 통해 남동부지방을 중심으로 계절적 실업의 문제가 크게 대두하였다. 농번기에 필요한 노동력을 확보함에 있어서 원외구호가 상대적으로 저렴한 방안이었다는 사실이 구빈지출의 급증을 가져왔다. 농촌가내공업의 쇠퇴도 구빈지출의 증가에 한 몫을 담당하였다. 이와 같은 경제적 요인 외에 지주층의 온정주의인 사고와 빈곤에 대한 유화적 사조의 대두도 구빈지출을 증가시킨 중요한 요인이었다. 1795년부터 종전에 이르는 시기는 전쟁에 따른 노동수요의 증가 및 밀가격의 고수준으로 인해 빈민법이 실업보다는 고물가에의 대응이란 성격을 강하게 보인 시기였다. 18세기 이래 온정주의적 질서의 근간을 이루는 상호의존적 사회관계가 약화되었고, 특히 지주층이 빈민보호의무의 수행을 점차 소홀히 한 경우가 늘어난 것은 사실이지만, 스핀햄랜드제도에서 보듯이 사회문제가 심각해진 경우에는 온정주의적 사회질서를 재건하려는 지주층의 노력이 부활하였다. 이 제도는 독창적인 것이 아니었고 폭넓게 수용된 것도 아니었으며, 다만 곡물가가 예외적으로 높은 해에 한하여 구질서의 유지를 희구한 지주층이 '빈민의 생존권'이라는 전통적 권리를 인정함으로써 자신의 입지를 견고히 하려고 한 의도의 소산이었다고 볼 수 있다.

종전과 함께 불어닥친 농업불황과 노동운동은 중산층을 중심으로 구빈지출을 삭감하려는 시도를 낳았다. 노동률제도의 확산과 1818년의 스터지스번법 제정이 이와 같은 시도의 산물이었다. 의회에서도 맬서스주의의 영향하에 빈민법을 철폐해야 한다는 주장이 점차 고조되어 갔다. 그러나 빈민법상의 급격한 변화가 구사회질서의 기반을 파괴하여 사회혼란을 야기할 위험이 있다고 인식한 의회 내의 보수세력 및 정부와 지방 지주들은 빈민법을 개혁하려는 시도를 적극적으로 펴지 않았다. 빈민법 개정은 이들이 개혁의 불가피성을 절감하도록 경제사정이 더욱 악화되는 한편, 맬서스적 철폐주의의 극단성을 대체할 온건한 개혁원리가 제시되는 때에야 비로소 가능한 것이었다. 이러한 조건은 1830~1831년 스윙폭동의 발생과 지역 구빈사례에 자극받은 개정주의의 대두에 의해 충족되었다. 1834년 신빈민법이 원리상 경쟁적 노동시장에 대한 신뢰를 바탕으로 한 정치경제학의 소산임은 분명하였다. 그러나 지주층이 개정안 지지를 보내면서 내심 의도하였던 바는 노동자의 노동의욕이 고취되고 자립성이 고양됨으로써 농촌의 소요사태가 해결되고 지역공동체 의식에 기초한 위계질서가 회복될 수 있으리라는 것이었다. 따라서 빈민법 개정이 온정주의 사회에 대한 시장경제의 침투가 완결된 것 또는 산업자본가층이 지주층에 대해 최종적으로 승리한 것을 상징한다고 섣불리 단정하는 것은 곤란하다고 하겠다. 구빈민법의 사회경제적 효과는 빈민법보고서에서 왕립위원회가 주장하였던 것과는 큰 차이가 있었다. 구빈민법하에서 빈민세 부담은 그리 무겁지 않았고, 노동생산생, 인구증가율, 임금률 그리고 지대수입에 대한 효과도 대단하지 않았으며, 구빈민법이 농촌소요사태의 주된 원인이라는 주장도 타당하지 않은 것으로 나타났다. 노동이동성에 대해서는 일정 정도 영향을 미쳤다고 보인다. 그렇지만 당시 공업화에 요구된 노동력은 공업지역 자체의 인구증가와 아일랜드 및 스코틀랜드으로부터의 탄력적인 이주민노동력 공급에 의해 충족될 수 있었으므로, 노동이동의 저지효과가 공업화의 진전에 애로를 가져오지는 않았다고 볼 수 있다.

8 빈민법 개정과 사회변동

1. 빈민법 개정 이후의 양상
2. 신빈민법의 변천과정
3. 반빈민법운동의 성격
4. 신빈민법의 사회경제적 효과
5. 맺 음 말

1 빈민법 개정 이후의 양상

1834년 빈민법개정법(Poor Laws Amendmend Act)은 하원에서 찬성 319표 대 반대 20표, 상원에서 찬성 76표 대 반대 13표라는 압도적인 지지하에 통과하였다. 그러나 이와 같은 사실이 이른바 「신빈민법(New Poor Law)」의 순조로운 수용을 보장해 주는 것은 아니었다. 신빈민법 주창자들이 원외구호에 대해 강한 반대를 표명하였음에도 불구하고, 원외구호의 비중은 적어도 1860년대까지는 별다른 감소를 보이지 않았다. 표 8-1은 원내구호의 사용이 그다지 확산되지 않았음을 나타내 주고 있다. 왕립위원회가 원외구호 중에서도 가장 폐해가 큰 것이었다고 주장하였던 임금보조수당제조차도 오랜 기간 잔존하였다. 신빈민법에 의해 전국의 구빈행정을 총괄하는 중앙당국으로서 창설된 빈민법위원회가 조사한 바에 따르면, '불충분한 임금'에 기인하는 구호를 받는 빈민이 노동능력을 가진 전체 피구호자 가운데 차지하는 비율이 1840년에 20퍼센트, 1843년에 16퍼센트, 1846년에 18퍼센트로 나타나고 있다.[1] 이 장에서는 원외구호 및 임금보조수당제가 이와 같이 계속된 이유가 무엇이었나를 신빈

표 8-1 원내구호의 추이

연 도	1840	1844	1849	1854	1859	1864	1869
비율(%)	14.30	15.70	12.26	12.91	14.00	13.17	15.49

자료: Fraser(1984), p. 52.

[1] Rose(1966a), p. 608; MacKinnon(1987).

민법의 시행과정을 통해 고찰하기로 한다. 신빈민법이 도입되는 양상이 북부지방과 남부지방에 차이를 보이므로, 양 지방을 구분하여 살펴보기로 한다.

2 신빈민법의 변천과정

농업지역과는 달리 유력세력인 산업자본가층이 경제적 사항에 민감한 관심을 보였던 까닭에 경제문제에 관한 이해관계가 현실에 반영되기 용이하였던 북부 공업지역에서는, 빈민법이 개정되기 수십 년 전부터 이미 구빈행정을 효율화하려는 노력이 다양하게 경주되어 왔다. 특별교구회의의 확대, 교구관리의 업무에 대한 통제, 전문적인 유급 보조관리의 활용 등으로 이 지방에서는 구빈지출의 절감에 실제로 상당한 성과를 거둔 바 있었다.[2] 따라서 이 지방 대다수의 납세자와 구빈행정 담당자들은 신빈민법이 농촌만을 대상으로 한 것이며, 이미 구빈행정을 개혁해 온 공업지역에는 시행되지 않으리라 여겼다.

그러나 신빈민법은 구빈행정을 전국적 단일체제로 개편하는 것을 목표의 하나로 삼고 있었고, 실제로 빈민법위원회는 1837년부터 이 지방에 보조위원(assistant commissioner)들을 파견하여 교구연합체인 빈민법조합(Poor Law Union)을 결성하고 새로운 구빈체제를 확립하고자 하였다. 사태가 애초의 기대와 어긋나게 되자 랭카셔(Lanca-

2 Midwinter(1967), p. 106; Rose(1970), pp. 82~83.

shire) 지방과 요크셔(Yorkshire)의 웨스트라이딩(West Riding) 지방에서 대대적인 반빈민법운동이 발생하였다. 이 운동은 공업지역에 심각한 불황이 발생한 1837~1838년에 확산되었다.

강력한 반발에 직면하여 빈민법조합와 보호위원회의의 창설은 지연될 수밖에 없었고, 빈민법위원회는 랭카셔와 웨스트라이딩에 대해 1838년의 법령을 통해 노동능력이 있는 성인빈민에 대한 원외구호를 계속 시행할 수 있도록 허용하지 않을 수 없었다. 신빈민법원리의 실행에 있어서 핵심이라 할 수 있는 노역원심사제도 제대로 실시되지 못하였다. 신빈민법의 노역원 운영은 모든 실업이 일시적인 것이거나 노동의식이 타락한 노동자들의 태만에 기인한 것일 뿐이라는 왕립위원회의 주장에 입각한 것이었으므로, 구조적 실업이나 공업지역의 경기변동에 효과적으로 대응할 수 없었다. 특히, 불황이 도래하여 실업이 급증한 경우 노역원 수용능력의 한계는 뚜렷이 드러났다. 더욱이 노역원에 들어가는 빈민들은 갖고 있던 생산도구를 팔아야만 하는 경우가 많았고, 경기가 호전되어도 일자리를 찾는 데 불리하였다.[3]

1830년대 말에 이르러 반빈민법운동의 기세가 약화되자 빈민법위원회는 원외노동심사령(Outdoor Labour Test Order)을 제정하였고, 1847년부터 중앙당국이 된 빈민법회의(Poor Law Board)[4]는 1852년에 원외구호규제령(Outdoor Relief Regulation Order)을 반포함으로써 신빈

[3] Rose(1970), p. 83. 1863년의 공공근로법(Public Works Act)은 지방의 구빈당국이 공공자금으로 자기지역의 빈곤상태를 개선하려는 정책을 실시할 수 있도록 한 것으로, 이전의 빈민법이 공업지역의 실업문제 해결에 부적합하였다는 사실을 보여 준다(Rose, 1972, p. 40).

[4] 중앙의 구빈당국은 1834년 빈민법위원회(Poor Law Commissioners)에서 1847년 빈민법회의로, 1871년에는 지방정부회의(Local Government Board)로, 그리고 1919년에는 보건부(Ministry Health)로 변천해 갔다.

민법의 시행을 도모하였다. 이 명령들은 노동능력이 있는 남성빈민에 대한 구호의 절반을 현물형태로 할 것과 보호위원회가 그들에게 일자리를 제공할 것을 내용으로 하였다. 그러나 명령의 반포로 신빈민법의 원리가 충실하게 실현된 것은 아니었다. 이들 명령이 세부사항에 관한 규정을 충분히 마련하고 있지 않았다는 사실이 보호위원회가 구빈행정을 자의적으로 수행할 소지를 갖도록 조장하였다. 무엇보다도 '노동능력을 가진 빈민'의 연령상 범위나 일시적인 빈곤의 경우 처리방법 등에 관하여 세부규정이 마련되어 있지 않았다. 그리고 질병 및 사고로 인한 구호대상자, 부양가족이 있는 과부, 갑작스럽고 긴급한 필요에 처한 자 등에 대해서는 예외적으로 원외구호를 할 수 있다고 규정하였을 뿐 아니라, 보호위원이 중앙당국에 보고하고 승인을 요청한 경우에는 명령에 금지된 구호방식을 21일 한도에서 허용한다는 조항도 두고 있었다.[5] 이렇듯 이들 명령이 유연한 성격을 띤 것이었음에도, 랭카셔, 웨스트라이딩 등지에서 발생한 저항으로 인하여 1858년 12월 원외구호규제령은 임시직 노동자에 대한 구호도 허용하도록 규정이 더욱 완화되어야만 하였다.[6]

반빈민법운동은 1830년대 말에 소멸하였지만 이것이 신빈민법의 도입에 대한 저항 자체가 소멸하였음을 의미하는 것은 아니었다. 지방 유력가들은 중앙당국으로부터 독립적인 권한을 향유할 수 있었던 보호위원회의를 실질적으로 통제함으로써 자신들의 이익을 무난히 관철해 갈 수 있었기 때문이다. 즉, 보호위원직은 경선을 거치지 않고 구빈민법하에서 교구관리였던 자들이 맡게 되는 경우가 대부분이었고, 많은 경우에 실제 구빈행정은 관련 도회지의 유력가

[5] Rose(1966a), pp. 609~611.

[6] Rose(1966a), p. 611.

들로 구성되는 소위원회(sub-committee)들에 의해 통제되었던 것이다.[7]

북동부지방에서는 신빈민법이 상대적으로 큰 저항 없이 도입될 수 있었다. 몰락한 모직포공이 많았던 랭카셔나 웨스트라이딩에 비해 경제사정이 나은 편이었던 이 지역에서는 새로이 선출된 보호위원들이 중앙에서 파견된 보조위원들과 별다른 마찰을 보이지 않았다. 그러나 이 지방에서도 새로운 구빈체제는 빈민법 개정론자들이 제시하였던 청사진과는 일치하지 않았다. 타인사이드(Tyneside) 지방에서는 노역원이 고령 및 질병에 시달리는 빈민들에게 자선을 베푸는 장소라는 인식이 강하여, 노동능력을 가진 빈민보다는 주로 아동 및 노약자를 노역원에 수용하였고 빈민법위원회의 권고보다 넉넉하게 구호를 시행하였다.[8] 더햄(Durham)에서도 1830년대에는 빈민법위원회가 주장한 것보다 후하게 빈민을 처우하였다. 그러나 경제가 심각한 불황에 처한 '배고픈 40년대(hungry forties)'에 이르러서는 노역원 운영이 점차 각박하게 되어 갔다. 빈민세의 압박을 토로하는 납세자들의 저항 속에서 보호위원회의는 빈민법 개정론자들의 주장보다도 더 구호를 제한하였고, 심지어 노동능력을 가진 빈민에게는 보호위원회의가 구호를 거부하는 사태도 발생하였다.[9] 더햄의 예는 일부 지역에서 발생한 구빈지출의 감소가 반드시 신빈민법원리의 충실한 이행에 의해 발생한 것이 아님을 보여 준다. 중앙당국의 영향력이 제한적인 상황에서 구호수준의 변동은 경제사정의 변화에 의해 더 크게 영향을 받는 것이었다.

남부지방에서는 신빈민법이 순조롭게 도입되기 시작하였다. 1835

[7] Midwinter(1967), pp. 106~112.
[8] McCord(1969), pp. 91~92.
[9] Dunkley(1974), pp. 335~336.

년 2월에서 1837년 5월에 걸쳐 빈민법조합의 창설이 대체로 완료되기까지 신빈민법에 대한 반발은 켄트 등 일부 지역을 제외하면 그다지 강하게 표면화되지 않았다. 그러나 새로 조직된 빈민법조합이 구빈방식을 변경하려고 하자 다양한 형태로 저항이 표출되었다. 노폭(Norfolk), 서폭(Suffolk), 켄트 및 런던에서는 폭력적인 형태로 저항이 전개되었고, 1830년대 말부터 시작되어 1840년대 초까지 계속된 웨일즈 지방의 레베카폭동(Rebecca Riots)에서도 신빈민법에의 반발이 중요한 요인으로 작용하였다.[10] 그러나 남부지방 전체로 볼 때, 폭력적 형태의 저항은 일반적인 것이 아니었고, 그러한 형태의 저항인 경우에도 북부지방에서 발견되는 저항운동의 조직성은 뚜렷하게 나타나지 않았다. 남부지방에서의 신빈민법에 대한 저항의 특징은 폭력적 형태가 아닌 다른 형태에서 찾아볼 수 있다.

신빈민법을 남부지방에 시행하기 위해 중앙에서 파견된 보조위원들은 농촌의 실태가 빈민법위원회의 주장과는 달리 신빈민법의 성공적인 도입을 어렵게 하는 것이었음을 발견하고, 신빈민법의 원리를 철저하게 시행하는 것보다는 법의 수용을 둘러싸고 지역유력가들과 타협해 갈 방안을 찾는 일에 더 많은 주의를 쏟았다. 이와 같은 상황에서 농촌 유력가들은 굳이 폭력적 형태로 신빈민법에 반대할 필요를 느끼지 않았고, 따라서 보호위원회의를 자신들의 이익에 합치되도록 통제하는 방식으로 신빈민법에 대응하였다.[11]

신빈민법은 구빈방법에 관하여 상세한 규정을 두지 않은 채 '적절한 방법'의 선택을 빈민법위원회의 결정사항으로 삼고 있었다. 이에 따라 빈민법위원회는 남부 각 지역에 다양한 빈민법령들을 반

---

[10] Digby(1976), pp. 151~152; Rose(1970), p. 82.

[11] 보호위원회의의 설립과 활동을 방해하는 형태의 저항도 존재하였지만, 역시 대종을 이룬 것은 보호위원회의를 통제하는 형태였다(Crowther, 1981, p. 45).

포해 왔는데, 이 법령들은 일반법률(General Act)로 모아진 후 1844년 원외구호금지령(Outdoor Relief Prohibition Order)이라는 단일체계로 완성되었다. 이 명령은 노동능력을 가진 모든 남녀 빈민을 빈민법조합의 노역원 내에서만 구호할 수 있음을 규정한 것이었다. 북부지방에서 널리 사용된 원외구호규제령과 마찬가지로 원외구호금지령도 법규상 미비점이 많았고, 보호위원회의가 중앙당국에 요청할 경우에는 명령에 금지된 구빈방식을 15일 한도에서 사용할 수 있었다.[12]

많은 논자들이 북부지방에서와 달리 남부지방에서는 신빈민법의 도입이 신속하게 이루어졌으며 큰 효과를 가져왔다고 주장해 왔다. 예를 들어, 시니어(N. Senior)와 더불어 빈민법 개정에 핵심적 역할을 담당하였던 채드윅(E. Chadwick)은 빈민법 개정 이래 1836년까지 남부지방에서 빈민세가 감소한 현상을 보고 이를 신빈민법의 효능이 발휘된 결과라고 주장하였다. 그렇지만 당시는 농법이 계속 풍작을 기록한 시기였을 뿐 아니라 철도건설의 진전으로 노동수요가 크게 증가한 시기였으므로, 빈민세의 감소를 신빈민법이 가져온 효과라고 단정할 수 없다.[13] 빈민세 감소라는 외형의 이면에는 신빈민법에 의해 야기된 하층민의 공식적 구호기피라는 현상이 자리하고 있다는 점도 간과해서는 안 된다. 노역원이 빈민을 가혹하게 다룬다는 풍문이 만연한 가운데 빈민들이 공식적인 구호신청을 꺼리는 경우가 크게 늘어났다. 매이휴(H. Mayhew)의 추계에 따르면, 1848년의 경우 약 187만 명이 공식적인 구호를 받고 있는 상태였지만 실제로는 225만 명 이상이 일자리를 갖지 못한 상태에 있었다고 한다.[14]

---

12 Rose(1966a), pp. 610~611.

13 Fraser(1984), p. 49.

빈민법위원회는 남부지방의 노동과잉문제를 해결하는 데 소요될 시간을 단축하고자 남부 농업지역의 실업인구를 북부 공업지역으로 이동시키려는 계획을 마련하였다. 1835년 빈민법위원회는 리즈(Leeds)와 맨체스터(Manchester)에 대리인을 두어 그들로 하여금 북부지방의 공장주들과 인구가 과잉한 남부 농촌의 보호위원들을 연결시키는 임무를 담당하도록 하였다. 이 계획에 대해 차지농들은 초기에는 전폭적인 지지를 보냈으나, 1837년 이후 태도를 바꾸어 반대 입장에 섰다. 차지농들의 태도전환은 그들이 처해 있는 경제적 딜레마에 의한 것이었다. 그들이 초기에 이 계획에 찬성하였던 것은 빈민세의 압력을 완화할 수 있으리라는 기대에 기인하였는데, 계획이 실행에 옮겨지자 노동력 확보라는 또다른 문제가 심각하게 대두하였다.[15] 이러한 상황에서 차지농들은 보다 적은 구빈지출로 보다 많은 노동력을 확보할 방안을 강구하게 되었다. 차지농들의 이해관계는 이로써 보호위원회의를 통해 영향력을 계속 행사하려 하였던 지주층의 이해관계와 합치될 수 있었다. 지주층과 차지농들은 보호위원회의를 독자적으로 운영하면서, 표면적으로는 신빈민법의 규정을 따르는 모습을 띠고 내부적으로는 자신들의 이익에 도움이 되도록 구호 및 고용방식을 결정하였다. 이 점을 잉글랜드 남동부지방의 양상을 통해 살펴보기로 한다.

에섹스(Essex), 서폭(Suffolk), 노폭(Norfolk), 케임브리지셔(Cambridgeshire), 허트포드셔(Hertfordshire), 베드포드셔(Bedfordshire) 등 여섯 주의 경우, 1840년 겨울에 노동능력이 있는 성인빈민에의 구호 중 78.2퍼센트가 원외구호였으나, 1846년 겨울에는 그 비율이 67.1퍼센트로 줄어든 것으로 나타났다.[16] 그러나 이러한 감소는 신빈민

---

14 Mayhew(1967), p. 398.

15 Redford(1968), pp. 97~117.

법의 진정한 성과라고 볼 수 없다. 무엇보다도 1842년부터 1846년까지의 기간에 이들 주에서 노동능력이 있는 빈민의 2/3가 원외구호 금지에 관한 예외조항으로 신빈민법에 규정되어 있는 '질병 및 사고로 인한 구호'를 받았다는 사실에 주목할 필요가 있다. 이 수치는 전국 평균치 1/2보다 현저하게 높은 수준으로, 기존의 구호가 은폐된 형식으로 계속되었음을 말해 준다.[17]

노동자에 대한 새로운 고용 및 구호방식의 도입도 이 지역의 내부사정을 밝히는 중요한 열쇠가 된다. 구호방식의 변화로는 1829년에 사용되기 시작하여 1830년대 중반에 널리 확산된 방식인 티켓제도(Ticket System)의 등장이 주목된다. 이 제도는 에섹스 북부, 케임브리지셔 남부 및 서폭 서부를 중심으로 노동고용능력이 부족한 농촌상황을 배경으로 성립하였다. 구호를 받을 가치가 없는 나태한 빈민을 가려낸다는 명목하에, 구호신청자들에게 인쇄된 티켓을 발급하고 여기에 빈민 자신이 일자리를 고용주에게 요청하였으나 고용주가 고용할 수 없는 상태에 있었다는 내용과 그를 증명하는 고용주의 서명을 받아 와야만 구호를 해 주는 방식이었다. 이 제도를 통해 구빈당국은 구빈지출을 거부 또는 연기할 기회를 쉽게 가지게 되었고, 그 결과 구빈수준을 저하시킬 수 있었다.[18] 그리고 이 제도는 구빈행정과 노동시장을 연계시켜 동시에 통제함으로써 구빈지출뿐 아니라 임금률도 낮출 수 있게 하였다. 표 8-2는 티켓제도가 광범위하게 사용되었던 세 주의 임금률 변화를 보여 주고 있다. 이에 따르면 이 지역에서의 임금하락폭은 전국 평균치에 비해 월등히 컸을 뿐 아니라, 세 주를 제외한 남부지방의 평균치보다도 현저하게

[16] Digby(1975), p. 72.

[17] 이 지역 외에 웨일즈도 이와 같은 구호를 널리 사용하였다(Digby, 1976, p. 157).

[18] Digby(1975), pp. 73~78.

표 8-2 티켓제도 실시지역의 임금수준

주	주당 평균임금(s.d.)	
	1837년	1850년
Cambridge	9.6	7.6
Essex	10.4	8.0
Suffolk	10.4	7.0
전국 평균	10.3	9.6
세 주를 제외한 남부 평균	9.4	9.0

자료: Blaug(1963), pp. 182~183.

켰다. 이 지역이 다른 지역은 겪지 않았던 경제문제로 고통받았다는 증거는 보이지 않으므로, 임금률의 하락에 이 제도가 영향을 미쳤다고 추정할 수 있다.

티켓제도가 도로세(Highway Rate)제도와 혼합되어 사용된 사실도 이 지역에서 구빈지출이 감소된 양상이 나타나게 된 요인이 되었다. 도로세제도는 빈민구호를 빈민세가 아닌 사적 기금을 재원으로 하여 시행하는 것으로, 신빈민법이 빈민법조합의 구빈자금을 각 교구에게 교구별 구호지출수준에 비례하여 분담시킴에 따라 이 분담액을 절감하기 위한 방안으로서 사용되었다.[19] 고용주들은 많은 비용을 들여 빈민법조합에서 공적으로 구호하는 대신 사적인 기금으로 구호를 실시함으로써, 구빈지출액을 절감하는 것 외에 임금을 압박할 수도 있는 위치에 서게 되었다.

이상에서 고찰한 바와 같이, 남부지방에서 원외구호 및 구빈지출이 감소한 것은 신빈민법의 효능이 성공적으로 발휘된 결과라기

[19] 도로세제도가 차지하는 비중은 1845년 남동부 여섯 주의 경우 전체 구빈지출의 8.8%에 이르렀다(Digby, 1975, p. 79).

보다는, 부분적으로는 경제사정의 호전과 부분적으로는 고용 및 구호방식의 변경의 결과라고 보아야 옳다. 북부지방과 달리 폭력적인 형태의 저항이 적었다는 사실이 남부지방에서 신빈민법이 뚜렷한 성과를 거두었다고 주장할 수 있게 하는 근거는 결코 되지 못한다.

3 반빈민법운동의 성격

반빈민법운동은 시기적으로는 1837년과 1838년, 지역적으로는 랭카셔와 웨스트라이딩을 중심으로 일어났다. 그러나 운동의 시기적·지역적 제한성에도 불구하고, 이 운동은 이전의 공장운동(factory movement)과 이후의 차티스트운동(chartist movement)을 연결시키는 고리로서 기능하였다는 면에서 당시 사회상을 연구하는 데 중요한 위치를 차지한다고 볼 수 있다. 본 절에서는 반빈민법운동의 경과를 살펴봄으로써, 신빈민법에 대한 북부 공업지역에서의 저항이 어떠한 성격을 지닌 것이었으며, 그 양상이 어떻게 변모해 갔나를 고찰하여 본다.

신빈민법이 남부지방에만 한정되어 실시되리라는 예상과 달리 보조위원들이 1837년부터 신빈민법을 시행하려 하자, 빈민들로부터 온정주의적 토리에 이르는 사회 각 계층의 격렬한 저항이 발생하였다. 노역원의 잔혹성을 크게 강조한 인쇄물들의 자극 속에서,[20]

[20] *The Times*를 위시하여 *Northern Star, Leeds Intelligencer, Halifax Guardian, Bolton Chronicle* 등 주로 토리계열의 신문이 앞장섰고 팜플렛도 많이 제작되었다. 이들 인쇄물은 노역원 상황의 열악성을 과장한 경우가 많았다(Roberts, 1963, pp. 97~107). 그러

이 해에 발생한 불황으로 자신들이 이러한 '빈민의 바스티유'에 수용되어야 할지도 모른다는 불안에 휩싸인 노동자들은 신빈민법을 '마왕법(Devil King Law)'이라 인식하고 '십자군'의 자격으로 구빈민법을 수호하고자 하였다.[21] 새노역원이 가족을 격리시키고 최저수준의 구호만을 행함으로써 전통적 가족관계와 상호의존적 사회관계를 파괴할 것이라고 인식한 토리주의의 입장에서 볼 때, 신빈민법은 천부의 '생존권'을 거부하는 반도덕적 악법이었다. 1835년부터 시작된 빈민법위원회의 이주정책도 공업노동자의 임금을 낮추려는 의도의 발로로 이해되었다. 온정주의적 토리는 또한 지방 구빈행정에 대한 중앙당국의 개입은 신이 부여한 지방자치의 권리를 전면적으로 부정하는 것이라고 여겼다.[22] 한편, 중산층 납세자와 보호위원들은 지방자치권의 약화라는 면 이외에 신빈민법의 원리에 맞는 새노역원의 건설에 소요되는 비용부담이나 유급직원의 고용비 부담과 같은 경제적인 면에서도 신빈민법에 반대하는 입장을 보였다.[23] 이렇듯 신빈민법에 대한 반대는 특정 집단의 특정 동기에 국한된 것이라기보다는 계급연합이라는 성격을 강하게 띤 것이었다.[24]

1837년 및 이듬해에 발생한 브래드포드(Bradford), 듀스버리(Dewsbury), 토드모든(Todmorden)에서의 소요를 정점으로 하는 반빈

나 빈민법위원회가 노역원을 안락한 곳으로 만들려고 하였다는 로버츠의 주장은 빈민법위원회의 옹호쪽으로 지나치게 기운 것으로 보인다(Henriques, 1968, pp. 365~371).

21 Rose(1966), pp. 77~78.

22 대표적인 온정주의적 토리로는 Richardo Oastler, George Stringer Bull, Samuel Roberts 등을 들 수 있다.

23 Boyson(1960), pp. 35~56; Rose(1966a), pp. 607~620.

24 웰링턴(Duke of Wellington)이나 필(Robert Peel)과 같은 의회지도자들은 토리당원이면서도 신빈민법을 지지하였고, 토리당원이 신빈민법의 수용에 적극적이었던 지역에서는 휘그당원이 신빈민법에의 반대를 주도하기도 하는 등, 신빈민법에 반대한 집단은 정파를 중심으로 구획짓기도 곤란한 것이었다(Rose, 1970, pp. 80, 84~85).

민법운동은 기존 공장운동의 조직을 그대로 이어받은 것이었다. 그 결과 10시간운동(ten hour movement)이 강하였던 지역에서 빈민법에의 저항강도도 높게 나타났다.[25] 반빈민법운동에 참여하였던 초기의 소규모 조직들은 점차 통합과정을 거치면서 더욱 힘을 키웠고,[26] 그러한 가운데 운동조직들은 공동집회의 개최, 보호위원회의의 업무수행 방해 및 의회에의 청원을 통해 신빈민법의 확산을 저지하는 데 성공하였다.

그러나 반빈민법운동은 성공의 정점에 서자마자 곧 쇠퇴하기 시작하였다. 이 운동이 쇠퇴의 길을 걷게 된 데에는 그것이 신빈민법의 도입을 저지하는 데에 성공하였다는 사실 자체가 큰 원인이 되었다. 옛 방식의 구호가 계속되는 가운데 신빈민법이 잔혹성을 띤 것이라는 운동의 주장은 노동자들에게 점차 설득력을 잃어 갔고, 중앙당국의 통제도 그다지 경직적인 것이 아니라는 생각이 확산되었다. 이와 같은 상황에서 운동에 참여하였던 사회세력들은 저항의 방법을 변경하지 않을 수 없었다.

지역사회의 유력가들은 이제 소요와 선전에 의존하는 대신 빈민법위원회의 영향력 부족과 신빈민법의 규정미비를 이용하여 보호위원회의를 실질적으로 통제하고, 이를 자신의 이익관철수단으로 이용하는 것을 보다 바람직하게 여기게 되었다. 한편, 많은 교구들은 자신이 교구 내의 빈민을 충분히 만족스럽게 구호할 수 있으며, 납세자들은 자신이 납부한 세금으로 자신이 원하는 방식의 구호를 할 권리를 갖고 있다는 점을 강조하는 청원서를 의회에 보냈다. 그럼에도 의회는 신빈민법을 지지하는 입장을 완강하게 고수하였다.

---

25 Rose(1966b), p. 74; Knott(1986).

26 통합의 결과로 West Riding Anti-Poor Law Committee와 South Lancashire Anti-Poor Law Association이 창설되었다.

그러한 가운데 1838년에 반빈민법운동을 차티스트운동으로 이끌게 된 사건이 발생하였다. 신빈민법의 폐지를 주장하는 필든(J. Fielden)의 법안이 동년 2월 의회에 상정되었으나 압도적인 표차로 부결되었던 것이다. 이 사건을 계기로 노동자들은 보통선거권 쟁취의 필요성을 절감하게 되었고, 그에 따라 차티스트운동에 대대적으로 참여하게 되었다. 물론 이러한 이행의 내면에는 하이 토리에 의한 온정주의의 강조가 점차 현실화된 계급대립의 문제를 근본적으로 해결해 줄 수 없다는 사고가 확산되었다는 사실이 자리하고 있었다.

이상에서 살펴본 바와 같이 반빈민법운동은 호벨(M. Hovell)이 지적한 대로 '급진적 법안에 대한 보수적 반대'이자 '강압적 입법에 대한 대중적 폭발'이라는 양면성을 지닌 것이었고,[27] 이 중 전자의 측면은 보호위원회의의 독자적 활동으로, 그리고 후자의 측면은 차티스트운동으로 계승되던 것이었다.

그리고 이와 같은 계승은 신빈민법에의 저항이 종결되었음을 의미하는 것이 아니며, 그보다는 각 사회집단이 목표로 하는 사회가 어떠한 모습을 띤 것이며, 효과적인 개선방안이 무엇인가에 관한 입장의 차이에 따라 계급별 분화가 이루어진 결과라고 보아야 옳을 것이다.

---

[27] Hovel(1925), p. 79.

4 신빈민법의 사회경제적 효과

이 절에서는 신빈민법이 기초하고 있는 두 기둥인 열등처우(less eligibility)의 원리와 국가적 통일성(national uniformity)의 원리가 현실에 얼마나 잘 적용될 수 있는 것이었으며, 신빈민법이 미친 사회경제적 효과가 어떠한 것이었나에 관해 고찰해 보기로 한다.

신빈민법은 노동능력이 있는 성인빈민에 대한 원외구호를 금지하고 시장임금률보다 낮은 수준의 구호를 노역원에 수용되어 있는 빈민에 한정하여 시행하며, 저수준의 구호와 노역원이 부과하는 노동 및 규율을 감수하겠다는 빈민 자신의 선택에 의해 노역원에 수용될 자격이 주어지도록 규정하였다. 빈민법 개정론자들을 이와 같은 노역원심사제의 실시가 빈민들의 자립심과 노동의식을 고양함으로써 노동생산성을 증대시키고, 그 결과 고용주의 노동수요를 확대하여 실업과 저임금의 문제를 해소시킬 수 있다고 보았다. 왕립위원회가 구호대상(pauperism) 계층을 제거하는 것만을 목표로 삼을 뿐 고용상태에 있는 노동자의 빈곤(poverty)을 제거하는 것은, 의도적으로 목표에서 제외시킨 것도[28] 신빈민법의 실시가 결국에는 노동자의 임금수준을 전반적으로 향상시킬 것이라는 확신을 바탕에 깐 것이라 볼 수 있다. 그러나 당시의 실업은 빈민법보고서의 판단과는 달리 자발적이지도 일시적이지도 않았으므로, 그러한 판단에 의거하고 있는 노역원심사제는 현실문제의 적절한 해결책이 되지

[28] Parliamentary Papers(1834a), pp. 127~145, 154.

못하였다. 따라서 빈민법 개정론자들의 기대와는 달리 전반적인 임금수준의 상승도 이루어지지 못하였다.

신빈민법은 열등처우의 원리를 실현하는 수단으로 노역원심사제만을 규정하였다. 이는 지역적 구휼사례, 특히 1820년대 초 노팅검셔에서 이 제도의 성공적 실시사례가 빈민법 개정론자들의 주목을 받았다는 데 크게 기인하였다. 그러나 노팅검셔에서 이 제도가 성공을 거둘 수 있었던 데에는 제도 자체의 우수성보다 시행 당시 이 지역의 경제사정이 양호하였다는 사실이 더 강하게 작용하였다고 보인다.[29] 노역원심사제만이 열등처우원리에 부합한다고는 볼 수 없다. 이 원리를 통해 기대할 수 있는 1차적 효과가 노동자들이 고용주에 대해 의존을 강화함으로써 규율을 준수하는 유순한 품성을 배우게 된다는 점에 있다고 한다면, 노역원심사제가 아닌 다른 수단으로도 원리는 실현될 수 있다고 볼 수 있다. 그 대표적인 예가 정주법이다.

왕립위원회는 정주의 기준을 출생지로 단일화하자고 제안하였다.[30] 그러나 빈민법 개정법안은 이 제안을 수용하지 않았고, 이 법으로 기존 정주자격에 다소의 변동이 가해졌지만 전체적으로는 정주법의 내용만 더욱 복잡하게 된 양상이 나타났다.[31] 1810년대부터 노동의 자유로운 이동을 저해한다는 비판 속에서 개정 움직임이 일기 시작한 정주법은 1840년대에 접어들면서 개정이 본격적으로 추진되었다.[32] 개정의 방향은, 첫째로 정주법의 행정단위를 교구에서

---

29 Marshall(1961), pp. 382~396.

30 Parliamentary Papers(1834a), p. 195.

31 기존의 1년단위의 고용, 교구직 종사 등에 의한 자격획득을 철폐하였고, 아버지가 불확실한 자녀는 어머니의 정주지를 따르도록 하였으며, 지대를 납부한 경우에도 동시에 빈민세를 납부해야만 정주권이 부여되도록 하였고, 토지소유에 의한 정주에도 제약이 가해지게 하였다(Taylor, 1976, pp. 53~54).

빈민법조합으로 확대하며, 둘째 일정 기간 동안 거주를 계속한 경우에는 퇴거를 시킬 수 없게 하며, 셋째 정주의 기준을 출생지로 단일화한다는 것이었다.

그러나 개혁이 현실화되는 데에는 수십 년이 소요되어야만 하였다.[33] 이 개혁이 지체된 가장 중요한 이유는, 도시와 산업지역의 유력자층 및 구빈당국이 경제가 불황에 처할 경우 구빈의 구호요구라는 압력을 막아 주는 유용한 방안으로 정주법을 인식한 데 있다. 경기변동에 부적합한 노역원심사제와 달리 퇴거위협은 빈민을 통제하기에 적합하면서도 경제상황에 따라 신축적으로 사용될 수 있다는 장점을 지녔던 것이다.[34]

신빈민법 제정 이전부터 이미 정주법은 노동이동을 막는 장애물로 다소 간 작용하고 있었다. 노동이동에 대한 요구가 더욱 증대된 신빈민법 시기에도 정주법이 구형태로 오래 잔존할 수 있었던 데에는 '비거주구호(non-resident relief)'라는 구호방식의 존재가 큰 역할을 하였다. 북부 공업지역에서는 경기호황에 대비하여 인근지역에 일정한 규모로 실업자군을 유지하는 것이 바람직하였는데, 이

---

32 또 하나의 비판점은 거주민의 정주자격을 조사하고 퇴거업무을 수행하는 데 비용이 많이 소요된다는 것이었다. 그러나 정주법의 시행에 드는 비용은 그다지 과다하지 않았다고 보인다(Rose, 1976, p. 34 참조).

33 1846년의 법(빅토리아 9~10년 법률 제66호)으로 5년간 거주시 강제퇴거가 불가능하게 되었고, 1847, 1848년의 보드킨법(Bodkin's Act: 빅토리아 10~11년 법률 제110호)은 정주법을 빈민법조합단위로 시행할 것을 규정하였다. 1861년의 법(빅토리아 24~25년 법률 제66호)은 각 교구가 구빈지출수준이 아닌 재산규모에 따라 빈민법조합에서의 구호액을 분담하게 하고 빈민이 3년간 거주한 경우 퇴거위험이 없도록 하였으며, 1865년의 조합부담법(Union Chargeability Act: 빅토리아 28~29년 법률 제79호)은 1년간 거주하면 퇴거를 강제할 수 없게 하고 정주법시행권 및 이를 위한 수세권을 교구가 아닌 빈민법조합에게 부여하였다(Rose, 1976, pp. 28~31).

34 실제로 퇴거는 불황기에 크게 증가하였다. 예를 들어, 불황기인 1841~1844년에 랭카셔, 체셔, 요크셔에서 적어도 1만 5,364인 이상이 퇴거를 당하였다(Redford, 1968, pp. 118~131).

를 위해 공업지역 교구는 자신의 교구 내에 거주하는 정주권을 갖지 못한 농촌 출신의 빈민들에게 구호를 해 주는 대신 빈민들의 정주교구와 교섭하여 구호비용을 농촌 정주교구가 갚아 주도록 하였다. 빈민들이 공업지역 교구로부터 퇴거를 당해 농촌의 정주교구에 머물게 될 경우 경제사정이 어려운 농촌의 정주교구는 이들 빈민을 지속적으로 부양해야 하였지만, 그들을 공업지역 교구에 남겨 둘 경우 호황기가 도래하면 정주교구는 구호비용을 절감할 수 있었다. 따라서 이 구호방식은 농업교구의 경제적 이익에도 부합하는 것이었다.[35] 비거주구호의 존재는 정주법이 개정되지 않더라도 산업자본가들이 노동력을 확보하는 데 별다른 어려움을 겪지 않도록 하였다. 이 구호방식에 힘입어 산업자본가들은 정주법을 노동자·빈민을 통제하고 노동력을 안정적으로 확보하는 저렴하고 신축적인 수단으로 이용할 수 있었다.[36] 이 방식은 또한 중앙의 개입에 대항한 지방자치력 유지라는 면에서도 도움이 되었으므로 북부지방 유력층에 의해 선호되었다.

빈민법 개정론자들은 노역원심사제의 실시로 열등처우의 원리를 실현함으로써 1차적으로는 노동자에 대해 규율을 강화할 것을, 그리고 2차적으로는 통일된 전국적 노동시장을 완성할 것을 기대하였다. 그러나 노역원심사제는 당시의 경제문제에 관한 그릇된 진단에 기초한 것이었기 때문에 현실문제의 효과적 해결책이 될 수 없었다. 이와 달리 정주법은 현실성을 가진 방안이었다. 그렇지만 정주법은 열등처우원리의 1차적 목표인 노동자의 규율강화에는 도움을 주었지만, 본질적으로 노동시장의 전국적 통일이라는 면에는 역

---

35 Redford(1968), p. 91.

36 비거주구호의 규모는 상당히 컸던 것 같다. West Riding의 경우 1839년에서 1846년 사이에 전체 피구호자의 20%가 이에 해당하였다(Rose, 1976, p. 36).

행하는 것이었다. 전국적 노동시장의 형성이 지체된 데에는 이러한 사정이 내재하였던 것이다.

이제 국가적 통일성의 원리를 살펴보기로 하자. 구빈민법하에서 지방의 각 교구들은 치안판사의 임명을 받아 구빈업무를 담당하는 비전문적인 교구위원들을 대체로 1년을 주기로 교체시키면서, 그들로 하여금 필요시마다 비정기적으로 개최되는 교구회의를 통해 구호대상자와 구호수준을 결정하고 구호를 시행하게 하였다. 교구관리의 결정에 이의를 가진 빈민은 사법당국에 항소할 수 있었고, 그 경우에 치안판사가 항소사항을 판결하였다. 그런데 신빈민법하에서는 치안판사가 사법부로서가 아니라 구빈행정을 직접 담당하는 일원으로서 구빈업무에 관여하게 되었다. 이제 치안판사는 투표를 통해 1년 단위로 선출되는 보호위원들과 함께 보호위원회의를 구성하고, 이 보호위원회의가 정기적 모임을 통해 구빈업무를 관장하며, 세부적인 업무를 유급으로 고용되는 상근직원들이 담당하도록 하는 체제가 된 것이다. 빈민법 개정론자들은 이 체제를 통해 구빈행정상의 정규화와 전문화를 도모하였다. 그리고 다수의 교구를 하나의 빈민법조합으로 묶어 행정단위를 확대하고 중앙의 빈민법위원회가 전국의 빈민법조합들을 총괄하게 함으로써 구빈행정을 중앙화하고자 하였다.

이와 같은 변화를 어떻게 평가할 것인가에 관해서는 상이한 견해가 대립하고 있다. 브런디지(A. Brundage)는 신빈민법을 귀족성격의 행정부가 기획하고 지주층의 영향력이 강대한 의회가 승인할 수 있었다는 점을 들어,[37] 신빈민법이 지주층의 영향력을 중산층 납세자의 권리로 대체하는 것이 아니라 반대로 지주층의 힘을 강화하는

[37] 신빈민법은 하원을 찬성 319, 반대 20으로 통과하였는데, 반대표 중에서 3표만이 잉글랜드 농촌에서 나온 것이었다.

것을 목적으로 제정되었다고 주장하였다. 그는 치안판사가 당연직 보호위원으로서 구빈행정에 참여하게 됨으로써 치안판사의 권력이 항소시에만 개입이 가능한 간접적인 사법권력에서 직접적인 행정권력으로 전환되었으며, 보호위원 선출에서 지주는 토지소유자와 납세자로서 투표권을 이중으로 행사할 수 있는 복수투표제(plural voting system)의 혜택을 누렸고,[38] 빈민법조합의 경계가 지주 자신의 토지소유 범위에 알맞게 설정되도록 강제함으로써, 지주의 권력을 강화할 수 있었다고 주장하였다. 그는 노샘프턴셔(Northamptonshire)의 사례연구를 통해 자신의 주장을 뒷받침하였다.[39] 브런디지의 주장에 대해 덩클리(P. Dunkley)는 노샘프턴셔가 예외적인 지역일 뿐이며, 다른 대부분의 지역에서는 치안판사가 구빈업무에 그다지 관심을 기울이지 않았다고 논박하였다.[40] 그는 대지주가 많지 않은 여러 주에서 중산층이 구빈행정을 통제할 수 있는 지위에 오른 모습이 많이 관찰된다고 주장하였다.[41]

빈민법 개정이 사회집단 간의 세력관계에 일률적인 방향으로 영향을 주었다고 단정하기는 어렵다. 앞에서 고찰한 바와 같이 신빈민법은 농촌지역에서조차 애초의 주장대로 시행되지 않았고, 지

[38] 신빈민법 제40조. 지주는 토지소유자로서 연간 지가 50파운드에 1표, 다음 25파운드마다 1표씩 최대 6표까지 행사할 수 있었고, 납세자로서 지가 200파운드에서 400파운드에 2표, 400파운드 이상에서 3표를 행사할 수 있어서, 도합 9표까지 투표가 가능하였다. 1844년의 그래험법(Graham's Act: 빅토리아 7~8년 법률 제108호)으로 행사가능한 최대 표수는 12로 늘어났다.

[39] Brundage(1972), pp. 27~48; Brundage(1975), pp. 347~351. 신빈민법하에서 지주가 더욱 막강한 영향력을 행사하였다는 연구로는 브런디지 이외에 Shropshire 지방에 관한 월시의 연구가 있다(Walsh, 1974, pp. 225~243).

[40] 예를 들어, 더햄에서는 대부분의 치안판사가 보호위원회의의 의장직이라는 영예에 만족하였고, 회의에의 출석은 지극히 부진하였다고 한다(Dunkley, 1974, pp. 329~346).

[41] Dunkley(1973), pp. 836~841. 그는 이러한 주로 케임브리지셔, 에섹스, 컴버랜드, 미들섹스, 버킹검셔, 옥스포드셔, 서머셋, 헤리포드셔 등을 들고 있다 .

역사회 유력층의 영향력이 보호위원회의의 독립적 운영을 통해 강하게 존속하였으므로, 신빈민법의 시행이 과거 지주권력이 약하였던 지역에서 차지농 납세자의 지위를 향상시키는 결과를 가져왔을 수는 있겠지만, 지주층의 힘이 강대하였던 지역에서는 지주층의 영향력을 약화시켰다고 볼 근거가 박약하다고 판단할 수 있다.

신빈민법이 추구한 국가적 통일성 원리는 지방권력의 계속적인 독자활동과 양립할 수 없는 것이었다. 구빈행정의 양상이 지방 유력가들의 태도에 크게 좌우되는 상태에서는 신빈민법이 추구하였던 구빈행정상의 정규성·전문성의 획득도 기대할 수 없었다. 신빈민법이 시행된 지역에서는 형식상 투표로 선출된 보호위원들과 당연직 보호위원인 치안판사에 의해 보호위원회의가 구성된 것이 사실이다. 보호위원회의가 구빈실무를 담당할 상근직원을 고용한 것도 사실이다. 그러나 이와 같은 외형상의 변화가 구빈행정의 정규성을 실질적으로 보장해 주는 것은 아니었다. 거의 대부분 지역에서 유급직원 및 보호위원직은 구빈민법하에서 유력가들의 통제하에 놓여 있었던 교구관리들에 의해 승계되었으며, 많은 지역에서 보호위원회의의 집회는 높은 결석률 속에서 유명무실한 양상을 보였다. 이렇듯 각 지역의 구빈행정 상황은 지방 유력층의 구빈업무에의 관심도와 신빈민법에 대한 대응의 적극성 여부에 따라 다양한 모습을 나타내었고, 정규성은 그 외피만을 마련하였을 뿐이었다. 또한 남부에서건 북부에서건 유급직원들이 구빈업무에 관해 전문적인 훈련을 받은 경우는 없고 유력가들의 의도에 맞추어 행동해야 하는 경우가 허다하였으므로 구빈행정의 전문성도 달성되었다고 볼 수 없다.

신빈민법의 제정이 행정의 중앙화·정규화·전문화의 길을 열었다는 점에서 '행정혁명' 또는 '정부의 혁명(Revolution in Government)'이라는 의의를 가진다는 주장은 지나치게 성급한 것이라고 볼 수 있다.[42] 치안판사가 사법상의 권한을 행사하였던 구빈민법하에서는 농업사회에서 경제적인 갈등을 농업노동자와 차지농 사이에 남겨 놓은 채 지주는 지역사회질서의 유지자로서 간접적으로만 문제에 개입하였다는데, 이러한 체제는 온정주의적 사회관계를 유지하는 데 적합한 것이었다. 이제 신빈민법의 시행으로 지주가 빈민을 직접 접해야 하는 체제가 된 것은 상호의존적 사회관계가 마모가 크게 진전된 사실을 반영한다고 할 수 있다. 빈민법 개정은 이러한 면에서 다소의 가치를 부여받을 수 있고, 행정의 중앙화·정규화·전문화라는 원칙을 외형적으로 확립하였다는 면에서 평가받을 수 있겠으나, 이러한 원칙들이 신빈민법의 시행에 의해 실제로 달성되었다고 인정할 소지는 크지 않다고 보아야 할 것이다.

5 맺음말

이 장을 통해 1834년 신빈민법이 어떤 과정을 거쳐 어떤 양상으로 잉글랜드 각지에 도입되었는가를 살펴보았다. 북부지방에서

42 이러한 주장의 대표적 예는 이른바 '토리적 역사해석(Tory interpretation of history)'에서 찾을 수 있다. 이에 의하면 누적된 사회적 폐해를 더이상 방치해서는 안 된다는 사회 전반의 인식이 행정개혁을 야기한 것이며, 행정개혁은 자체의 발전논리에 따라 중앙집권적·전문적 감독체계로 나아가게 된다고 한다. 한편, 이에 대한 비판도 꾸준히 이루어져 온 바 있다. 양측의 논쟁사에 관해서는 이태숙(1978)을 보라. 견해의 대립은 신빈민법에 관한 논의에서도 나타났다. 로버츠는 '토리적 역사해석'에 입각하여 빈민법위원회의 활동이 필수불가결한 것이었을 뿐 아니라 실제로 이 위원회의 활동은 적정하게 이루어졌다고 주장하였다(Roberts, 1963, pp. 97~407). 이를 비판하고 빈민법 개정의 계급입법적 성격을 강조한 논의로는 Henriques(1968), pp. 365~371 참조.

발생한 반빈민법운동의 전개과정과 성격을 밝히는 작업이 진행되었으며, 남부지방에서 나타난 반응과 지주 및 여타 계층의 이해관계에 대한 논의가 뒤를 이었다.

지주층의 영향력이 빈민법 개정으로 급속히 약화되지는 않은 것으로 나타났다. 신빈민법의 규정상 미비점을 이용하여 지주들은 중앙당국의 통제를 받지 않고 독자적으로 보호위원회의를 운용할 수 있었다. 신빈민법이 시행된 직후에 나타난 구빈지출 감소양상이나 1840년대에 발생한 원외구호 감소양상은 경제사정의 호전과 남부 일부 지방에서의 티켓제도와 도로세의 확산 등에 기인한 면이 강한 것으로, 신빈민법이 효능을 나타낸 증거로서의 가치는 희박하다고 보인다. 북부 공업지역에서는 반빈민법운동이라는 폭력적이고 조직적인 형태로 저항이 일어났다. 이 운동은 공장운동의 이념과 조직을 이어받은 것으로, 다양한 사회세력 간의 연합이란 성격을 강하게 띠었다. 이후 운동세력은 계급별 분화를 겪게 되었는데, 운동의 대중적 측면은 차티스트운동에 의해 계승되었고, 토리주의에 기초한 운동의 보수적 측면은 보호위원회의 독자적 운영의 형태로 이어졌다. 반빈민법운동은 시기적·지역적으로 한정된 것이었으므로 북부지방에서도 크게 보아서는 보호위원회의를 통한 저항이 더 중요하였다고 볼 수 있다. 북서부지방에서는 신빈민법이 별다른 저항을 받지 않고 순조로이 도입될 수 있었지만, 중앙당국의 통제력 부족에 기인하여 이 지역의 구빈행정도 빈민법 개정론자들의 주장과는 다른 양상으로 이루어졌다.

신빈민법의 그릇된 현실진단과 지방세력의 온존으로 인해 열등처우의 원리도, 국가적 통일성의 원리도 충실히 이행될 수 없었다. 노역원심사제 대신 공업지역의 주기적 실업에 적당한 정주법이 계속 사용되었고, 이에 따라 전국적 규모의 통일된 노동시장의 형성은 지체될 수밖에 없었다. 한편, 지방 유력가들이 구빈행정에 실질적인 지배력을 행사하였으므로 빈민법 개정론자들이 의도하였던 구빈행정의 중앙화·정규화·전문화는 실현되지 못하였다. 신빈민법은 이러한 목표를 지향한다는 원칙을 공식적으로 천명하였다는 점에서 의의를 부여받을 수 있을 뿐이며, 이러한 목표가 신빈민법의 도입으로 즉각 달성되었다고는 결코 볼 수 없다. 1834년의 빈민법 개정은 산업혁명의 완료를 상징하는 기념비가 아니라, 경제구조의 변화에 영향을 받아 사회관계가 변질되어 가는 과정에 자리한 이정표라고 평가할 수 있을 것이다.

산업혁명기 빈민법의 변천 및 개정과정은 경제상황의 변화에 따른 하층민의 생존권 요구, 차지농으로 대표되는 중산층의 경제적 부담 절감 시도, 그리고 지역사회 위계질서의 수호자로 남기를 원하였던 지주 등 지배층의 체제유지노력이 상호작용해 간 과정이었다. 여기에 중앙집중화 계획에 대한 지방세력의 자치권 수호투쟁과 노동력의 확보를 둘러싼 지주층과 산업자본가층의 이해관계 절충이 더해짐으로써, 빈민법은 복잡한 양상으로 전개되었던 것이다.

제 3 부

노동시장, 직종분화와 세계화

제 9 장
·
노동시장과 노동이동성

제10장
·
직종분화와 산업혁명의 재해석

제11장
·
정보의 바다와 산업혁명

9 노동시장과 노동이동성

1. 행정구역과 생활권
2. 노동시장에 대한 접근법들
3. 개별 노동시장의 사례들
4. 맺 음 말

1 행정구역과 생활권

도시화와 공업화가 본격적으로 진행되기 이전인 근대 초에도 영국 사회는 이미 상당한 수준의 노동이동을 경험하였다고 한다. 변화의 속도가 빨라진 18세기와 19세기 전반기에는 이동성이 더 컸을 것이라는 추정이 가능하며, 실제 많은 연구가 이 추정을 지지하는 결과를 보이고 있다.[1] 인구의 이동성 증가를 근대화의 한 지표로 볼 수 있음에 비추어 볼 때, 이른바 '대전환(Great Transformation)'을 경험한 이 시기 영국의 노동이동이 관심의 대상이 되는 것은 지극히 당연하다. 이 시기 노동이동에 관해서 그간 다양한 종류의 노동이동—예를 들어, 도제교육을 위한 청소년기의 이동, 혼인에 의한 배우자의 이동, 수확기 고용을 위한 농업노동자의 계절적 이동, 정주증명서를 지닌 노동자의 교구 간 이동—에 초점을 맞춘 연구가 축적되어 왔다. 이들 연구는 공통적으로 이동의 범위를 확인하고 이동원인을 구명하는 데 노력을 기울였다.[2] 이 과정에서 노동이동의 흡인-배출요인 분석과 같은 사회과학적 방법론이 널리 활용되었는데, 이러한 접근법은 분석의 엄밀성을 추구한다는 장점을 지닌 반면 이동이 일어난 구체적인 역사적 맥락을 충분히 고려하지 못할 수도 있다는 단점을 가진다. 기존 연구 중 상당수는 도제제도나 빈민법과 같은 제도적 요인이 노동이동의 방향과 규모에 큰 영향을 줄 수 있다는 점을 충분히 인식하고 있었고 실제 연구과정에 이를

[1] Clark and Souden(1987); Pooley and Turnbull(1998); Baines(1985).

[2] Lane(1996); Snell(2002); Collins(1976); Song(1998).

반영하였다. 그러나 이 연구들조차 소홀하였던 제도적 측면이 있다. 이것은 바로 지방행정구역이 인구이동의 범위와 어떤 관련이 있는가 하는 점이다.

영국의 지방정부는 크게 세 층위로 구성되어 있다. 가장 기본적인 단위는 마을의 법적 단위인 교구로, 민생위원(overseer of the poor)이나 교구위원(churchwarden)과 같은 교구관리(parish officer)가 교회관리, 도로보수, 빈민구호 등의 실무적 임무를 처리하였다. 빈민법—엄밀히 말하면 빈민법의 일부를 구성하는 정주법—하에서 교구는 개인의 구호요청권을 규정하는 기초단위이었고, 교구관리직은 마을의 중간층, 즉 노동력을 고용하는 차지농이나 조세의 귀착에 관심이 많은 납세자가 돌아가며 담당하였으므로, 교구는 일반민의 고용과 복지에 큰 영향을 준 것으로 보인다.

지방정부구조상 최상위의 단위는 주(county)로, 소속 치안판사의 정기집회인 사계재판소(Quarter Sessions)를 공식적인 의결기구로 하여 법질서의 유지, 중요 지역정책의 수립과 실시 등을 담당하였다. 사계재판소의 수장은 또한 주지사(Lord Lieutenant)로서 치안판사를 통솔하고 중앙정부와 관계를 이어 주는 역할을 수행하였다. 주지사와 치안판사는 대부분 지주와 성직자로서 교구관리와는 다른 사회계층이었다.

교구가 너무 작은 실무적 행정단위였던 반면에 주는 광역지방정부 단위여서 지방(local)의 업무를 처리하기에는 양자 모두 불편함이 있었기 때문에 중간층의 행정단위가 요망되었다. 헌드레드(hundred)와 간이심판소구역(petty sessional division), 그리고 1834년 빈민법 개정 이후에는 빈민법조합(Poor Law Union)이 이에 해당하였는데, 그 중 간이심판소구역이 가장 오래, 그리고 가장 중심적인 기능을 수행하였다. 대체로 20~30개의 교구가 한 간이심판소구역을 형성하고 10개 내외의 구역이 모여 주를 구성하였다. 18세기가 진행되면서 개별 치안판사는 점차 자신이 속한 간이심판소구역에서 배타적인 권한을 행사하게 되었다.[3]

이들 행정구역은 인구이동과 어떤 관련을 맺고 있었는가? 이에 대한 당대인 및 역사가의 견해는 매우 다양하다. 어떤 지방정부단위도 이동을 저해하거나 이동규모를 제약하지 않았다고 하는 주장이 있는가 하면, 교구가 핵심적인 역할을 하였다는 주장도 있고, 간이심판소가 더 중요하였다는 주장도 있다. 많은 연구들은 이 단위들의 중요성 자체를 인식하지 못하고 있기도 하다.

이 장은 노동이동에 대해 지방행정단위가 갖는 역할을 탐구한다. 이 주제에 관한 다양한 접근법을 유형화하여 소개하고 각 접근법의 비판적 검토과정을 통해 당대인의 생활권역에 대한 적절한 이해의 틀을 모색하는 것이 이 장의 목적이다.

생활권이란 지역의 주민이 일상생활을 영위함에 있어 밀접하게 관련을 맺고 있는 지리적 범위를 말하는데, 본 장에서는 매일 반복적으로 발생하는 통근과 같은 매우 단기적인 종류의 이동이 아니라, 대체로 수 주, 수 개월 내지 수 년에 한 차례씩 발생하는 종류의 이동이 이루어지는 중기적 차원의 공간을 의미한다. 이러한 공간은 행정구역이 경제적 활동과 맺는 관련성을 탐구한다는 본 연구의 목적에 부합하는 규모라고 볼 수 있다. 주된 검토대상은 잉글랜드 중부 및 남부의 농업지역이다.

[3] Webb and Webb(1906); Landau(1984); Eastwood(1994). 자세한 논의는 본서 제5장을 볼 것.

2 노동시장에 대한 접근법들

영국의 노동시장에 대한 접근법은 노동시장과 각 행정단위의 관계에 대한 인식에 따라 다양하다. 가장 먼저 자유시장적 접근법을 들 수 있다. 노동이동이 어떠한 행정적 단위에 의해서도 특별한 제약을 받지 않았다고 전제하는 연구들이 이에 해당한다. 이주자의 의사결정은 자신과 가족의 사회경제적 여건, 이주지에서의 고용가능성과 예상소득, 이주비용 등에 기초할 뿐 지역사회의 행정적 제약은 없었다고 본다. 경제학의 방법론을 직접적으로 채택하고 있는 이러한 접근법은 지나친 단순화로 인해 현실성을 결여하고 있다는 점에서 비판의 대상이 된다. 이 접근법의 대표로는 보이어(G. Boyer)의 노동이동에 관한 연구를 들 수 있다.[4]

완전한 자유시장을 상정하지는 않지만 행정단위의 역할을 인정하지 않는다는 점에서 자유시장적 접근과 유사한 입장을 취하는 연구도 있다. 정보의 전파방향과 범위에 관심을 기울이는 연구가 이에 해당하는데, '정보장(information field)' 또는 '정보지평(information horizon)'을 결정하는 변수로 주로 친족망(kinship network)의 범위나 토지소유의 지리적 분포를 강조한다. 전자의 예로는 스미스(R. Smith) 등의 연구를, 그리고 후자의 예로는 모건(D. Morgan)의 연구를 꼽을 수 있다.[5]

자유시장적 접근법의 비현실성을 인정하고 지방정부단위가 노

---

[4] Boyer(1986), pp. 419~430.

[5] Smith(1984); Tadmor(2001); Morgan(1982).

동이동을 제약하였다고 주장하는 연구 가운데 상당수는 교구 중심적 접근법을 취한다. 이 접근법은 노동이동을 규제하는 가장 중요한 제도였던 빈민법과 정주법이 개별 교구를 구호와 고용의 기본 단위로 삼고 있다는 점에 주목하여 각 교구를 독립된 노동시장으로 본다. 가장 대표적인 사례라 할 수 있는 애덤 스미스(A. Smith)는 "가난한 이가 교구라는 인위적 경계를 넘기가 다른 나라에서는 임금률의 현격한 격차를 가져오는 자연적 경계인 바다의 만곡이나 높은 산등성이보다도 넘기 힘든 경우가 자주 있다"고 개탄하였다.[6] 중상주의적 통제체제를 비판하며 자유시장체제의 장점을 설파한 그가 교구를 노동이동을 저해하는 장벽으로 인식한 것은 놀라운 일이 아니다. 오히려 그와 이념적으로 정반대에 서서 중앙집권화된 전국적 단일정치체제를 주장한 19세기 초의 공리주의적 개혁가들도 교구의 역할을 강조하고 있었다는 점이 더 눈길을 끈다. 1832년 빈민법 개정을 위해 남부지방으로 파견된 한 보조위원(assistant commissioner)의 표현에 따르면,

> 현재 상태에서 각 교구는 교구운영이란 면에서 볼 때 독립된 국가이다. ……잉글랜드와 웨일즈의 1만 4,000 독립공화국을 이어 주는 유일한 연결의 끈은 교구 간 법령인 정주법뿐이다.[7]

1834년 이전의 이른바 구빈민법뿐 아니라 교구의 역할이 상대적으로 약화된 신빈민법 체제에서도 교구는 하층민의 생계에 큰 영향을 주는 단위였다. 어떤 교구에서 법적인 정주권을 갖느냐가 구호요청 자격의 판단기준이었을 뿐 아니라 다양한 공동권 및 관습권

---

[6] 그는 "40세에 이른 가난한 잉글랜드인 중에 생애의 어느 한때에 이 잘못 고안된 정주법에 의해 아주 잔인하게 억눌렸던 경험을 갖지 않은 자는 거의 없다"고 단언하였다(Smith, 1977, p. 245).

[7] Parliamentary Papers(1834b), p. 153A.

에 대한 접근가능성을 결정하였다. 각종 자선기금이나 분여지 등 교구 내의 경제적 자원으로부터 누가 혜택을 볼 수 있는지도 정주권에 의해 결정되었다.[8] 각 교구가 하층민의 고용과 복지에 결정적인 영향을 끼치는 정책을 독립적으로 마련하고 시행할 권한을 가지고 있었으므로, 개별 교구를 타교구와 분리된 이른바 분단노동시장(fragmented labour market)으로 보아야 한다는 것이 교구중심적 접근법의 핵심 주장이다.

이 접근법은 교구의 실질적 행정을 담당한 교구관리의 역할을 강조한다. 차지농과 같이 사회계층상 중간층을 차지하는 교구민들이 교구관리직을 교대로 맡는 것이 상례였으므로, 이들이 구빈지출 수준과 교구의 여타 경제적 자원에 대한 하층민의 접근성을 통제하는 행정과정을 통해 교구 내의 임금률을 어느 수준으로 유지할 것이며, 구빈세의 징수와 이전지출로 얼마의 고용비용을 다른 교구민에게 전가할 것인가를 통제할 수 있었다는 것이다. 맥클로스키(D. McCloskey)의 고용시장 분석과 보이어(G. Boyer)의 구빈지출규모 분석, 그리고 노동이동에 관한 많은 연구가 이에 해당한다.[9] 교구가 가장 기초적 행정단위였다는 점과 당시의 인구 및 구빈관련 자료가 대부분 교구단위로 작성되었다는 점에 힘입어 아직도 많은 연구자들이 교구 중심적 접근법을 채택하고 있다.

그러나 이 접근법은 중간계층보다 상위에 위치하면서 사회경제적으로는 토지소유자로서, 그리고 정치 및 행정적으로는 치안판사로서 지방업무를 관장한 지주층의 존재를 간과하고 있다는 비판을 면하기 어렵다. 많은 역사가들이 동의하듯이 18세기와 19세기 초는 지방을 통치하는 치안판사의 영향력이 절정에 이른 시기라고 볼 수

[8] King(2000); King(1991); Humphries(1990); Burchardt(2002).

[9] McCloskey(1973); Boyer(1990); Snell(1985, 1991); Landau(1988, 1991); Taylor(1989).

있다.[10] 웹 부처(S. Webb and B. Webb)의 표현을 빌자면, "하원이 지방정부 서비스에 영향을 주는 일반법령을 통과시킬 때마다 권력을 얻은 것은 늘 치안판사였다."[11] 보다 넓은 안목과 다양한 정책수단을 가진 지주층이 어떻게 자신의 이익을 관철하였을 것인가를 이해하지 않고서는 당시의 사회상을 왜곡할 위험이 있다.

개별 교구 내의 상황으로부터 눈을 돌려 교구 간의 관계에 관심을 가져야 한다는 주장이 설득력을 얻어 가면서 교구 간의 이해관계에 관한 논의가 점차 정교화되었고, 마침내 '열린교구-닫힌교구모형'이라는 형태로 정형화되었다.[12] 전형적인 닫힌교구는 1인 또는 소수의 지주가 교구의 토지를 대부분 소유하는 곳으로 이들이 정주, 주택, 혼인 등 교구업무에 대해 강력한 통제력을 구사함으로써 인구증가를 억제하고 구빈지출수준을 낮게 유지하였다. 이와 대조적으로 열린교구는 토지소유가 분산되어 있어 교구업무에 대한 소수 지주의 통제가 불가능한 곳으로 높은 인구증가율, 높은 구빈지출 부담, 그리고 임대료는 비싸면서 주거환경은 열악한 주택 등을 특징으로 하였다. 이러한 차이의 발생을 딕비(A. Digby)는 다음과 같이 묘사하였다.

> 지난 2세기 이상에 걸쳐 잉글랜드와 웨일즈의 교구 간에 내란이 진행되었다. 군사령관은 토지소유자와 보유자였고, 부관은 교구 민생위원이었으며, 최전방의 사상자는 노동빈민이었다. 전략은 복잡한 정주와 과세법의 조항을 따라 수립되었고, 목표는 교구의 빈민수를 줄임으로써 구빈지출에 사용될 빈민세를 최소화하는 것이었다. 이기나긴 대결의 승리자는 소규모의 '닫힌'교구였고 패배자는 인구과

[10] Poynter(1969), p. 10; Beckett(1986); Eastwood(1997).

[11] Webb and Webb(1906), pp. 553~555.

[12] 이에 관한 주요 연구는 Holderness(1972); Banks(1988); Spencer(2000); Song(2002). 또한 본서 제3장 및 제4장 참조.

잉의 '열린'교구였다.[13]

그러나 엄밀히 말해 닫힌교구와 열린교구는 대립관계만 가졌던 것이 아니다. 그들 간에는 일종의 공생관계가 작동하고 있었다. 닫힌교구는 평상시 교구민의 노동력에 의존해 경작을 하고 농번기가 오면 부족한 노동력을 가까운 열린교구에 거주하는 노동빈민으로부터 제공받음으로써 고용비용과 구빈지출을 절감하는 이익을 누렸다. 열린교구의 입장에서는 인근의 닫힌교구가 제공하는 계절적 고용을 통해 연간 구빈부담을 줄일 수 있었다. 또한 열린교구에서 상대적으로 영향력이 컸던 중간층은 과잉상태의 인구에게 고율의 주택임대료를 부과함으로써 자신의 이익을 도모하였다.

열린교구와 닫힌교구가 가까이 위치하면서 노동력과 조세의 부담 등을 매개로 상호작용을 하였다는 논의는 기존의 경제사가들이 널리 사용한 장시-촌락의 관계와 상충하지 않는다. 상설장이 존재하는 읍(market town)은 대표적인 열린교구로 이해할 수 있고, 배후의 농촌마을들은 대체로 닫힌교구의 성격을 지닌다고 볼 수 있다. 발전된 형태의 열린교구-닫힌교구모형은 모든 마을을 극단적인 두 유형으로 양분하는 것이 아니라 개방도를 달리하는 다양한 마을이 근거리에서 병존하면서 상호작용을 하는 것으로 파악하는데, 이는 지역중심적 장시와 일부 인구밀도가 높은 농공상 혼합마을 및 순수 농업마을 등이 혼재하는 모습을 유형화한 것으로 이해할 수 있다. 옥스퍼드셔(Oxfordshire)의 농산물시장을 분석한 한 연구에 의하면 평균적인 장시의 권역(catchment area)은 약 700km^{2}로, 권역이 둥글다고 가정할 경우 반경 15km의 원에 해당한다. 영국 남부는 대체로 이와 비슷한 규모의 장시권역을 가진 것으로 보고된다.[14]

[13] Digby(1978), p. 83. 상세한 논의는 본서 제3장 참조.

본 연구와 관련하여 열린교구-닫힌교구모형이 제시하는 중요한 논점은 지주층이 모든 교구에 관심과 영향력을 가진 것이 아니라 선택적으로 닫힌교구에 대해서만 집중된 이해관계를 보였다는 점이다. 과연 지주층은 특정 교구에만 관심을 기울였다고 볼 수 있는가? 토지소유자로서의 이해관계만을 고려하더라도 닫힌교구가 다른 교구로부터 노동을 공급받고 있는 상황을 생각한다면, 교구 간에 원활한 노동력 흐름을 유지하는 것이 지주층에게 이익이 되지 않았을까? 이들의 치안판사로서의 의무가 교구보다 훨씬 넓은 지역에 대해 사회불안요소를 없애고 경제적 번영을 도모하는 것이며, 지역사회의 안정과 발전이 이들의 정치적·사회적 기반강화에 필수적이라는 점도 중요하다고 보인다. 이러한 논의는 우리의 관심을 중간층위의 지방정부단위로 이동시킨다.

중간 층위의 지방정부단위에 관심을 기울이는 연구는 치안판사의 관할구역에 중요성을 둔다. 18세기를 거치면서 영국의 지방정부체제는 치안판사의 책임과 권한을 명확히 하는 과정을 통해 지역통치를 효과적으로 수행할 수 있는 정책기구로 발전해 갔다. 각 지방의 사회적·경제적인 특징에 맞추어 적절한 규모의 구역이 설정되었고, 2인의 치안판사가 자신들이 활동하는 구역의 주요 사안에 대해 사법적 · 행정적 결정을 내리고 이 결정사항에 대해 타구역의 치안판사는 변경을 가할 수 없다는 관례가 자리를 잡았다.[15] 이에 따라 빈곤문제에 해당 치안판사가 호의적인 태도를 취한 곳과 그렇지 않은 곳 사이에는 구빈지출규모나 일자리 수에서 차이를 보일 가능성이 발생하였다. 헌드레드 간 1인당 평균구빈지출액의 차이를 비교한 랭턴(J. Langton)의 분석이 이에 주목한 대표적 연구다.[16] 그

---

[14] Thwaites(1981), p. 199.

[15] '구역'의 자세한 변천사에 관해서는 Webb and Webb(1906), pp. 298~299, 392~396.

의 연구는 위에서 본 열린교구-닫힌교구모형의 시사점, 즉 경제적 상황이 다른 교구들이 근거리에 혼재하였다는 점에 비추어 볼 때 설득력이 낮다고 판단된다. 필자가 케임브리지셔(Cambridgeshire)를 대상으로 실제로 조사한 바에 따르면, 간이심판소구역 간에 1인당 구빈지출액의 차이가 어느 정도 존재한 것으로 나타나지만 간이심판소구역 내의 교구 간 격차가 훨씬 현격한 것으로 나타나고 있다.[17] 중위 지방정부단위 간의 평균적 차이를 보는 것보다는 다양한 성격을 가진 교구들 간의 관계를 중위 지방정부단위 내에서 치안판사(즉, 지주층)가 어떻게 조정하였는가에 초점을 맞추는 것이 더 유익하다고 보인다.

이런 입장에서 가장 많은 연구가 이루어진 지방정부단위는 빈민법조합이다. 1834년 빈민법 개정에 따라 각 지방에서 빈민법조합의 경계가 어떻게 그어졌으며, 그 과정에서 어느 집단의 입김이 작용하였는가, 즉 법개정 이전과 이후의 지방권력의 구조가 현저한 변화를 겪었는가, 아니면 연속성이 유지되었는가는 빈민법 논쟁사에서 중요한 위치를 차지한다.[18] 지역적 차이가 없는 것은 아니지만 대다수의 지역에서 빈민법조합의 경계는 중앙정부의 빈민법위원회가 정한 기본 원칙을 따라 그어진 것으로 보인다. 이에 따르면,

> 조합의 가장 편리한 경계는 ……장이 열리는 읍을 중앙에 두고 이 시장에서 거래를 하는 지역민들이 사는 주변의 교구들을 포함하도록 하는 원형이다. 이렇게 하면 교구관리들이 매주 모임에 참석하기에 아주 편리할 뿐 아니라 일부 빈민법 보호위원(guardian)과 양질의 행정에 필요한 그 밖의 조력자를 읍에서 구할 수 있다.[19]

---

[16] Langton(1989).
[17] 송병건(2001); 본서 제5장.
[18] Brundage(1978); Dunkley(1982); Mandler(1987).
[19] Parliamentary Papers(1835a), p. 120.

실제 빈민법조합의 지리적 범위는 어떠하였을까? 이에 관한 연구에 의하면 빈민법조합의 크기는 노동자 및 노역원(workhouse)에서 사용되는 물품의 이동거리를 반영하며, 평균적으로 반경 11~13km인 것으로 나타났다. 옥스퍼드셔의 경우 빈민법조합의 반경이 평균 9~11km로 측정되었다.[20] 앞에서 언급하였던 장시의 권역이 완전한 원형이 아니고 또한 각 장시들이 부분적으로 상호 중첩되는 것이 일반적이었다는 점을 고려하면, 이 연구들은 실제로 빈민법조합이 장시권역과 상당한 정도의 일치도를 보일 것임을 시사한다.

이렇게 설립된 빈민법조합이 1834년 이후 중요한 지방정부단위로 기능하였지만, 동시에 간이심판소도 그 역할을 계속하였다. 1834년 이전에 대해서는 간이심판소가 결정적으로 중요한 지방정부단위였다.[21] 이 단위의 특수성은 이것이 중앙정부의 요구나 공식적인 법제에 입각해 설립된 것이 아니라 치안판사들이 업무의 효율적 집행을 위해 자발적으로 설립하였다는 데 있다. 16세기 이래 치안판사는 '치안'이라는 본래의 임무에 국한하지 않고 곡물가와 임금의 규제, 도제계약의 승인, 도로와 교량의 보수, 그리고 빈민법의 시행 등 폭넓은 업무를 처리해야 하였다. 증가하는 업무의 효율적 처리를 위해서는 지역을 분할하여 체계적으로 업무를 집행하는 것이 필수적이었고, 이에 따라 각 지역의 치안판사들은 행정상의 편의를 최대화할 수 있는 방식으로 구역을 획정하였다. 처리가 필요한 업무량에 따라 치안판사들이 모이는 횟수와 장소도 신축적으로 결정되었다.

요약하자면, 중앙정부로부터 자유롭고 법제상의 제약이 없기 때문에 간이심판소는 개별 지역의 통치에 가장 효과적인 형태로 운

[20] Pierce(1957), pp. 16, 42; Driver(1993); Song(1999), pp. 314~338.
[21] Keith-Lucas(1980); Landau(1984). 또한 본서 제5장 참조.

영이 될 수 있었다. 더욱이 시간이 지나면서 간이심판소의 관할구역이 지역행정에 불편하다고 여겨질 때마다 구역변경을 모색해 왔다는 점도 이 지방정부단위가 치안판사들이 편리하고 신축적으로 사용할 수 있었던 통치기구였음을 말해 준다.[22]

간이심판소는 관할구역 내에 있는 중심적인 읍에서 정기적으로 개최되어 구역 내 안건들을 처리하였다. 따라서 치안판사와 업무관련자들이 개최장소로 이동하거나 각 교구의 사정을 조사하기 위해 담당자를 파견하는 데 소요되는 거래비용을 최소화하는 것이 바람직하였다. 실제 간이심판소의 지리적 범위를 확인해 보면 장시가 열리는 읍을 중심으로 하고 이 장시를 생활권으로 하는 이들이 거주하는 교구들을 포괄하는 형태였다. 그리고 생활권과 행정구역이 불일치할 경우에는 구역의 변경이 이루어졌다.[23]

이상의 논의로부터 장시의 권역과 빈민법조합의 경계, 그리고 간이심판소의 관할구역은 기본적으로 동일한 원칙에 따라 구성되어 있음을 확인할 수 있다. 각 지방의 특수한 정치적·사회적·경제적 상황에 따라 이들 삼자가 정확히 일치하지는 않았지만, 일반적으로 생각되는 것보다는 훨씬 밀접한 관계를 가졌다고 판단된다.

---

22 Song(1998), pp. 471~474. 공식적 통치자료를 남길 의무가 없다는 간이심판소의 특성은 많은 자료를 남겨 놓지 않았다는 연구상의 제약조건을 낳았지만, 근래에 점차 개척이 필요한 새 연구분야로 부각되고 있다. 예를 들어, Landau(1990); Wells (1993).

23 간이심판소의 관할구역은 1825~1931에 작성된 토지세대장(Land Tax Assessments)에 기록되어 있고, 구역의 주요 변경내역은 사계재판소 의사록(Quarter Sessions Minute Books)과 지역신문을 통해 확인할 수 있다.

3 개별 노동시장의 사례들

그렇다면 당시에 존재하였던 다양한 종류의 노동력들이 이동한 양상은 지금까지 논의한 지리적 범위와 어떤 관계가 있을까? 자료에 대한 접근이 가능하거나 기존의 연구가 대상으로 삼았던 몇 가지 노동력, 즉 청소년을 대상으로 한 도제(apprentice) 및 농업고공(servant in husbandry), 그리고 주로 성인노동자인 빈민법 대상자를 차례로 살펴보기로 한다. 이 범주에 드는 노동력은 당시의 노동인구 가운데 일부를 구성할 뿐이나, 이들이 상대적으로 사회경제적 여건이 나은 성인의 숙련 농업노동자에 비해 이동성이 컸다는 점에 비추어 볼 때 우리의 특별한 관심대상이 되기에 충분하다.

어린 도제가 부모 곁을 떠나서 도제수업을 받기 위해 고용주의 거주지로 이동하는 거리는 편차가 컸다. 도제수업의 대상이 되는 업종이 무엇인가가 이동거리를 결정하는 중요한 요인임을 그간의 연구를 보여 준다. 즉, 높은 사회적 지위와 경제적 보수를 보장받을 수 있는 업종—법률가, 의사, 약사, 보석상 등—의 고용주에게 도제수업을 받기 위해서는 런던을 포함한 대도시로의 장거리 이동이 드물지 않았던 반면, 전문성이 높지 않고 국지적인 규모에서 다수의 숙련자가 위치하고 있는 업종—구두수선공, 목수, 재단사, 대장장이 등—에서는 상대적으로 근거리 이동이 지배적이었다. 수적으로 본다면 후자가 월등히 많았는데, 이는 18세기를 통해 도제의 수업료(premium)가 10파운드 미만인 경우가 전체의 50퍼센트이고 30파운드 미만이 전체의 90퍼센트를 차지하는 반면 100파운드 이상

표 9-1 18세기 영국 남부지역 남성 도제의 이동거리

거리(km)	수	누적비율(%)
5 이하	244	12.5
6~10	460	36.0
11~20	532	63.6
21~30	281	78.3
31~40	157	86.4
41~50	96	91.4
51~100	132	98.2
100 이상	36	100.0
합 계	1,943	100.0

인 경우는 전체의 1퍼센트에 불과하다는 영국 남부의 통계에서도 이를 확인할 수 있다.[24] 표 9-1은 이러한 구분을 두지 않은 채 이루어진 계측의 결과를 보여 주는데, 도제수업을 위해 이동한 거리가 10km 이하인 경우가 전체의 약 36퍼센트, 그리고 20km 이하의 이동이 약 64퍼센트를 차지하였다.[25] 다른 지역에 관한 연구들도 대체로 유사한 결과를 보여 준다.[26] 이 결과는 다른 종류의 노동력보다 상대적으로 이동거리가 길다는 도제도 상당수의 경우 중위 지방정부단위 내부에서 이동하였을 것임을 시사한다.

사적 동기에 의한 도제수업이 아니라 부양자가 없는 빈민아동을 대상으로 교구가 알선한 교구도제의 경우는 어떠하였을까? 도제의 수업료는 적지만 값싼 노동력을 얻을 수 있다는 이점 때문에 고

24 Kitch(1996), p. 11. 서리(Surrey), 서섹스(Sussex) 및 윌트셔(Wiltshire) 등 세 주의 자료에 기초한다.

25 이 계측은 남성 도제를 대상으로 한 것인데, 여성 도제의 경우 평균이동거리가 남성 도제보다 약 3km 짧았다(Kitch, 1996, p. 24).

26 Thomas(1971), pp. 216~283; Lane(1996), pp. 33~64.

용주가 교구도제를 받아들일 유인이 있기는 하였다. 그러나 도제수업기간이 만료하면 고용주가 속해 있는 교구는 도제에게 정주권을 부여해야 하였으므로, 고용주는 타교구로부터 교구도제를 받아들이지 말도록 교구로부터 압력을 받았을 가능성이 있다. 이런 논리에 근거해서 역사가들은 교구 당국이 해당 교구 내에서 고용주를 찾거나 또는 교구도제를 강제적으로 교구 내 고용주들에게 할당하였다고 주장한다. 이와 상반된 추측도 존재하는데, 당시의 문학작품이나 팜플렛에서 악명 높게 묘사되는 바와 같이 많은 교구도제가 런던 및 북부 잉글랜드 대도시의 낯선 교구로 보내졌을 것이라는 추측이 그것이다.

교구도제의 실제 이동거리는 어떠하였을까? 필자가 1700~1850년간 케임브리지셔를 대상으로 조사한 바에 따르면, 총 747건의 교구도제 기록 중 128건, 즉 전체 교구도제 중 17퍼센트만이 교구 내에서 도제수업을 받은 것으로 나타났다. 교구의 경계를 넘어 이동한 619건 가운데 384건(62퍼센트)은 동일한 간이심판소구역 내에 있는 교구로 이동하였다. 193건만이 케임브리지셔 경계를 벗어난 이동이었다.[27] 요약하면, 전체 교구도제 중 과반수가 간이심판소구역 내의 타교구로 이동하였다는 것이다. 교구 내 이동이 대부분일 것이라는 추측도, 그리고 장거리 이주가 다수일 것이라는 추측도 모두 현실과는 거리가 있는 것으로 나타났다.

상공업부문에서 청소년이 숙련을 배우는 제도가 도제제도였다면 농업부문에서는 농업고공제가 있었다. 10대에 자신의 집을 떠나 다른 농민의 집에 기숙하면서 농업의 숙련을 익히게 되는 농업고공(servant in husbandry 또는 living-in servant)은 대개 1년을 단위로 고용

---

[27] Cambridgeshire County Record Office, *Poor Law Papers*.

계약을 하였다. 따라서 농업고공은 매년 새 고용주를 찾거나 기존 고용주와 인상된 보수로 재계약을 맺어야 하였는데, 전자가 더 일반적이었다고 보고된다. 농업고공과 새 고용주의 만남은 각 지방에서 1년에 한두 차례씩—목축이 우세한 지역은 주로 봄, 경작이 우세한 지역은 가을—열리는 고용장(hiring fair)에서 이루어졌다.[28] 따라서 농업고공의 지리적 이동범위는 이 고용장의 권역과 밀접한 관계를 갖는다.

커스몰(A. Kussmaul)은 어떤 해에 특정한 농업고공을 받은 고용주와 이듬해의 고용주의 거주지 간 거리를 조사하였는데, 이에 따르면 절반 가량이 11km 이내였고, 70퍼센트 가량이 15km 이내였다.[29] 실제로 고용장은 지역의 중심 읍에서 열렸고, 그 권역은 간이심판소의 관할구역과 거의 일치하였으며, 농업고공의 순차적 고용주들은 동일한 간이심판소구역 내에서 고용장이 열리는 읍을 중심으로 같은 방향에 위치한 경우가 많았다고 한다.[30] 이는 아마도 농업고공과 고용주 모두가 자신들이 새로 계약하기를 원하는 사람들에 대한 정보를 탐색하는 데 이러한 지리적 범위가 편리하였기 때문이 아닌가 싶다. 지역 간에 상당한 정도 농업적 특성상 차이가 있었음에도 불구하고 중부 및 남부의 전 농업지역을 통해 간이심판소구역과 거의 일치하는 지리적 범위를 권역으로 하고, 그 중심적 위치에 있는 읍에서 고용장이 열렸다는 점이 공통적으로 확인된다. 따라서 농업고공의 이동범위도 커스몰이 제시한 기준이 지역적 차이를 막론하고 대체적으로 적용되었다고 추정할 수 있다.

28 Kussmaul(1981a).

29 Kussmaul(1981b), pp. 222~235. 허트포드셔(Hertfordshire), 서폭(Suffolk) 및 링컨셔(Lincolnshire)를 대상으로 한 연구임.

30 Stone(1844), pp. 22~28; Webb and Webb(1906), pp. 396~400.

앞에서 설명한 바와 같이, 인구를 엄격히 통제하는 닫힌교구와 만성적 인구과잉상태의 열린교구 간에는 서로의 이익을 위해 노동력의 통제된 이동, 즉 정주권의 변화가능성이 배제된 일시적 이동이 가능하도록 제도를 구비할 필요가 있었다. 이러한 필요성에 따라 열린교구의 주민은 소속 교구를 명시하고 경제적 곤란에 처할 경우 해당 교구가 생계를 책임지겠다는 것을 보장한 정주증명서(settlement certificate)를 보유하고 다른 교구로 일자리를 찾아 이동할 수 있는 제도가 마련되었다. 정주증명서를 소지한 자를 받아들이는 교구는 해당 인이 새 정주권을 얻을 조건을 충족하였더라도 정주권을 부여하지 않을 법적 권리를 가졌다. 따라서 정주증명서는 교구 간 노동이동을 촉진하는 유용한 수단으로 기능하였다.[31]

1751~1834년간 옥스퍼드셔의 사례를 보면, 그림 9-1에 나타나 있는 바와 같이 전체 정주증명서 소지자의 55퍼센트가 3km 이내로 이동하였고 72퍼센트가 8km 이내, 그리고 86퍼센트가 16km 이내로 이동하였다. 이러한 이동거리를 행정구역의 측면에서 살펴보면, 정주증명서 소지자의 이동이 동일한 간이심판소구역 이내에서 이루어진 경우가 전체의 61퍼센트를 차지하였다.

한 교구에 거주하는 타교구민이 가까운 장래에 경제적 어려움에 처할 가능성이 높거나 실제로 구호의 필요성이 발생한 경우 퇴거명령서(removal order)를 발급하여 해당 교구로의 강제이동을 집행하게 된다. 어느 시점에 한 사람이 거주지로부터 퇴거명령을 받았

[31] 연구대상이 되는 시기 중 정주증명서의 사용양태에 영향을 줄 수 있는 가장 큰 입법적 변화는 1795년에 발생하였다. 새 법에 의해 1795년 이후에는 빈민이 거주교구에 실제로 구호를 요청하였을 경우에만 퇴거를 명할 수 있게 되었는데, 이에 따라 일부 학자는 정주증명서의 존재이유가 없어졌다고 주장하였다. 그러나 신규 정주권을 거부할 권한은 여전히 존재한 탓에 정주증명서의 이용도 상당 정도 계속되었다(Song, 1998b, pp. 363~389).

그림 9-1 1751~1835 옥스퍼드셔 빈민법 대상자의 이동거리

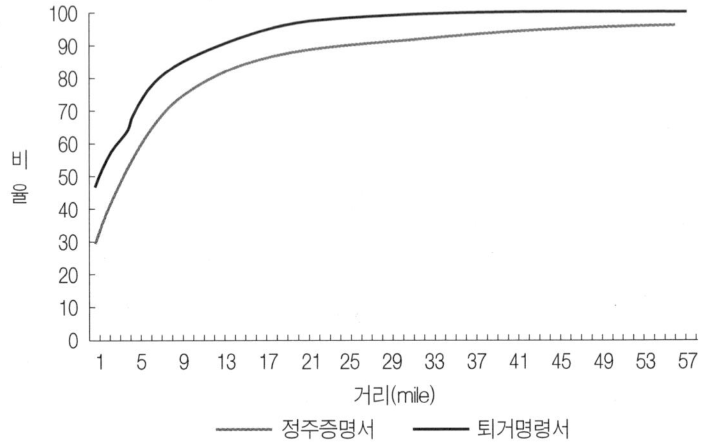

다는 것은 그보다 이른 시점에 그가 이 거주지로 이동해 왔다는 것을 의미한다고 전제하여 거주지와 정주지 간의 거리를 측정할 수 있다. 그림 9-1이 보여 주듯이 퇴거자의 39퍼센트가 3km 이내, 58퍼센트가 8km 이내, 그리고 76퍼센트가 16km 이내의 이동거리를 보였다. 동일한 간이심판소구역 내부에서의 이동이 전체의 54퍼센트에 이르렀다.[32]

빈민법의 대상이 된 사람들의 이동범위가 대체로 단거리였고, 특히 상대적으로 노동능력이 우월한 것으로 판단할 수 있는 정주증명서 보유자의 경우 거리가 더 짧았다는 사실은, 빈민법이 하층민의 생계를 보장하는 사회안전망으로 작용하여 그들로 하여금 멀리 고용기회를 찾아 이동할 수 있게 하였을 것이라는 근래 수정주의적

[32] Song(1998b), pp. 378~383.

역사해석을 비판적으로 보게 한다.[33] 빈민법체제하에서 노동이동은 단거리가 지배적이었고, 특히 고용가능성이 높은 부류의 이동이 단거리에 더 치중하였다는 사실은 지역노동시장의 원활한 운행이 지주층의 이익과 일치한다는 점과 연계하여 이해될 필요가 있다.

본 연구가 대상으로 하고 있는 중부 및 남부의 농업지역 전체를 완전히 동질적인 지역으로 보기는 힘들다. 동부지역에서는 18세기 이래 밀경작에 대한 특화가 지속적으로 진행되었고, 그 결과 늦여름 수확기를 중심으로 노동력에 대한 수요가 집중된 가운데 노동수요의 계절적 변동폭이 큰 양상을 보였다. 반면에 목축이 지배적인 산업은 서부지역에서는 노동수요의 계절적 차이가 제한적이었다. 이들 중간에 위치한 지역, 즉 중부와 남중부지역은 국지적인 지형, 토질 및 기후상황에 따라 농지와 목축지가 혼재하는 모습을 보였다. 이러한 차이는 노동이동의 양상이 지역 간에 다르게 나타나는 결과를 낳았다. 즉, 노동수요가 급증하는 동부지역의 경우 농번기가 거의 모든 마을에서 동시에 발생하므로, 근거리에서 필요한 노동력을 찾기가 어려웠다. 이에 따라 장거리 이동이 많이 목격되었고, 특히 일거리를 찾아 수확지역을 좇아다니는 아일랜드 농업노동자의 존재가 중요한 사회적 이슈로 부각되고는 하였다.[34] 서부의 경우 계절적인 단기적 노동이동의 필요성이 적었고, 따라서 노동력이 부족한 교구와 과잉인 교구 간의 장기적 노동이동이 지배적이었다. 중부 및 남중부지역은 양 요소가 혼합되어 열린교구-닫힌교구 간 노동이동과 단기적 노동이동이 중첩된 모습을 보였다. 빈민법 대상자의 이동거리에 관해 지금까지 이루어진 많은 지역별 연구들이 다소간 상이한 추계결과를 보이는 점은 대부분 이러한 경제여건

---

33 Snell(1992), pp. 145~172; Solar(1995), pp. 1~22.

34 Roberts(1979), pp. 3~28; 본서 제3장.

상의 차이에 기인한다.[35] 이러한 지역 간 차이에도 불구하고 빈민법 대상자의 지리적 이동범위가 지방정부단위, 특히 간이심판소구역과 긴밀한 관계를 갖는다는 사실은 영국의 농업지역 전반에 걸쳐 확인된다는 점이 강조되어야 한다.

4 맺음말

노동이동의 분석에는 이동주체 및 이동이 발생한 시기와 지역이 갖는 사회적·경제적·제도적 특수성에 대한 충분한 고려가 필수적이다. 이 장은 18~19세기 영국의 노동이동에 관한 그간의 연구들을 접근법상의 특징에 따라 분류하고, 각 접근법이 갖는 장단점을 논하였다. 지방정부의 사법적·행정적 단위가 노동이동의 양상에 영향을 줄 가능성에 논의의 초점을 맞추었다. 자유시장적 접근법은 과도한 단순화로 사회경제적 조건들을 무시하였다는 점에서, 그리고 교구 중심적 접근은 지역사회의 핵심 축을 형성하였던 지주층의 역할을 간과하였다는 점에서 비판의 대상이 된다. 열린교구-닫힌교구 접근은 교구 간 상호작용을 이해하는 유용한 틀을 제공하고 읍과 배후지 농촌마을 간의 관계에 대해 풍부한 해설을 가능하게 하지만, 지주층이 닫힌교구에만 선택적으로 관심을 가졌다고 해석하는 데에는 무리가 따른다. 마지막으로 중행정단위 중심의 접근은 빈민법조합이나 간이심판소구역과 같은 지방정부단위의 역할에 주

[35] Wells(1993), pp. 86~139; Mills(1980).

목한다. 각 지방정부단위에 속하는 모든 교구가 중심적인 치안판사의 개인적 성향에 의해 크게 영향을 받았다고는 보기 힘들다. 그러나 상이한 성격의 교구 간 노동이동을 둘러싼 마찰가능성을 최소화하는 것이 지역지도자로서 중요하였으므로, 열린교구-닫힌교구모형이 대체로 중단위 정부관할구역을 지리적 테두리로 하여 작동하였다고 추정해 볼 수 있다.

이런 추정이 실제 노동이동의 양상과 일치하는지를 보기 위해 몇 종류의 노동력에 대해 이동범위를 조사하였다. 도제의 이동은 통상 생각되는 것보다 단거리의 비중이 높았고, 교구도제의 경우 교구 내 이동이 예상외로 적은 가운데 근거리의 타교구로 집중적으로 이동하였다. 농업고공의 이동은 고용장의 개설위치와 권역에서 예상할 수 있듯이 간이심판소구역 이내에서 압도적인 양상을 보였다. 마지막으로 빈민법 대상자 역시 정주확인증 보유자와 퇴거대상자 모두 간이심판소 내에서의 단거리 이동이 주류를 이루었음을 확인할 수 있었다.

18세기와 19세기 영국인의 생활권은 1차적으로 경제적인 측면에서 장시가 열리는 읍을 축으로 하여 장시를 이용하는 사람과 물자의 이동권역이 중요하였을 것이다. 그리고 이 권역 내에서 상대적인 개방도가 다른 교구들 간에 노동이동을 포함한 다양한 상호교류가 있었을 것이다. 그러나 이 범위는 지방행정단위라는 제도적 경계와 밀접히 관련되어 있었다. 일부 예외가 있지만 많은 빈민법 조합의 관할구역은 장시의 권역과 상충하지 않도록 설정되었고, 따라서 마찬가지의 원리에 따라 발달해 온 간이심판소구역과도 높은 일치도를 보였다. 그리고 일단 행정구역이 설정되면 노동이동을 포함한 지역민의 생활은 행정구역 내에서 이루어질 가능성이 더 커졌다. 자신이 영향력을 행사하는 지역의 사회적 안정성과 경제적 번영이 중요하였던 지주층이 이를 원하였을 것이기 때문이다. 이러한 과정을 통해 지방정부의 지리적 경계는 지방민의 생활권과 더욱 통일된 모습을 보이게 되었다.

10 직종분화와 산업혁명의 재해석

1. 산업혁명의 재조명과 직종연구의 대두
2. 직종분화의 역사: 연구의 성과
3. 직종연구의 한계
4. 남은 과제들

1 산업혁명의 재조명과 직종연구의 대두

‘산업혁명’은 위기에 처해 있다. 18세기 후반에서 19세기 전반에 이르는 시기에 발생한 사회경제적 변화를 ‘산업혁명’이라는 개념으로 이해하던 전통적 해석이 도전을 받게 된 것은 어제오늘의 일이 아니다. 당시의 변화를 이전 시기로부터의 ‘단절’로 이해해야 하는가, 아니면 양적인 변화에 불과한 ‘연속’적 과정으로 보아야 하는가 하는 논쟁의 역사는 매우 길어, 이제는 이 논쟁의 역사 자체가 논의의 대상이 될 정도다. 그러나 지난 20여 년간 경제사학계에서 진행된 논쟁은 특별히 주목할 가치가 있다. 각종 자료를 이용하여 다양한 방법으로 진행된 여러 양적 추계작업들은 영국의 경제적 변화가 18세기 후반보다 훨씬 앞선 시기부터 서서히 이루어져 왔다는 데 대부분 의견의 일치를 보였다. 적어도 경제성장률이나 공업생산증가율의 측면에서 본다면 이미 산업‘혁명’은 잘못된 명명이라는 데 대다수가 동의한다. 이에 따라 많은 학자들은 세계사에서 유일한 경험으로서 영국의 산업혁명(Industrial Revolution)이라는 관념을 대신하여 서구 및 기타 지역의 많은 국가들이 시차를 두고 경험하게 되는 산업혁명(industrial revolution) 또는 더 나아가 일반적인 산업화(industrialization)의 한 사례로 영국 경제의 변화를 이해하는 것이 바람직하다고 주장한다.[1]

그러나 산업혁명을 둘러싼 논의를 산업화의 속도문제로 국한하

---

[1] Crafts(1985); Jones(1993); Angus Maddison(2004).

는 것은 타당하지 않다. 경제구조의 변화가 사람들의 사고방식과 생활양식, 사회조직들의 구성원리와 운용방식, 국가기구의 역할 및 작동방식 등에 끼친 영향은 광범위하고 심오하다. 따라서 영국의 산업화가 점진적이었다는 점을 받아들인다 하더라도, 영국이 왜 최초로 산업화라는 사회경제적 대전환에 성공하였는가라는 질문은 여전히 유효하다. 과연 영국이 어떤 면에서 산업화에 유리한 환경을 보유하고 있었는가? 그러한 환경은 언제 조성되었는가? 그리고 이러한 비교우위의 원천은 무엇이었을까?

논의의 출발점으로 1800년경 영국 경제와 유럽대륙 국가들의 경제구조를 비교해 보자. 당시 영국에서는 성인남성 노동력의 50퍼센트 이상이 비농업부문에 고용되어 있었는데, 이는 대부분의 유럽 국가들이 보여 준 약 25퍼센트라는 수치와 비교해 큰 대조를 이룬다. 16~17세기 중상주의시대의 상황을 기준으로 비교해 보면, 영국의 경제구조는 서유럽 국가들보다 별다른 우위를 보이지 않은 것으로 보인다. 오히려 해외개척에 앞선 국가들에 비해 영국이 다소 낙후된 상황이었을 것이라는 게 일반적인 추측이다.[2] 그렇다면 산업화를 경험하기 이전 1~2세기 동안 다른 국가들과 차별화되는 경제구조를 갖게 되었다는 의미가 된다. 그러나 유감스럽게도 이 시기의 경제구조에 관해서는 상대적으로 연구가 부족한 실정이다. 중요한 이유 중 하나는 본격적인 양적 분석을 가능하게 해 주는 자료가 산업화 시기에 비해 매우 적기 때문이다. 통계적 자료의 수집과 분석이 국가운영의 주요 수단으로 자리하게 되는 19세기 이전에는 역사가들이 신뢰할 수 있는 전국적 규모의 자료가 매우 부족하였다.[3]

[2] Wrigley(1986); Cornwall(1988); Farr(2000).

[3] Eastwood(1989); 조용욱(2000). 직종센서스가 처음으로 실시된 것은 1841년의 일이며, 본격적인 상세한 직종센서스는 1851년에 이루어졌다. 1801년부터 1831년까

19세기 전반의 빈민법 개정, 공장입법, 스윙폭동 등에 견줄 만한 가시적인 사건이 17~18세기에는 적었다는 점도 이 시기에 대한 상대적 무관심의 한 요인이었다.

다행스럽게 이 시기의 경제구조에 관한 연구가 근래 들어 본격적으로 축적되기 시작하였다. 무엇보다도 중요한 점으로 당시의 경제구조를 알게 해 주는 직종구조와 직종다양성의 시기적·지리적 차이에 대해 많은 연구결과가 지속적으로 발표되고 있다. 이에 따라 근대 초의 산업구조에 대해 당대인의 추측성 자료—예를 들어, 킹(Gregory King)의 1688년 자료나 매시(Joseph Massie)의 1759년 자료—에만 의존하던 시절은 이미 지나갔고, 이제는 훨씬 구체적인 자료의 분석을 통해 신뢰성이 높은 연구결과가 축적되고 있다.[4]

2 직종분화의 역사: 연구의 성과

19세기 이전의 직종연구에 이용된 자료들은 매우 다양하였다. 도시공민명부(list of urban freeman)는 각 읍내에 거주하는 상대적으로 부유한 인구에 대해 직종정보를 제공하였고,[5] 투표책(poll book)

지 10년단위로 이루어진 인구센서스는 직종에 관해 지극히 피상적인 언급만을 하였다. 1831년 인구센서스는 구체적인 직종별 인구조사를 행하지는 않고 다만 소수의 직종분야에 관해서만—농업, 제조업, 상공업, 자본가·은행가·전문직, 비농업노동자, 하인—20세 이상의 남성인구에 대해 통계자료를 제시하고 있다. 다만 1831년 센서스는 1841년 및 1851년 센서스와 달리 교구단위로 정보를 제공한다는 장점이 있다. 센서스를 이용한 직종연구에 관해서는 Armstrong(1972).

[4] Mathias(1979); Lindert and Williamson(1982).

[5] Patten(1972); Pound(1981).

은 19세기 후반부터 선거권자의 간단한 신상에 대해 알려 주었다.[6] 상속품목명세서(probate inventory)는 소비재의 구성을 통해 직종분화의 수준을 가늠하게 해 주며,[7] 교구등록부(parish register)는 세례자의 아버지, 혼인하는 신랑, 장례를 치르는 남성사망자 등의 직업에 대해 일부 기록을 남겼다.[8] 빈민법에 따른 정주조사서(settlement examination)는 교구에 구호를 요청한 자가 그간 어느 곳에서 어떤 일에 종사해 왔는가에 대해 상세히 기록하고 있으며,[9] 사계재판소(Quarter Sessions)의 기록도 직종에 관한 자료를 알려 주는 경우가 많다.[10] 가장 분석이 많이 이루어진 자료는 도제자료(apprenticeship record)로서, 수공업자 및 상인 직종들이 어떻게 재생산을 거듭하였고 지리적·계층적으로 어떤 변화를 경험하였는가에 대해 그간 여러 지역의 도제자료를 이용하여 많은 연구가 진행되어 왔다.[11] 빈민아동의 경우 교구당국이 아동의 부모를 대신하여 도제계약의 한 축을 이루었는데, 이러한 교구도제(parish apprenticeship)에 대해서도 별도의 조사가 이루어져 왔다.[12]

각각의 자료들은 대상으로 하는 지역과 시기, 자료의 완전성, 대상자의 사회적·경제적 신분 등에 있어 나름대로의 제한성을 갖는다. 예를 들어, 투표책은 선거권을 지닌 사람들만을 다루며, 도제자료는 도제제도라는 교육과정을 거친 사람들만을 대상으로 한다. 상속품목명세서는 상속할 재산이 있는 상대적 부유층에 대해서만

---

6 Baigent(1988).
7 Arkell, Evans, and Goose(2000); Berg and Eger(2003).
8 Wrigley and Schofield(1989).
9 Snell(1985); Landau(1991).
10 Gibson(1983).
11 Dunlop(1912); Lane(1996); C. Brooks(1994).
12 Sharpe(1991); Rose(1989).

정보를 알려 주지만, 정주조사서는 구호대상인 하층민의 생활단면을 보여 준다. 도제자료는 주로 19세기 후반 이전까지를 충실하게 기록하고 있는 반면, 교구등록부는 19세기 후반부터 직종에 관한 기록이 풍부하다. 이러한 자료상의 제약을 놓고 볼 때, 그간의 연구들은 대부분 단일한 자료에 대해 조사하는 방법을 취하였기 때문에 독립적인 직종연구들은 원천적으로 한계를 지닌다고 볼 수 있다. 그러나 이들 연구를 종합해서 보자면, 그간 직종발달사에 대해 몇 가지 중요한 발견이 있었음을 부인할 수 없다.

첫째, 이미 17~18세기를 거치면서 직종 간의 분화가 크게 진전되었다. 근대 초 사회에서 일(work)과 고용(employment)이 의미하는 바는 현대의 그것과 다르다는 점은 그간 많이 지적되어 왔다. 과거 노동을 바라보는 시각은 전업적 임금노동으로 관심사가 축소되어 있는 현재와 차이가 있었으며, 따라서 불가피하게 비교사적 연구를 수행하는 경우에도 겸업, 부업, 저고용(underemployment), 가족고용 등 다양한 노동형태에 주목해야 한다는 주장이 설득력을 지녀 왔다. 그러나 이러한 차이에 대한 지나친 강조는 당시에 진행된 직종의 전문화 및 분화를 무시하는 결과를 낳기도 한다. 예를 들어, 당시의 도제기록은 일부 직업훈련을 위해서 도제의 부모는 고액의 수업료(프리미엄)를 기꺼이 납부하였다는 점을 보여 준다. 법률가나 의사 등 이른바 지식전문직(learned profession)의 경우 수백 파운드의 수업료가 책정되는 것이 보통이었다.[13] 또한 말(horse)과 관련된 직종을 보아도 마구제조인(collar maker), 안장제조인(saddler), 말굽제작자(horseshoe maker) 등으로 작업의 분화현상을 뚜렷이 보인다.[14] 여러 자료들을 통해 볼 때, 비록 사회계층 사다리의 하단을 구성하는

[13] Lane(1996); Corfield(1999).

[14] 송병건 · 김재호 · 리 쇼-테일러(2007).

농업노동(husbandry), 가사노동(housewifery) 등의 직종에서는 작업의 분화현상이 덜 뚜렷하지만, 전반적으로는 직종의 분화가 이 시기를 통해 상당히 진전되었음을 알 수 있다. 또한 남녀 간의 직종선택도 점차 뚜렷해져서, 18세기에 이르면 대부분의 직종에 대해 어느 성이 적합한지에 대한 대체적인 사회적 합의가 존재하였던 것으로 보인다. 성별 임금격차의 수준과 이유에 관해서도 많은 것이 밝혀졌다.[15]

둘째, 그간의 연구들은 숙련(skill)의 공급이 안정적으로 재생산되는 체제가 전국적으로 존재하였다는 사실을 보여 준다. 중세 이래 도시를 중심으로 짜여졌던 길드제가 가진 구속력은 18세기 초에 이르러 크게 약화되었지만, 이미 이 시기 이전에도 영국의 길드제는 다른 국가들에 비해 숙련노동의 체계적 공급에 유리한 방식으로 운영되었다. 이에는 영국 도제제도가 지닌 두 가지 특징이 중요한 역할을 하였다. 그 하나는 도제교육을 끝마친 자가 독립적인 장인으로서 개업을 하는 경우 개업하는 지역에 대한 길드의 제약이 다른 나라들과는 달리 영국에서는 실질적으로 존재하지 않았다는 점이다. 이는 숙련노동시장이 전국적인 규모에서 최소한 어느 정도 작동하고 있었음을 시사하는 것으로, 도제수업을 마친 이들이 자신들에게 유리한 지역을 개업장소로 선택하는 데 경쟁의 힘이 작용하였음을 말해 준다. 다른 하나의 영국적 특수성은 도제제도가 빈민법과 결합된 방식으로 운영되었다는 데 있다. 1692년의 빈민법에 따라 도제수업을 완료한 이는 수업을 받은 교구에서 새 정주권을 획득하게 되었다. 정주권은 보유자에게 경제적 여건이 어려울 때 교구당국에 구호를 요청할 권리만을 제공하는 것이 아니라, 공동지

15 Burnette(1997); Snell(1985).

나 주택에 딸린 공동권, 경제적 이익이 있는 교구 내의 활동에 대한 관습권, 그리고 교구의 자선기금에 대한 이용가능성과 같은 광범위한 권리의 묶음을 제공하였다.[16] 따라서 도제수업을 마쳤을 때 기대할 수 있는 순이익이 다른 나라들에 비해 영국에서 상대적으로 컸으므로 도제가 되고자 희망하는 사람의 수가 많았고, 이는 도제제도가 영국에서 순조롭게 작동한 중요한 요인 가운데 하나였다. 또한 빈민법은 도제제도를 통해 숙련을 익힌 이가 영업에 실패하여 빈궁해질 경우 최소한의 생계수단을 보조하기로 약속함으로써, 숙련노동자가 타지역으로 이주해 가는 것을 제도적으로 뒷받침하는 효과를 가져오기도 하였다.[17]

셋째, 숙련노동의 재생산은 기존의 거래망과 밀접한 관련하에 이루어졌다. 지역중심지로의 노동공급은 대개 농촌공업이 존재하였던 지역으로부터 이루어졌고, 일부 해안지역의 어업관련 직종에는 해안선을 따라 이동한 노동력이 큰 비중을 차지하였다. 또한 남부 농업지역과 북부 공업지역 간에는 산업화가 필요로 하는 대규모 아동노동의 안정적 이동을 보장하기 위한 공식적·비공식적 방안들이 다양하게 개발되었다.[18] 종합하자면, 국지적 및 장거리 노동이동이 대체로 잘 짜여진 방식으로 원활하게 이루어졌다고 볼 수 있으며, 이는 위에서 살펴본 영국 도제제도만의 특징과 밀접히 관계된 것이었다. 애덤 스미스(A. Smith)는 도제제도의 중상주의적 성격을 강조하면서 원활한 노동이동을 크게 제약하였다고 비판한 바 있는데, 근래의 연구들은 그의 주장만큼 노동공급이 제약받지는 않았다는 데 대체적인 의견의 일치를 보여 준다.

---

16 이 권리들의 경제적 가치에 관해서는 Shaw-Taylor(2001); Neeson(1996).
17 Solar(1995).
18 Ben-Amos(1988); Rushton(1991); Rose(1989).

3 직종연구의 한계

그간의 연구는 이렇듯 우리에게 유용한 지식을 제공한다. 그러나 아직 명확하게 밝혀지지 않은 점들도 많다. 이는 부분적으로는 과거 특정 시기에 대한 사회사적 지식의 부족에 기인하기도 하고, 부분적으로는 연구가 충분히 이루어지지 못한 데 기인하기도 한다. 무엇보다도 시기와 지역에 따라 일과 고용의 성격이 얼마나 달라졌는가가 아직도 불분명하다. 전반적으로 근대 초 경제활동의 특징으로 가족구성원들이 다양한 방식으로 가계수입에 기여하는 점, 직종별 특화가 불충분하게 진행되었다는 점(도제기록에 복수의 직종을 기록한 경우가 상당수였다), 재화의 재사용과 관련된 일이 많았다는 점(대다수의 교구에서 가장 흔한 수공업자가 구두수선공(cordwainer)이었다), 가족단위로 일감이 할당되어 가족구성원별 노동의 기여도가 제대로 알려지지 않았다는 점, 임금 이외의 형태로 보수가 지급되는 수입원이 많았다는 점 등이 이미 많은 연구를 통해 지적된 바 있다. 이러한 속성이 지역별로 어떤 편차를 보였으며, 근대적인 전업화는 언제 본격적으로 진행되었는가에 관해 아직 연구가 크게 부족한 실정이다.

또한 직종의 분화과정을 공급 측면에서 바라볼 것인가, 아니면 수요가 견인한 것으로 이해해야 하는가에 대해 논의가 미비하다. 산업화 및 직종발달과 관련한 기존의 연구들은 노동공급, 자본공급, 기술변화 등 주로 공급 측면의 중요성을 강조하고 있다. 그러나 일각에서는 이러한 변화가 보다 나은 생활수준을 향유하고자 장시간

노동이나 높아진 노동강도를 감내하는 인구의 증가라는 수요 측면의 변화에 의해 추동되었다는 해석을 제시하기도 한다.[19] 과연 직종의 분화는 타직종으로 이전가능한 '일반기술'이 지배적인 경제로부터 특정 직종에 배타적으로 적용되는 기술이 지배적인 경제로의 이행이라는 공급 측면의 변화에 의해 야기되었는가?[20] 아니면 자신과 가족의 의식주 수준을 높이고 타인들의 소비양태나 유행에 뒤떨어지지 않고자 하는 소비자로서의 욕망이 사회 전체적으로 확산된 결과인가? 이에 대해 기존의 연구는 매우 미흡하다.

직종연구에서 활용될 수 있는 잠재적 가능성이 높음에도 불구하고 아직 연구가 본격적으로 이루어지지 않은 자료들이 있다는 점도 지적할 수 있다. 대표적인 예라고 할 수 있는 방위기록(defence records)을 살펴보자. 18세기 프랑스와의 정치적 긴장관계가 계속되는 과정에서 잠재하는 적국의 침입이나 국내반란에 대한 대응책으로 지역별로 민병대(militia)를 구성하는 입법이 마련되었다. 가장 중요한 입법례는 1757년의 민병대법(Militia Act)으로, 각 주와 교구에서 민병대를 의무적으로 조직하도록 규정하였다. 이에 따라 18세에서 50세에 이르는 남성은 일부 직종 종사자를 제외하고는—귀족, 성직자, 도제, 선원, 군인, 교구경관 등—모두 민병대 추첨대상자가 되었고, 추첨에 의해 3년간 민병대에서 복무할 의무를 가진 자가 결정되었다.[21] 민병대 운영의 여러 단계에서 대상자의 신상에 대한

---

19 이런 해석은 이른바 '근면혁명(industrious revolution)'의 개념을 통해 정식화되었다. De Vries(1994). 유사한 맥락의 연구로 Weatherill(1988).

20 이 구분에 사용된 용어는 Becker(1964)를 따른 것이다. 그의 인적자본이론은 도제제도를 포함한 기술훈련과 직장 내 교육의 속성에 관해 경제학계에서 활발히 진행되고 있는 논의의 기초를 이룬다. 예를 들어, Smits and Stromback(2001); Malcomson, Maw, and McCormick(2003).

21 19세기 초반에 이르기까지 수 차례의 보완입법을 통해 제도가 수정되었으나 1758년

정보를 담은 다양한 자료가 마련되었는데, 특히 이들이 공통적으로 대상자의 직업 및 연령에 관해 기록하고 있다는 점이 중요하다.[22] 자료의 존재시기와 대상자의 연령이 부분적으로 중첩하는 이들 방위자료의 비교를 통해 개별 방위자료가 갖는 대표성 부족의 문제를 최소화할 수 있으며, 따라서 이 비교분석으로부터 도출되는 직종구조는 상당한 신빙성을 지닌 것으로 간주할 수 있다.[23]

연령이 기록되어 있다는 사실은 중요한 분석상의 장점을 가져오는데, 그 이유는 당시 단일한 교구에 거주하는 사람들 가운데 성뿐 아니라 이름까지도 동일한 경우가 적지 않다는 사실 때문이다. 특히, 일부 지역에 대해서는 수십 년간 거의 매년 새로 조사한 자료가 남아 있어 직종별 이동성을 연구하는 데에도 매우 유용할 것으로 보인다.

4 남은 과제들

이상에서 살펴본 직종연구의 성과와 한계는 앞으로 진행되어야 할 연구의 방향에 대해 많은 시사점을 제공한다. 우선 그간의 연구가 상이한 직종관련 자료들을 연결하여 분석하는 작업을 소홀히 하

부터 대상자의 연령상한이 50세에서 45세로 낮아진 것을 제외하면 직종연구와 관련하여 특별히 주목할 만한 변화는 없었다.

22 Beckett(1985); Glennie(1990).

23 구체적 자료로 militia ballot list, militia liable book, militia exempt book, posse comitatus list, levee en messe, muster book 등이 있다. 이들 각 방위자료에 관한 자세한 설명은 Gibson and Medlycott(2000).

였다는 점을 지적할 필요가 있다. 둘 이상의 자료를 통합하여 분석할 경우 많은 유익한 결과를 도출할 수 있을 것으로 보인다. 예를 들어, 인구센서스와 투표책을 대조하면 특정 교구의 인구 가운데 선거권 보유에 필요한 소득수준에 도달해 있었던 인구의 비중을 파악할 수 있을 것이다. 이를 다시 방위기록과 비교하면, 어떤 직종의 종사자가 상대적으로 높은 소득을 보였는지를 알 수 있을 것이며, 이 결과를 다시 도제수업료와 비교해 보면 소득과 수업료의 관계에 대해 보다 명확한 해명이 가능해질 것이다.

더 나아가 직종관련 자료를 다른 사료들과 연결함으로써 분석의 깊이를 더할 수도 있다. 이를 위해서는 특히 개별 자료에 등장하는 특정 인물이 다른 자료에 어떤 모습으로 등장하고 있는가를 확인하는 작업이 필수적이다. 성명연결(nominal linkage)이라고 불리는 이 방법은 분석에 시간이 많이 소요된다는 단점이 있지만, 직종의 선택과 관련한 의사결정이 구체적으로 어떤 환경에서 이루어졌는가를 알 수 있게 해 준다는 큰 장점이 있다.[24] 이를테면, 교구도제자료를 해당 교구의 회계장부(account book)와 함께 분석함으로써 교구도제의 대상이 된 빈민아동의 가족이 구체적으로 어떤 경제적 상황에 처해 있었는가를 파악할 수 있을 것이다. 또한 연속적인 시계열자료가 존재하는 방위기록의 경우 연속한 각 연도에 재등장하는 인구비율을 직종별로 계산할 수 있을 것이고, 이들 가운데 교구등록부를 통해 사망자를 추려 낸다면 직종별 노동이동성에 대해 정확도가 높은 연구결과를 도출할 수도 있을 것으로 보인다.

마지막으로, 직종연구의 결과를 당시 사회의 운영체제와의 관련하에 이해하는 것이 중요하다는 점을 강조할 필요가 있다. 도제

[24] 이 방법론이 큰 결실을 거둔 사례는 Wrigley and Schofield(2000).

자료와 정주조사서 등을 통해 확인할 수 있는 각 직종의 지리적 노동이동성은 그저 경쟁적인 노동시장의 작동으로 이루어진 결과라고 볼 수 없다. 빈민법과 같은 제도를 매개로 노동이동에 관련한 의사결정이 이루어졌기 때문인데, 여기에는 이주민의 의사만이 아니라 이주를 통해 손해와 이익을 보는 집단들의 의사도 크게 작용하였고, 또한 갈등을 조정할 의무를 지닌 중앙과 지방의 행정 및 사법당국의 역할도 매우 중요하였다. 특히, 일정 범위 내에서 이루어진 단거리 노동이동과 관련해서는 지역 내에서 실질적인 통치력을 행사하였던 치안판사와 유효한 통치기구였던 간이심판소구역 같은 행정구역의 역할에 대해 보다 세심한 주의를 기울일 필요가 있어 보인다.[25]

지금까지 축적된 직종연구의 성과는 그간 불명확하게 남아 있던 많은 주제들에 대해 진일보한 이해를 가능하게 해 준 동시에 앞으로 연구가 더 진행되어야 할 부분이 적지 않다는 점도 함께 보여주었다. 18세기 후반부터 영국 사회가 경험한 대변화를 어떤 용어로 정의하는 것이 적절한가는 쉽사리 의견의 일치를 보기 힘든 문제이다. 이에 대해 직종분화 연구가 보여 주는 바는 영국이 다른 나라에 비해 산업화를 선도할 수 있었던 데에 이전 기간에 형성된 숙련노동상의 비교우위가 큰 역할을 하였다는—그것이 공급측에 의해 촉발되었건 수요측에 의해 견인되었건 간에—주장을 지지하는 결과를 보이고 있다는 점이다. 산업중심지와 지역경제가 요구하는 숙련노동이 체계적으로 재생산되고 효과적으로 이동하는 모습이 관찰되고 있다. 이는 산업혁명을 장기에 걸친 점진적인 산업구조 변화로 이해하는 근래의 사학계 동향과도 맥을 같이 한다.

---

25 본서 제5장 참조.

17~18세기의 직종구조에 관한 연구가 불충분한 상황에서는 연속성을 강조하는 사학계의 주장이 충분한 내실을 지니지 못하였다는 시각도 만만치 않게 존재하였다. 무엇보다도 구체적인 산업구조의 변화과정을 그려내지 못하고 있었기 때문이다. 이 취약점을 극복하는 데에 직종발달사 연구는 필수불가결하다. 직종분화과정의 연구가 지금까지 성취해 온 바도 학계로부터 적지 않은 관심을 받았지만, 앞으로의 연구가 더 큰 관심의 대상이 되는 이유가 바로 여기에 있다.

11 정보의 바다와 산업혁명

1. 정보화 사회와 역사학
2. 다양한 자료들
3. 산업혁명의 개념, 쟁점과 새 연구동향
4. 자료의 비교
5. 맺음말

1 정보화 사회와 역사학

학문의 목표와 내용, 그리고 연구방법은 시간의 흐름에 따라 지속적으로 변화해 왔다. 새천년 시대에 학문적 환경의 특징은 어떻게 규정할 수 있을까? 그 해답은 역사가들에 따라 다양하겠지만, 지난 수십 년 동안 세계사가 전개된 과정을 돌아보면, 학문적 환경에 중대한 영향을 끼친 외적 변화들이 무엇이었나에 대해서 많은 학자들이 공감할 수 있는 요소들을 추출할 수 있을 것이다. 무엇보다도 1980년대 후반부터 진행된 소련의 붕괴와 동구권 국가들의 체제전환은 제2차 세계대전 이후 반 세기 동안 견고하게 유지되었던 전 세계적 차원의 냉전체제의 종식을 의미하였다. 마찬가지로 1980년대를 거치면서 영국과 미국을 필두로 여러 나라에서 신자유주의의 폭풍이 휘몰아쳐 정치·경제·사회·문화의 전 영역에 걸쳐 제도적 틀과 운영방식, 그리고 인간의 행동양식에 심대한 영향을 주었고, 그 영향은 갈수록 강화되는 추세다. 이른바 '세계화(globalization)'의 시대의 도래한 것이다. 단순화의 위험을 안고 개념규정을 하자면, 세계화란 지식, 기술과 정보, 재화와 서비스, 그리고 이들이 인간과 상호작용하는 양태의 총합으로서 문화가 국경이나 여타의 장벽을 넘어 침투함으로써 지역 간, 국가 간, 민족 간의 상호의존성이 심화되는 과정이다.[1] 세계화는 9.11사태와 같은 극단적 반대론이 분

[1] 송병건(2005), p. 10; 세계화에 관한 수많은 저작 중에서 한글로 번역된 대표적인 책으로는 Giddens(1999); Held *et al.*(1999). 또한 세계화에 관한 대표적인 대중서로는 Friedman(2000).

출되는 상황이나 다양한 반세계화 운동에 부딪혀 변화속도와 정책 내용이 국지적으로 조정을 받기도 하였지만, 여전히 세계적 변화를 주도하는 매우 강력한 동력임에 분명하다.[2]

세계화로 통칭되는 변화의 기저에는 정보통신기술의 비약적 발전이라는 과학기술사적 대변화가 있음도 간과할 수 없다. 인터넷의 발명과 보급으로 상징되는 정보통신수단의 혁명적 변화는 지식과 정보의 흐름을 가속화하고, 흐름의 방향에 영향을 주고, 흐름의 분포를 변화시켜 왔다.[3] 이러한 기술발달의 영향을 강조하는 역사가들 중 일부는 냉전체제의 붕괴와 신자유주의의 대두도 궁극적으로는 기술진보가 초래한 결과로 인식해야 한다고 보기까지 한다.[4] 세계화의 진전과 정보화 사회(information society)의 출현은 경제제도를 포함한 사회의 구성체계 및 운영방식에도 커다란 변화를 가져오고 있다. 경제적 가치창출의 원천으로서 생산요소의 투입과 같은 전통적인 양적 요인을 대신하여 점차 지식과 정보의 창의적 활용능력이 중요하게 된다는 이른바 '지식기반경제(knowledge-based economy)' 또는 '신경제(new economy)'가 얼마나 우리의 삶에 가까이 와 있는가에 대해서는 논쟁의 여지가 있지만, 전 세계가 현재 이 방향으로 매우 중요한 세계사적 변화를 경험하고 있다는 데에는 별 이견이 없는 듯하다.[5]

이러한 변화는 다양한 방식으로 학술활동에 영향을 끼친다. 세

---

[2] Steger(2003).

[3] 2006년 3월 말 현재 전 세계의 인터넷 사용자는 약 6억 9,400만 명으로, 전 세계 인구의 14%에 이르렀다. 미국인이 약 1억 5,200만 명, 중국인이 약 7,500만 명, 일본인이 약 5,200만 명이며, 한국인은 약 2,500만 명이었다. Comscore World Metrix의 조사. 연합뉴스(2006. 5. 8).

[4] 이른바 '신자유주의적 기술결정론'이라 불릴 수 있는 이러한 입장은 토플러(A. Toffler) 등 미래학자들을 포함한 많은 기술사학자들의 관점과 상응하는 측면이 많다.

[5] 지식기반경제에 관한 논의로 Thurow(1999); Dunning(2002); Leydesdoff(2006).

계 여러 지역에 위치한 학자들 간에 의견을 교환하는 데 드는 시간과 비용이 크게 줄면서 국제적 교류가 활성화되었으며, 특히 해외 학회를 중심으로 이메일을 통한 뉴스그룹의 활동 등을 통해 정보교류가 크게 증가하였다. 또한 (역사학분야에서는 그다지 진전되지 못하였지만) 전통적 학술지 발간방식이 지니는 시간적 한계를 극복하기 위한 노력의 일환으로 온라인 학술지가 등장하여 영향력을 빠르게 확대해 가고 있다. 연구의 내용도 지역 간·경제권 간·문화권 간의 융합 같은 새로운 추세의 확산이 두드러진다.[6] 연구영역뿐만이 아니라 교육영역에서도 다양한 변화가 감지되고 있다. 원격교육의 물리적 기반이 확충됨으로써 방송통신교육의 범위가 확대되고 있으며, 오프라인 교육에서도 인터넷을 활용한 교육방식이 널리 개발되고 있다. 또한 다른 나라의 교과내용에 관한 최신의 정보습득이 가능해짐에 따라 수업내용도 세계적으로 표준화되는 경향성을 보인다. 이는 특히 교재의 공급과 동시에 파워포인트 형식의 강의안을 제공하거나 웹사이트에 참고자료와 연습문제를 담아 함께 활용하도록 하는 패키지방식의 교재사용이 증가함에 따라 날로 그 위세를 강화해 가고 있다.

역사학분야도 이러한 변화를 벗어날 수 없었다. 무엇보다도 일국사의 관점을 벗어나 '세계사(world history)' 내지 '글로벌 역사(global history)'의 관점에서 역사를 재해석하려는 움직임이 매우 활발해졌다. 동시에 세계사적 관점에서 기존에 서술된 역사를 재해석하는 작업이 지니는 중요성과 성과 및 향후 과제에 관해서도 많은 논의가 이루어졌다.[7] 다른 학문분야와 비교할 때, 역사학은 국가별 또는

[6] 경제사의 경우 이러한 종류의 연구를 '신비교경제사(New Comparative Economic History)'라는 이름으로 통칭하는 학자들도 있다. 예를 들어, Hatton(2007).

[7] Northrup(2005); Crossley(2006); Hopkins(2002, 2006). 최근에 개최된 전국서양사 연

문화권별로 관심의 대상이 다르다거나 역사관이 차이가 난다거나 하는 이유로 인해 수업내용의 세계적 표준화는 상대적으로 덜 진전되어 왔다. 그러나 다른 한편으로는 어떤 교과목보다도 역사학에서 다양한 사료와 시청각자료의 제공 등 새로운 매체의 활용이 유익하기 때문에, 새 매체에 대해 관심을 기울이는 이도 많았다. 특히, 자국 또는 자문화권 이외의 지역에 관한 역사교육과 연구에서는 인터넷매체의 활용을 적극 모색할 필요가 더욱 절실하였다.

우리 나라에서는 특히 서양사분야에서 인터넷매체의 특성을 고찰하고 다양한 매체에 담긴 역사자료를 체계적으로 소개하는 작업이 이루어져 왔다.[8] 그러나 영국사의 경우에는 이러한 작업이 제한적이었다. 가장 눈에 띄는 연구는 이영석의 「디지털시대의 역사학, 긴장과 적응의 이중주」이었다.[9] 이 논문에서 저자는 디지털혁명과 정보화 시대가 낳은 역사학 연구의 변화를 검토하고 인터넷과 같은 기술혁신이 초래하는 교육 및 연구상의 변화가 반드시 긍정적이지 않을 수 있음을 설득력 있게 주장하였다. 특히, 하이퍼텍스트와 영상언어가 전통적인 역사학 연구의 선형적 인과성과 논리성에 중대한 도전이 될 수 있다는 점을 강조함으로써, 인터넷매체를 사용하는 데 대한 무분별한 옹호에 경종을 울리며 책임성 있고 신중한 역사연구를 강조하였다. 동시에 저자는 인터넷매체가 지니는 잠재적 유용성에 대해서도 균형감 있게 평가하였는데, 정보의 취득과 전파의 신속성 및 전문적 역사학의 대중화 능력을 특히 강조하였다.

이 장에서는 그의 연구를 발판으로 삼되, 인터넷매체의 등장이 영국사 연구와 교육에 미치는 전반적 영향을 고찰하는 대신에, 특

합학술발표회에서도 공통주제로 이 문제가 다루어졌다(김원수, 2006; 차하순, 2006).

8 대표적으로 이종경(1996); 김민제(1998); 장준철(1998); 김민제(1999).

9 이영석(2001), pp. 123~140.

정한 주제를 선정하여 그 주제를 인터넷에 수록된 자료가 다루는 방식의 차이를 상호 비교하고자 한다. 이를 통해 미시적인 관점에서 인터넷매체의 학술적 유용성과 한계를 논하고자 하는 것이다. 비교를 위하여 전통적인 종이출간 방식으로 제작된 자료도 일부 참조하기로 한다.

이 연구는 대부분의 매체들이 상당한 분량의 내용을 담고 있는 항목인 '산업혁명(Industrial Revolution)'을 본격적인 연구대상으로 잡았다.[10] 이 항목의 장점은, 첫째 기존 연구가 산업혁명의 다양한 측면에 걸쳐 많이 축적되어 있어 각 자료가 담고 있는 내용과 범위가 얼마나 깊고 광범위한지 평가하기가 용이하다는 점에 있다. 산업혁명의 전제조건, 각 산업에서의 기술변화, 생활수준의 변화와 같은 사회적 변동, 그리고 세계경제와의 관련성 등이 주요 비교대상이다.

둘째, 그간의 연구사를 통해 산업혁명의 많은 측면들이 논쟁의 대상이 되어 왔다. 변화의 연속성과 단절성 여부, 이와 관련된 산업혁명 개념의 타당성 여부, 농업혁명과 산업혁명의 관계, 생활수준의 변화방향과 시기 등이 그 대표적인 예이다.

마지막으로, 최근의 연구사는 몇 가지 면에서 기존 연구의 부족함을 메워 주면서 새 지평을 개척해 가고 있다. 예를 들어, 산업혁명을 세계화의 관점에서 재조명하려는 연구들은 기술과 지식의 국가 간 이동성과 같은 주제에 관심을 기울인다. 산업혁명의 수요 측면을 강조하는 학자들은 중국과 인도로부터 들어온 수입품에 대한 영국민들의 소비열망과 이를 국내생산으로 대체하려는 노력에 주목한다. 또한 사적 소유권의 확립과 재산권 보호능력이 다른 나

---

10 이 주제에 관한 연구물은 매우 많다. 그 중 국내에서 근래에 출간된 연구물만을 일부 소개하자면, 김현일(1994); 김영철(1996); 양동휴(2001); 송병건(2003); 노택선(2006); 김종현(2006).

라에 비해 영국이 우수하였다는 점을 강조하는 추세도 점차 강해지고 있다. 이러한 연구동향을 각 자료들이 얼마나 충실하게 수용하고 있으며, 또 앞으로 얼마나 신축적으로 수용할 수 있을지에 대해 평가해 보고자 한다.

2 다양한 자료들

산업혁명을 독립된 항목으로 소개하고 있는 자료는 종류가 매우 많으며 구체적인 관심영역도 매우 다양하다. 비교상의 편의성과 분석상의 유용성을 고려하여 이 연구는 주로 참고서지류, 그 중에서도 특히 백과사전류로 분석대상을 제한하였다. 공정한 비교를 위해 각 매체의 최신판 자료를 사용되었다.[11] 영문으로 된 자료 중 전통적인 종이매체로 출간된 것으로는 『옥스퍼드경제사대사전(*The Oxford Encyclopedia of Economic History*)』을 분석대상으로 선정하였다.[12] 또다른 종이매체로 『브리태니커세계대백과사전(*Encyclopedia Britannica*)』을 들 수 있는데, 현재는 인터넷판[Britannica Online]을 발간하고 있으므로 본 연구는 이 자료를 인터넷매체로 분류하기로 한다. 또한 한글 인터넷판도 있으나, 내용은 영문 인터넷판에 크게 의존하기 때문에 이 논문에서는 영문자료로 통일해서 취급하기로 한다.[13]

---

[11] 인터넷판은 모두 2006년 11월을 기준으로 한다.

[12] Mokyr(2003).

[13] 〈http://www.britanica.com〉. 이하에서 『브리태니커대사전』(한국브리태니커사, 1994~)이라 칭하며, 한글 인터넷판은 〈http://www.britannica.co.kr〉에 있다. 또한 검색포털 엠파스(empas)에도 올라 있다〈http://www.empas.com〉.

영문 인터넷 백과사전으로 마이크로소프트사의 검색포털 엠에스엔(msn)에 수록된 『엔카타(Encarta)』도 분석의 대상으로 삼았다.[14] 다음으로 『위키피디아(Wikipedia)』를 조사하였다. 『위키피디아』의 가장 중요한 특징은 다른 백과사전들과 달리 인터넷 사용자들이 올린 글에 기반하고 있다는 점이다. 그러나 아무 글이나 등재되는 것은 아니며, 다른 인터넷 사용자들과의 반복적인 피드백과정을 거쳐 지속적으로 수정·보완된다. 현재 다수의 언어로 수록되어 있는데, 한국어판은 매우 부실한 상태이며 산업혁명 항목도 포함하지 않고 있다. 따라서 이 연구에서는 영문판을 분석대상으로 삼았다.[15] 마지막으로 영국경제사학회(The Economic History Society)의 『E-ReFRESH(Electronic-Recent Findings of Research in Economic and Social History)』를 검토하였다. 이 학회는 과거 다양한 경제사 주제에 관해 권위를 인정받는 역사연구자들이 집필한 간략한 소개논문을 『ReFRESH』라는 시리즈를 통해 발간하였었고, 그 논문들은 이후에 스캔(scan)되어 웹페이지에 탑재된 바 있었다.[16] 영국경제사학회는 이 경험을 되살려 최근에 본격적인 인터넷 역사물 시리즈인 『E-ReFRESH』를 발간하기로 한 것인데, 그 첫 주제로 산업혁명에 관한 글이 학회 웹페이지에 게재되어 있다.[17]

---

[14] 〈http://encarta.msn.com〉.

[15] 〈http://www.wikipedia.org〉.

[16] 1985~2001년간 30개의 주제에 관해 논문이 발간되었다.

[17] Hudson, The Industrial Economy: Change and Opportunity in Economy and Society of Britain, c. 1750~c. 1830〈http://www.ehs.org.uk/society/publications.asp〉. 추가적으로, 영미의 경제사관련 학회들이 지원하는 인터넷 백과사전인 EH.net도 본고와 관련하여 관심을 끈다. 이 백과사전은 미국경제사학회(Economic History Association), 영국경제사학회(Economic History Society), 기업사회의(Business History Conference), 계량경제사학회(Cliometric Society), 그리고 경제학사학회(History of Economics Society)가 공동으로 주관하며, 여러 주제에 대해 개별 전문학술자가 기술한 내용을 담고 있다(〈http://eh.net〉). 그러나 이 자료는 산업혁명을 독립된 주제로 다루지 않

표 11-1 백과사전류의 종류와 속성 및 언어

종 류	매체의 속성	언 어
옥스퍼드경제사대사전	종 이	영 어
브리태니커대사전	인 터 넷	영어(한국어)
엔카타(Encarta)	인 터 넷	영 어
위키피디아(Wikipedia)	인 터 넷	영 어
E-ReFRESH	인 터 넷	영 어
두산대사전(EnCyber)	인 터 넷	한 국 어
PASCAL대사전	인 터 넷	한 국 어

한글로 작성된 백과사전 자료로는 『두산대세계대백과사전』과 『PASCAL세계대백과사전』을 검토한다.[18] 이들은 모두 인터넷판을 발행하고 있다. 『두산대사전』의 인터넷판인 『엔싸이버(EnCyber)』는 자체 웹페이지와 더불어 검색포털 네이버(Naver)의 백과사전으로도 수록되어 있다.[19] 『PASCAL대사전』은 검색포털 네이트(Nate), 야후(Yahoo) 그리고 파란(Paran)에서 백과사전으로 검색이 가능하다.[20] 이상 연구대상으로 삼은 백과사전류를 정리하면 표 11-1과 같다.

고 대신에 관련주제로 '영국 산업혁명기 아동노동'과 '영국 산업혁명기 여성노동자'만을 수록하고 있기 때문에 본고에서는 분석대상에서 제외하였다.

18 이하에서 『두산대사전』(두산동아, 1976~), 『PASCAL대사전』(동서문화사, 1997~)으로 각각 부른다.

19 〈http://www.encyber.com〉; 〈http://www.naver.com〉.

20 〈http://www.nate.com〉; 〈http://kr.yahoo.com〉; 〈http://www.paran.com〉.

3 산업혁명의 개념, 쟁점과 새 연구동향

산업혁명에 관한 자세한 논의는 본 연구의 범위를 넘어선다. 여기에서는 위에서 언급한 각종 자료들의 내용판단에 기준이 될 수 있는 범위로 논의를 한정하여 약술하고자 한다.[21]

먼저 고전적인 의미에서의 산업혁명은 18세기 후반에서 19세기 전반에 이르는 시기에 영국에서 발생한 경제적·사회적 전환을 의미한다. 경제구조의 측면에서는 농업중심체제에서 공업중심체제로의 변환을 의미하며, 세부적인 기술적 변화로는 기존의 인력·축력·풍력 등을 대신하여 증기기관을 사용하고 이를 위해 석탄 등 재생이 불가능한 화석연료를 대규모로 채굴하는 에너지 사용상의 변화, 철 및 비철금속과 같은 소재의 변화, 직물업에서 두드러졌던 대규모 기계의 도입, 공장제로 대표되는 새로운 작업조직의 대두, 교통과 통신수단에 있어서의 기술진보, 그리고 자연과학의 본격적인 응용과 천연자원의 대규모 사용 등을 들 수 있다. 공업부문 이외로 눈을 돌리면 과거보다 눈에 띄게 많은 인구를 부양할 수 있도록 한 농업생산의 증대, 신흥 공업중심지를 중심으로 한 도시화의 급속한 진전과 이에 따른 도시거주환경의 악화와 전염성 질병의 발생, 노동자집단의 형성과 노동운동의 성장, 무역의 확대와 국제분업의 진

[21] 산업혁명을 공업화(industrialization)와 동일시하고, 시기와 지역과 무관하게 모든 공업화를 산업혁명이란 용어로 총칭하는 경우도 있다. 예를 들어, 『브리태니커대사전』은 '산업혁명' 항목을 광의로 해석하여, '1차 산업혁명'과 '2차 산업혁명' 또는 '신산업혁명'으로 세분하고 있다(〈http://www.britanica.com〉). 본고에서는 영국에서 18~19세기에 발생한 변화에만 초점을 맞춘다.

전, 자유주의의 확산 등을 주된 특징으로 들 수 있다. 이상의 경제적 및 경제외적 측면들에 관해 각각의 매체들이 얼마나 폭넓고 충실하게 논의하고 있는가를 아래에서 살펴볼 것이다. 이에 덧붙여, 각 매체가 얼마나 다양한 자료를 담고 있는가, 특히 표, 연표, 그림 자료, 그리고 더 나아가 멀티미디어 자료를 풍부하게 제공하고 있는가, 그리고 유용한 참고문헌을 제공하고 있는가도 조사하였다.

산업혁명에 관한 연구사를 돌아보면 수많은 쟁점이 있었고, 그 가운데 상당수는 아직도 논쟁의 대상으로 남아있음을 알 수 있다. 대표적인 것이 산업혁명의 '혁명성'에 관한 논쟁이다. 산업혁명이 과연 단기간에 걸친 급속한 변화를 수반한 것이었는가, 아니면 장기간에 걸친 점진적인 변화로 보는 것이 타당한가? 예외가 있기는 하지만, 최근의 연구는 대체로 변화의 연속성과 단절성 논란 가운데 연속성에 힘을 실어 주는 추세이다.[22] 산업혁명이 영국에서 최초로 발생할 수 있었던 조건이 무엇이었는가도 논쟁의 대상이 되어 왔다. 특히, 인클로저와 윤작의 도입에 의해 대표되는 농업부문의 여러 변화가 산업혁명의 발발에 얼마나 중요한 전제조건이었는가에 대해 뜨거운 논쟁이 있어 왔다. 이 주제에 관해 학자들 간의 견해가 통일되지는 않았지만, 연구사를 종합해 보자면 농업부문의 변화가 16~17세기부터 장기에 걸쳐 발생하였으며, 공업부문 발전과의 관계도 초기 연구자들의 주장처럼 직접적이고 긴밀한 것이 아니었다는 주장이 설득력을 얻고 있다.[23] 산업혁명을 둘러싼 쟁점 가운데 가장 널리 알려진 것은 아마도 생활수준논쟁(Standard-of-Living Debate)일 것이다. 산업혁명이 노동자의 경제적 수준을 향상시켰는지, 그리고 향상시켰다면 그 시기는 언제였는지에 대해 1세기 이상에

[22] Crafts and Harley(1992); Mokyr(2004).

[23] Clark(1991); Overton(1996); Allen(1999).

걸쳐 논쟁이 계속되었지만, 아직도 이에 대한 합의는 연구자들 간에 이루어지지 않고 있다.[24] 이 글은 위의 세 쟁점들—산업혁명의 연속성과 단절성, 산업혁명의 전제조건, 생활수준논쟁—에 관해 각각의 자료들이 얼마나 충실하게 다루고 있는가를 조사해 보기로 한다.

경제사연구의 최근 추세와 관련하여서도 세 논점을 검토하고자 한다. 첫째는 산업혁명을 세계화의 관점에서 해석하는 근래의 연구 동향에 주목한다. 전통적인 산업혁명 연구가 영국이 다른 나라들과 어떤 점에서 달랐는가에 주목한 결과 영국 예외주의(British exceptionalism)에 빠지는 경향이 있었던 데 반해, 최근의 연구는 지식과 기술이 국가 간에 어떻게 이동하였는지, 이동을 막기 위한 노력은 어떤 것이 있었는지, 그리고 그런 노력은 성공적이었는지에 관해 관심을 쏟고 있다.[25] 둘째로 전통적인 접근법이 경제의 공급부문, 즉 노동과 자본의 공급 및 기술진보에 관한 연구에 집중되었던 반면에, 최근의 논의는 수요 측면의 변화, 즉 인도와 중국 등 해외에서 들어오는 수입제품이나 고소득자가 사용하는 양질의 상품에 대해 영국인이 품었던 소비욕망에 주목한다. 그리고 이 욕망을 충족시키기 위해 노동시간의 증대와 열악한 노동조건의 수용, 가족 내 자원의 재배분과 시장판매용 생산의 확대 등을 선택하는 행위에 대해 연구한다.[26] 마지막으로 최근의 연구는 근대적인 사적 소유권이 잘 확립되고 국가가 재산권을 안전히 보호할 수 있는 능력을 갖추었는가, 그리고 국가가 법에 근거한 통치를 하였는가를 경제성장의

---

24 대표적인 최근의 논의로는 Horrell and Humphries(1992); Crafts(1997); Feinstein (1998); Voth(2004).

25 Jacob(1997); Berg and Bruland(1998); Harris(1998); Inikori(2002).

26 De Vries(1994); Brewer and Porter(1994); Berg(2005).

중요한 변수로 강조하는 경향이 있다. 이 점에서 시민혁명을 거친 후의 영국 사회가 상대적인 우위를 보였기 때문에 영국이 산업혁명에 유리하였다고 연구자들은 주장한다.[27] 이러한 세 논점을 각 매체가 얼마나 잘 소개하고 있는가를 또 다른 평가의 기준으로 삼고자 한다.

4 자료의 비교

먼저 각 자료들의 기본적인 양식을 살펴보자. 표 11-2는 자료별 기본 특성들을 정리하여 보여 준다. 주관적 판단의 위험을 무릅쓰고 각 항목에 대해 자료별 충실도를 표시해 보았다. '산업혁명(Industrial Revolution)' 항목을 찾아 조사한 결과, 우선 『옥스퍼드경제사대사전』, 『엔카타』, 『E-ReFRESH』 그리고 『두산대사전』의 경우 단독저자에 의해 집필되었음이 명시되어 있다.[28] 일부 자료는 저자를 확인하기 어려웠다. 저자의 측면에서 가장 독특한 자료는 『위키피디아』이다. 이 백과사전의 각 항목은 처음에는 단독저자에 의한 저술로 출발하지만, 네티즌들의 지속적 논평과 문제제기, 그리고 반복되는 평가작업을 통하여 수시로 내용이 수정되고 보완된다. 이에 따라서 『위키피디아』는 애초에 저명한 역사가가 자신의 이름을

27 O'Brien(1998); Harris(2004).

28 『PASCAL대사전』의 경우 저자가 기록되어 있지 않은데, 내용을 자세히 살펴보면 『두산대사전』과 상당히 많은 부분에서 일치하고 있어 판단에 혼동을 준다. 본 장에서는 두 자료가 독립된 것으로 전제하고 분석을 진행한다.

표 11-2 자료별 기본 특성

자　료	저　자	연결성	보완성	그림/표/연표	참고문헌
옥스퍼드경제사대사전	J. Mokyr	△	×	○	◎
브리태니커대사전	–	◎	○	◎	◎
엔카타(Encarta)	G. Porter	◎	△	◎	×
위키피디아(Wikipedia)	–	◎	◎	○	◎
E-ReFRESH	P. Hudson	×	×	◎	◎
두산대사전(EnCyber)	심경아	◎	△	×	×
PASCAL대사전	–	◎	△	◎	×

주: ◎는 매우 충실, ○는 대체로 충실, △는 대체로 불충실, ×는 매우 불충실.

내걸고 저술하는 단독집필에 비해 내용의 신뢰도가 낮아지거나 자료의 일관성이 저하될 위험을 내포하고 있으나, 다른 한편으로는 수많은 평자의 견해에 대해 직접적인 반응이 지속적으로 이루어진다는 면에서 장점을 지닌다고도 볼 수 있다.[29]

자료의 '연결성'은 다양한 주제어들을 통해 본문의 내용이 얼마나 폭넓고 충실하게 연결지어 설명되고 있는가를 본 것이다. 대체적으로 인터넷 백과사전들은 많은 주제어들을 하이퍼링크시켜 놓고 있어 연결성이 좋은 반면에, 종이매체인 『옥스퍼드경제사대사전』은 2개의 관련 주제어만을 항목 말미에 제시하고 있을 뿐이다. 특별히 눈에 띄는 점은 인터넷매체인 『E-ReFRESH』의 경우 저자가 쓴 글을 몇 개의 소제목하에 병렬배치하는 데 머물고, 연결기능을 전혀 사용하지 않고 있다는 점이다. 매체의 장점을 제대로 살리지

29 『위키피디아』의 내용수정, 논평, 평가방법 등과 관련한 구체적 내용은 웹페이지의 'Discussion'란에서 찾을 수 있고, 언제 어떻게 수정되었는지는 'History'란에서 추적할 수 있다.

못한 전형적인 사례라고 볼 수 있다. 한번 수록된 내용을 차후에 수정·보완하기 용이한가에 대한 '보완성' 분석에서도 『옥스퍼드경제사대사전』과 『E-ReFRESH』가 가장 낮은 평가를 받았다. 전자는 종이매체로서의 한계 때문이며, 그리고 후자는 한번 저술된 글은 수정이나 보완 없이 시리즈가 완결될 때까지 그대로 존치시켰던 『ReFRESH』의 전례를 놓고 볼 때 유사한 결과를 예측할 수 있기 때문이다.[30] 이 항목에 대해 『위키피디아』가 최고점을 받은 것은 당연하다.

그림, 표 또는 연표가 충실하고 유용한 형태로 제시되어 있는가에 관해서 살펴본 결과, 『브리태니커대사전』, 『엔카타』, 『E-ReFRESH』 그리고 『PASCAL대사전』이 상대적으로 우수하였다. 이들은 대체로 많은 수의 그림 자료를 수록하고 있으며, 그에 관한 설명도 덧붙이고 있다. 『PASCAL대사전』은 잘 정리된 연표를 제공한다는 장점을 지녔다. 『위키피디아』는 그림이 불충분하였고, 『옥스퍼드경제사대사전』은 그림은 적으나 유용한 통계표를 많이 제공한다는 면에서 우수하였다. 이 항목에서는 『두산대사전』이 가장 낮은 평가를 받았다. 아쉬운 점은 인터넷매체의 잠재적 유용성에도 불구하고 거의 모든 영상자료가 스틸사진이며, 예외적으로 『엔카타』에 단 한 개의 음향자료—모스(Morse) 전신기의 소리—가 수록되어 있을 뿐이라는 사실이다. 아쉽게도 동영상 자료 또는 쌍방향(interactive) 모형을 제시하는 백과사전은 하나도 없었다. 용량의 한계 때문일 것이라 추측되지만, 매체의 특성을 생각한다면 인터넷 백과사전의 경우 멀티미디어 자료의 본격적 활용을 적극적으로 고려하는 것이 바람직하다.[31] 참고문헌의 경우 『옥스퍼드경제사대사전』, 『브리

30 〈http://www.ehs.org.uk/society/publications.asp〉 참조.

표 11-3 자료별 기본적 내용과 쟁점의 소개수준

자　료	기술변화	사회적 효과	연속·단절	전제조건	생활수준
옥스퍼드경제사대사전	◎	◎	◎	×	○
브리태니커대사전	○	◎	△	○	○
엔카타(Encarta)	◎	◎	△	△	○
위키피디아(Wikipedia)	◎	◎	×	×	△
E-ReFRESH	○	○	△	○	×
두산대사전(EnCyber)	○	◎	△	△	○
PASCAL대사전	○	◎	△	△	○

주: ◎는 매우 충실, ○는 대체로 충실, △는 대체로 불충실, ×는 매우 불충실.

태니커대사전』, 『엔카타』, 『위키피디아』 그리고 『E-ReFRESH』가 충실하게 갖추고 있는 반면, 나머지 세 자료는 전혀 수록하고 있지 않았다.

다음 단계로 각 자료가 담고 있는 내용을 비교해 보았다. 산업혁명에 대한 일반적인 내용을 얼마나 풍부하게 담고 있는가에 대해서 '기술변화'와 '사회적 효과'의 두 부분으로 나누어 평가하였다. 결과는 표 11-3에 정리되어 있다. 기술변화의 경우 저자가 기술사 전공자인 『옥스퍼드경제사대사전』의 내용이 가장 충실하였고, 『엔카타』와 『위키피디아』도 기술변화의 내용을 면공업, 철공업, 석탄공업, 기계공업 등 산업별로 알차게 소개하고 있다. 나머지 자료들도 기술변화에 관해서는 정보의 양과 질이 대체로 무난하다. 사회

31 효과적인 동영상 자료의 사용 예로는 BBC가 제공하는 역사사이트의 쌍방향 콘텐츠를 들 수 있다. 그 곳에는 증기기관차와 증기선의 작동방식, 철도의 건설과정 등에 대한 동영상 모형이 제공되고 있어 매우 유용하다(〈http://www.bbc.co.uk/history/british/victorians〉).

적 효과에 대해서는 거의 모든 자료가 도시화, 노동계급의 형성, 인구변동, 생활환경의 변화, 자유주의의 확산 등 다양한 주제에 관하여 충실한 서술을 하고 있다. 『E-ReFRESH』의 내용이 상대적으로 부실한 것으로 나타났다.

표 11-3은 또한 산업혁명 연구사를 통해 쟁점이 되었던 세 주제—산업혁명의 연속성과 단절성, 산업혁명의 전제조건, 노동자의 생활수준—에 관한 분석의 결과도 보여 준다. 산업혁명의 혁명성 여부에 관한 서술은『옥스퍼드경제사대사전』에 가장 충실하게 수록되어 있다. 변화의 속도가 빠르지 않았고 변화도 일부 부문에서만 두드러지게 발생하였다는 점을 명시하고 있다는 점에서, 이 쟁점에 관해 가장 잘 정리된 해설을 제공하고 있다고 평가할 수 있다. 그 밖의 자료들은 이 쟁점에 대해 극히 간략하게 언급하거나 거의 언급하지 않고 있다. 산업혁명의 전제조건에 관한 논의, 특히 농업부문에서의 기술진보와 생산조직 변화에 관해서는 독자에게 쟁점을 충실하게 전달한다고 평가할 수 있는 자료가 없었다. 『브리태니커대사전』과 『E-ReFRESH』가 농업혁명에 대해 전통설의 입장에 서서 비교적 자세한 설명을 제공할 뿐, 대안적인 해석을 제시한 자료는 하나도 없었다. 이 쟁점에 비해 생활수준논쟁에 관해서는 서술이 상대적으로 충실하였던 것으로 나타났다. 최근의 논쟁사를 포함한 해설을 제공하는 자료가 없다는 점이 아쉽지만, 『위키피디아』와 『E-ReFRESH』를 제외한 나머지 자료들은 전반적인 생활수준, 또는 일부 집단의 생활수준에 관해 비교적 큰 관심을 보였다.

마지막 비교분석작업으로, 산업혁명에 관한 최근의 연구추세를 얼마나 반영하고 있는가를 살펴보았다. 첫째로 세계사적 관점을 강조하는 근래의 연구추세와 관련하여, 산업혁명을 얼마나 세계사적 차원에서 분석하고 있는가에 관해 살펴보았다. 기술진보와 관련하여 과학기술이 국가들 간에 얼마나 이전되었는지, 또는 이전을 막기 위해 어떤 노력이 있었는지를 설명한 『옥스퍼드경제사대사전』, 영국의 산업혁명이 후발공업국에 끼친 영향에 관심을 기울인 『브리태니커대사전』, 그리고 지식의 국가 간 이전에 대해 자세한 설명을 수록한 『위키피디아』에 대해 좋은 평점을 주었다. 이 주제에 관해 거의 언급하지 않고 있는 『E-ReFRESH』를 제외하고는 다른 자료들도 새 연구추세를 비교적 잘 반영하고 있다고 볼 수 있었다. 산업혁명의 원인으로서 전통적인 공급 위주의 설명을 벗어나 수요 측면을 강조하는 최근의 연구동향은 백과사전에 얼마나 반영되어 있을까? 『두산대사전』과 『PASCAL대사전』이 인도산 캘리코와 서인도제도의 설탕, 담배에 대한 수요를 포함해 전 국민적 차원에서 소비혁명이 산업혁명에 앞서 발생하였었다는 점을 부각시켰다는 점에서 가장 좋은 평가를 받았다. 그 밖의 자료에서는 이 주제와 관련된 언급을 거의 찾을 수 없었다.

마지막으로 재산권의 확립과 법에 의한 통치를 영국이 최초로 산업혁명을 이끌 수 있었던 중요한 요인이었다는 주장에 대해 조사하였다. 이에 대한 서술이 만족할 만큼 충실한 자료는 찾아볼 수 없었지만, 특허권을 포함해 재산권 관련 논의를 수록하고 있는 『옥스퍼드경제사대사전』과 『엔카타』에게 상대적으로 좋은 평점을 줄 수 있다. 그 밖에는 『브리태니커대사전』에 간략한 언급이 있을 뿐, 나머지 자료들은 이 주제를 전혀 다루고 있지 않다. 표 11-4는 이상의 평가를 정리하고 있다. 최근의 경제사연구 추세 가운데 세계사적 관점에서의 재조명은 상당한 정도 연구대상 자료들에 반영된 반면, 수요 측면의 접근이나 재산권과 법치주의에 대한 강조는 그다지 반영되고 있지 않다고 결론내릴 수 있다.

표 11-4 자료별 최신 동향 반영수준

자 료	세계적 교류	수요부문	재산권·법치주의
옥스퍼드경제사대사전	◎	×	○
브리태니커대사전	◎	×	△
엔카타(Encarta)	○	×	○
위키피디아(Wikipedia)	◎	×	×
E-ReFRESH	×	×	×
두산대사전(EnCyber)	○	◎	×
PASCAL대사전	○	◎	×

주: ◎는 매우 충실, ○는 대체로 충실, △는 대체로 불충실, ×는 매우 불충실.

5 맺음말

이상의 논의를 통해 7종의 백과사전류가 영국사 연구와 교육에 얼마나 유용할 것인가에 대해 '산업혁명' 항목을 통해 살펴보았다. 자료의 기본적 특성에서는 『브리태니커대사전』과 『위키피디아』가 상대적으로 좋은 평가를 받았으며, 『옥스퍼드경제사대사전』은 종이 매체로서의 한계를 여실히 드러냈다. 『E-ReFRESH』는 인터넷 백과사전이면서도 매체의 강점을 거의 살리지 못한 대표적인 사례로 지적되었다. 멀티미디어 자료가 거의 전무하다는 점은 아직 인터넷매체의 사용이 본격적인 궤도에 올라 있지 않음을 말해 준다. 산업혁명의 내용과 관련해서는 우선 기본적 내용으로 기술진보의 내용과 사회적 효과에 관해 조사하였는데, 대체로 모든 자료들이 다양하고 충실한 기술을 하고 있었다. 그러나 세 쟁점—산업혁명의 연속성과 단절성, 산업혁명의 전제조건, 그리고 생활수준—에 관한 조사결과는 이와 상이하다. 수록된 내용이 전반적으로 빈약한 가운데 『옥스퍼드경제사대사전』이 연속성과 단절성 주제에 관해 두드러진 강점을 보였다. 『위키피디아』는 이들 중 두 논점에 대해 언급이 전무하여 관심의 쏠림현상이 큼을 보여 주었다. 최근의 연구동향을 얼마나 잘 반영하고 있는가에 대한 조사결과도 만족스럽지 못한 수준을 보여 주었다. 세계화적 관점, 수요부문, 재산권·법치주의의 세 주제 가운데 세계화적 관점이 다른 두 주제에 비해 상대적으로 널리 수용되고 있는 것으로 나타났다. 영문자료 중에는 『옥스퍼드경제사대사전』이 충실한 편이었고, 국문자료 중에는 『두산대사전』과 『PASCAL 대사전』이 비교적 양호하였다. 『E-ReFRESH』는 세 주제 모두에 대해서 가장 낮은 평가를 받았다.

이상을 모두 종합해 보면, 『옥스퍼드경제사대사전』은 종이매체의 기본적 한계에도 불구하고 내용면에서 전반적으로 좋은 평가를 받았으며, 『브리태니커대사전』과 『엔카타』는 그에는 다소 미치지 못하나 대체로 양호한다는 평가였다. 『위키피디아』는 매체의 속성면에서는 매우 우수하였으나, 관심분야가 산업혁명의 특정 측면으로 한정되어 있고, 일부 주제에 관해서는 전혀 언급하지 않고 있다는 단점을 드러냈다. 『E-ReFRESH』는 그림과 표의 제공에서 우수하였으나, 인터넷매체가 지닌 유용성을 전혀 살리지 못해 종이매체와의 차별화에 실패하였다. 마지막으로 『두산대사전』과 『PASCAL 대사전』은 내용이 비교적 다양하고 새 연구경향을 반영하는 편이어서 대체적으로 양호하다는 평가를 받았다.

인터넷공간이라는 실질적으로 무한한 공간과 백과사전이라는 지식의 방대한 저장소를 결합하여 조사를 실시한 결과는 그다지 만족스럽지 못하였다. 국내외, 종이·인터넷매체를 막론하고 '산업혁명'에 관해 충실한 수준의 내용과 형식을 담고 있는 백과사전은 찾기 어려웠다. 기술진보와 사회적 측면은 많이 설명되었지만, 쟁점이 되었던 주제나 새 연구경향에 관해서는 내용이 상당히 미흡하였다. 멀티미디어 자료의 활용도 거의 이루어지지 않고 있다는 점도 놀라웠다. 인터넷매체에 담긴 정보는 아직 그 잠재적 강점을 적절히 살리지 못하고 있다. 백과사전들을 통해 돌아본 인터넷공간에는 과연 '정보의 바다'라는 호칭에 걸맞게 많은 내용이 수록되어 있었다. 그러나 막상 '산업혁명'이라는 그물로 건져 올려본 결과, 보기 좋고 맛 좋고 영양 많은 물고기는 기대만큼 많지 않다는 사실이 드러났다. 양질의 정보가 가득한 바다라는 것은 아직은 정보화 낙관론자의 상상에서만 존재하는 것으로 보인다.

참고문헌

1. 국내문헌

김민제(1998), 「그리스-로마사 연구와 교육에 필요한 인터넷 자료」, 『서양사론』 58.

______(1999), 「르네상스 역사 연구와 교육에 필요한 인터넷 자료」, 『서양사론』 63.

김영철(1996), 「내생적 성장이론과 영국의 산업혁명」, 『국제경제연구』 2.

김원수(2006), 「글로벌 히스토리와 역사들의 지평을 넘어서」, 제1회 전국서양사 연합학술발표회 발표문.

김종현(1977), 『영국 산업혁명 연구』, 서울대학교 경제연구소.

______(2006), 『영국 산업혁명의 재조명』, 서울대학교 출판부.

김현일(1994), 「산업혁명과 원산업 구조의 변화」, 『서양사론』 43.

김호연(1998), 「영국의 '농업혁명'에 관한 재검토」, 『서양사론』 57.

노택선(2006), 『전쟁, 산업혁명 그리고 경제성장』, 해남.

송병건(1988), 「산업혁명기 영국 구빈법의 변천과정에 관한 연구」, 『경제사학』 12.

______(2000), 「19세기 초 영국농촌의 근대화과정: 열린교구-닫힌교구 체제」, 『경제사학』 29.

______(2001), 「1830년대 영국의 토지대여정책과 빈곤문제: 케임브리지셔의 사례」, 『경제사학』 31.

______(2003a), 「영국 산업혁명기 직종의 분화와 직종별 위험

도」, 『경제사학』 34.
______(2003b), 「18세기-19세기 전반 영국인의 생활권: 노동 이동의 범위와 행정구역」, 『영국연구』 9.
______(2004), 「직종분화의 역사와 산업혁명의 재해석」, 『영국연구』 12.
______(2005), 『세계화시대에 돌아보는 세계경제사』, 해남.
______(2006), 「18세기와 19세기 전반에 잉글랜드 지방통치는 어떻게 이루어졌나?: 간이심판소 구역의 역할과 중요성」, 『영국연구』 15.
______(2007), 「정보의 바다와 산업혁명: 인터넷 백과사전류에 대한 비교검토」, 『영국연구』 17.
송병건 · 김재호 · 리 쇼테일러(2007), 「영국 산업혁명기 직종구조와 노동이동성, 1750-1850」, 『경제사학』 42.
양동휴(1996), 「영국 산업혁명과 신경제사」, 김종현 엮음, 『공업화의 제유형』, 경문사.
______(2001), 「기술 · 경제 · 역사 서설」, 『경제논집』 40.
______(2006), 「영국 산업혁명과 신경제사 재론」, 양동휴, 『20세기 경제사: 대공황에서 세계화까지』, 일조각.
이영석(1989), 「1830년대 영국의 공장개혁운동 연구」, 성균관대학교 박사학위논문.
______(2001), 「디지털 시대의 역사학, 긴장과 적응의 이중주」, 『영국연구』 5.
이종경(1996), 「역사교육과 인터넷: 서양 중세사의 경우」, 『서양사연구』 20.
이태숙(1978), 「19세기 영국의 정치개혁에 있어서 Bentham사상의 역할에 관한 논의」, 『서양사론』 19.

장준철(1998), 「서양중세사 월드 와이드 웹 자료의 분석과 활용 방안」, 『서양사론』 59.

조용욱(2000), 「사회상태, 사회적 정보, 사회조사: 영국, 1780-1914」, 『영국연구』 4.

차하순(2006), 「지금 왜 세계사인가」, 『제1회 전국서양사 연합학술발표회 발표문』.

허구생(2006), 『빈곤의 역사 복지의 역사』, 한울아카데미.

『두산대사전』(1976~), 두산동아.

『브리태니커대사전』(1994~), 한국브리태니커사.

『PASCAL대사전』(1997~), 동서문화사.

2. 국외문헌

(1) 1차 사료

Cambridgeshire County Record Office(1825~1830), *Land Tax Assessments*(Cambridge).

______(1828~1830) (1830~1831), *Quarter Sessions Minute Books* (Cambridge).

______, *Poor Law Papers*(Cambridge).

Oxfordshire County Record Office, *Quarter Sessions Rolls*, Vols. 4-5 (Oxford).

______, *Land Tax Assessements, QSD series*(Oxford).

______, *Mss D.D. Par. Bampton b. 16*(Oxford).

Public Record Office(1830~1831), *Home Office Papers*(Kew).

(2) 의회보고서

Parliamentary Papers(1830~1831), CCSXXXVII, *House of Lord Report on the Poor Laws.*

______(1831), *Report of the House of Lord Select Committee.*

______(1831~1832), XXXV(39), *Return of Number of Justices of Peace Qualified in England and Wales.*

______(1833), XXXVI-XXXVII(149), *Abstract of Answers and Returns under the Population Act, Enumeration Abstract.*

______(1834a), XXVII(44), *Reports of the Royal Commissioners on the Administration and Practical Operation of the Poor Laws.*

______(1834b), XXVIII(44), *Reports of Assistant Commissioners.*

______(1834c), XXX-XXXIV(44), *Appendix (B)1, Answers to Rural Queries.*

______(1835a), XXXV(500), *First Annual Report of the Poor Law Commissioners.*

______(1835b), XLVII(444), *Report on the Account of the Money Expended for the Poor.*

______(1843), XII, *Reports on the Employment of Women and Children in Agriculture.*

______(1845), XXXVI(606), *Return from the Clerk of Each Petty Sessions.*

______(1847), XI(82)(135)(218)(226)(409)(518), *Reports of the Select Committee on Settlement and Poor Removal.*

______(1850), XXVII(1152), *Report to the Poor Law Board on the Laws of Settlement and Removal of the Poor.*

______(1852~1853), LXXXV(1631), *Abstract of Answers and Re-*

turns under the Population Act, Enumeration Abstract.

______(1860), XVII(510), *Report from the Select Committee on the Irremovable Poor.*

______(1867~1868), XVII, *Reports on the Employment of Children, Young Persons and Women in Agriculture.*

______(1878a), LXIV(14), *Return of the Number of Petty Sessional Divisions.*

______(1878b), LXIV(398), *Return of the Petty Sessional Divisions and the Number of the Justices.*

______(1883), LXXIX(3563), *Abstract of Answers and Returns under Population Act, Enumeration Abstract.*

(3) 저작물

Allen, R.(1982), "The efficiency and distributional consequences of eighteenth century enclosures," *Economic Journal* 92.

______(1992), *Enclosure and the Yeoman: The Agricultural Development of the South Midlands 1450-1850*, Oxford: Oxfordshire University Press.

______(1999), "Tracking the agricultural revolution," *Economic History Review* 52.

Anderson, M.(1971), *Family Structure in Nineteenth Century Lancashire*, Cambridge: Cambridge University Press.

______(1988), *Population Change in North-Western Europe, 1750-1850*, London: Macmillan.

______ ed.(1996), *British Population History: From Black Death to the Present Day*, Cambridge: Cambridge University Press.

Anon.(1783), *Observations of the Improvement of the Country and the Poor*, London.

Apfel, W. and P. Dunkley(1985), "English rural society and the new poor law: Bedfordshire, 1834–47," *Social History* 10.

Archer, J. E.(1997), "The nineteenth-century allotment: Half an acre and a row," *Economic History Review* 50.

Arkell, K., N. Evans, and N. Goose, eds.(2003), *When Death Do Us Part,* Frimley, Surrey: Leopard's Head Press.

Armstrong, A.(1988), *Farmworkers in England and Wales: A Social and Economic History, 1770–1980*, London: Chrysalis.

Armstrong, W. A.(1972), "The use of information about occupation," in E. A. Wrigley, ed., *Nineteenth-Century Society: Essays in the Use of Quantitative Methods for the Study of Social Data*, Cambridge: Cambridge University Press.

Baigent, E.(1988), "Economy and society in eighteenth-century English towns: Bristol in the 1770s," in D. Denecke and G. Shaw, eds., *Urban Historical Geography: Recent Progress in Britain and Germany*, Cambridge: Cambridge University Press.

Baines, D.(1985), *Migration in a Mature Economy: Emigration and Internal Migration in England and Wales, 1861–1900*, Cambridge: Cambridge University Press.

Banks, S.(1988), "Nineteenth-century scandal or twentieth-century model? A new look at 'open' and 'close' parishes," *Economic History Review* 41.

Barnett, D. C.(1968), "Allotments and the problem of rural poverty, 1780–1840," in E. L. Jones and G. E. Mingay, eds., *Land,*

Labour, and Population in the Industrial Revolution, New York: Edward Arnold.

Barro, R. J.(1998), *Determinants of Economic Growth: A Cross-Country Empirical Study*, Cambridge MA: MIT Press.

Barro, R. J. and X. Sala-i-Martin(2003), *Economic Growth*, 2nd edn., Cambridge: Cambridge University Press.

Baugh, D. A.(1975), "The cost of poor relief in south-east England, 1790-1834," *Economic History Review* 28.

Beattie, J. M.(1974), "The pattern of crime in England 1660-1800," *Past and Present* 62.

Becker, G. S.(1964), *Human Capital*, New York: Columbia University Press.

Beckett. I. F. W., ed.(1985), *The Buckinghamshire Posse Comitatus, 1798*, Bath: Buckinghamshire Record Society.

Beckett, J. V.(1986), *The Aristocracy in England 1660-1914*, Oxford: Blackwell.

Ben-Amos, J. K.(1988), "Service and the coming of age of young men in seventeenth-century England," *Continuity and Change* 3.

Berg, M.(1994), *The Age of Manufactures 1700-1820*, London: Routledge.

______(2005), *Luxury and Pleasure in Eighteenth-Century Britain*, Oxford: Oxford University Press.

Berg, M. and K. Bruland(1998), *Technological Revolutions in Europe: Historical Perspectives*, Cheltenham: Edward Elgar.

Berg, M. and E. Eger, eds.(2003), *Luxury in the Eighteenth Century:*

Debates, Desires and Delectable Goods, London: Palgrave.

Birtles, S.(1999), "Common land, poor relief, and enclosure: the use of manorial resources in fulfilling parish obligations, 1601-1834," *Past and Present* 165.

Blaug, M.(1963), "The myth of the old poor law and the making of the new," *Journal of Economic History* 23.

______(1964), "The poor law report reexamined," *Journal of Economic History* 24.

Boyer, G. R.(1985), "An economic model of the English poor law circa 1780-1834," *Explorations in Economic History* 22.

______(1986a), "The old poor law and the agricultural labor market in southern England," *Journal of Economic History* 66.

______(1986b), "The poor law, migration, and economic growth," *Journal of Economic History* 46.

______(1988), "The influence of London on labor markets in southern England, 1830-1914," *Social Science History* 22.

______(1990), *An Economic History of the English Poor Law, 1750-1850*, Cambridge: Cambridge University Press.

Boyson, R.(1960), "The new poor law in north-east Lancashire, 1834-71," *Transactions of Lancashire and Cheshire Antiquarian Society* 71.

Brewer, J. and R. Porter, eds.(1994), *Consumption and the World of Goods*, London: Routledge.

Briggs, A.(1983), "The language of 'class' in early nineteenth-century England," in R. S. Neale, ed., *History and Class*, Oxford: Blackwell.

Broad, J.(1980), "Althernative husbandry and permanent pasture in the Midlands, 1650-1800," *Agicultural History Review* 28.

______(1999), "Parish economies of welfare, 1650-1834," *Historical Journal* 17.

Brooks, C.(1994), "Apprenticeship, social mobility and the middling sort," in B. Jonathan and C. Brooks, eds., *The Middling Sort of People: Culture, Society and Politics in England, 1550-1800*, London: Palgrave.

Brundage, A.(1972), "The landed interest and the new poor law: a reappraisal of the revolution in government," *English Historical Review* 77.

______(1975), "The landed interest and the new poor law: a reply," *English Historical Review* 80.

______(1978), *The Making of the New Poor Law,* New Brunswick, New Jersey: Rutgers University Press.

Brundage, A., D. Eastwood, and P. Mandler(1990), "Debate: the making of the new poor law *redivivus*," *Past and Present* 127.

Brunt, L.(2003), "Rehabilitating Arthur Young," *Economic History Review* 56.

Burchardt, J.(1997), "Rural social relations, 1830-50: opposition to allotments for labourers," *Agricultural History Review* 45.

______(2000), "Potato grounds and allotments in nineteenth-century southern England," *Agricultural History* 74.

______(2002), *The Allotment Movement in England, 1793-1873*, Woodbridge, Suffolk: Boydell.

Burnette, J.(1997), "An investigation of the male-female wage gap during the Industrial Revolution in Britain," *Economic History Review* 50.

Burns, R.(1831), *The Justice of the Peace and Parish Officer*, Vols. 1-5, 26th edn., London: Sweet & Maxwell.

Bushaway, B.(1982), *By Rite: Custom, Ceremony and Community in England 1700-1880*, London: Junction Books.

Caird, J.(1967), *English Agriculture in 1850-51*[1852], 2nd edn., New York: Kelly.

Caplan, M.(1978), "The new poor law and the struggle for union chargeability," *International Review of Social History* 23.

Chambers, J. D.(1935), "Enclosure and labour supply in the industrial revolution," *Economic History Review* 5.

______(1940), "Enclosure and the small landowner," *Economic History Review* 10.

Chambers, J. D. and G. E. Mingay(1966), *The Agricultural Revolution 1750-1880*, London.

Chapman, J. D.(1984), "The chronology of English enclosure," *Economic History Review* 37.

______(1987), "The extent and nature of parliamentary enclosure," *Agricultural History Review* 35.

______(1991a), "Confidence limits and enclosure estimates: some comments," *Agricultural History Review* 39.

______(1991b), "The bootstrap and Dr Walton's red herrings," *Agricultural History Review* 39.

Chapman, J. H.(1926), *An Economic History of Modern Britain: The Railway Age, 1820-1850*, Cambridge: Cambridge University

Press.

Charlesworth, A., ed.(1983), *An Atlas of Rural Protest in Britain 1548-1900*, London: Croom Helm.

Clark, G.(1991), "Yields per acre in English agriculture, 1250-1860: evidence from labour inputs," *Economic History Review* 44.

Clark, P. and D. Souden, eds.(1987), *Migration and Society in Early Modern England*, London: Hutchinson Education.

Clarke, J.(1955), *A History of Local Government of the United Kingdom*, London: Jenkins.

Coats, A. W.(1958), "Changing attitudes to labour in the mid-eighteenth century," *Economic History Review* 11.

______(1960), "Economic thought and poor law policy in the eighteenth century," *Economic History Review* 13.

Collins, E. J. T.(1969), "Harvest technology and labour supply in Britain," *Economic History Review* 22.

______(1976), "Migrant labour in British agriculture in the nineteenth century," *Economic History Review* 29.

______(1987), "The rationality of 'surplus' agricultural labour, mechanization in English agriculture in the nineteenth century," *Agricultural History Review* 35.

Corfield, J.(1999), *Power and Professions in Britain, 1700-1850*, London: Routledge.

Cornwall, J. C.(1988), *Wealth and Society in Early Sixteenth Century England*, London: Routledge.

Crafts, N. F. R.(1978), "Enclosure and labour supply revisited," *Explorations in Economic History* 15.

______(1985), *British Economic Growth during the Industrial Revolution*, Oxford: Oxford University Press.

______(1997), "Some dimensions of the 'quality of life' during the British Industrial Revolution," *Economic History Review* 50.

Crafts, N. F. R. and C. K. Harley(1992), "Output growth and the British Industrial Revolution: a reassessment of the Crafts-Harley view," *Economic History Review* 45.

Crossley, P. K.(2006), *What Is Global History?*, Oxford: Blackwells.

Crowther, M. A.(1983), *The Workhouse System 1834-1929: The History of an English Social Institution*, London: Methuen.

Cunningham, A. and R. French, eds.(2004), *Medical Enlightenment of the Eighteenth Century*, Cambridge: Cambridge University Press.

Daunton, M. J.(1995), *Progress and Poverty: An Economic and Social History of Britain 1700-1850*, Oxford: Oxford University Press.

Davies, M. G.(1956), *The Enforcement of English Apprenticeship*, Cambridge MA: Harvard University Press.

Deane, P. and W. A. Cole(1962), *British Economic Growth 1688-1959*, Cambridge: Cambridge University Press.

Denson, J.(1830), *A Peasant's Voice to Landowners*, Cambridge: Cambridge Antiquarian Records Society.

De Vries, J.(1994), "The Industrious Revolution and the Industrial Revolution," *Journal of Economic History* 54.

De Vries, J. and A. van der Would(1997), *The First Modern Economy: Success, Failure, and Perseverance of the Dutch Economy, 1500-1815*, Cambridge: Cambridge University Press.

Digby, A.(1975), "The labour market and the continuity of social policy after 1834," *Economic History Review* 28.

______(1976), "The rural poor law," in D. Fraser, ed., *The New Poor Law in the Nineteenth Century*, London: Macmillan.

______(1978), *Pauper Palaces*, London: Routledge and Kegan Paul.

______(1982), *The Poor Law in Nineteenth-Century England and Wales*, London: The Historical Association.

Dils, J., ed.(1998), *An Historical Atlas of Berkshire*, Reading: Berkshire Record Society.

Driver, F.(1993), *Power and Pauperism: The Workhouse System, 1834-1884*, Cambridge: Cambridge University Press.

Dunkley, P.(1973), "The landed interest and the new poor law: a critical note," *English Historical Review* 88.

______(1974), "The 'Hungry Forties' and the new poor law: a case study," *Historical Journal* 17.

______(1979), "Paternalism, the magistracy and poor relief in England, 1795-1834," *International Review of Social History* 24.

______(1981), "Whigs and paupers: the reform of the English poor law, 1830-1834," *Journal of British Studies* 20.

______(1982), *The Crisis of the Old Poor Law in England, 1795-1834*, London: Garland.

Dunlop, O. J.(1912), *English Apprenticeship and Child Labour: A History*, London: T. Fisher Unwin.

Dunning, J. H.(2002), *Regions, Globalization, and the Knowledge-Based Economy*, Oxford: Oxford University Press.

Eastwood, D.(1989), "Amplifying the province of the legislature: the flow of information and the English state in the 1790s," *Historical Research* 62.

______(1994), *Governing Rural England: Tradition and Transformation in Local Government 1780-1840*, Oxford: Oxford University Press.

______(1996), "Communities, protest and police in early nineteenth-century Oxfordshire: the enclosure of Otmoor reconsidered," *Agricultural History Review* 44.

______(1997), *Government and Community in the English Provinces, 1700-1870*, Basingstoke: Macmillan.

Elbaum, B.(1989), "Why apprenticeship persisted in Britain and not in the United States," *Journal of Economic History* 44.

Erickson, C.(1994), *Leaving England: Essays on British Emigration in the Nineteenth Century*, Ithaca: Cornell University Press.

Farr, J. R.(2000), *Artisans in Europe*, Cambridge: Cambridge University Press.

Feinstein, C. H.(1998), "Pessimism perpetuated: real wages and the standard of living in Britain during and after the Industrial Revolution," *Journal of Economic History* 58.

Fideler, P. A.(2006), *Social Welfare in Pre-Industrial England: The Old Poor Law Tradition*, London: Palgrave Macmillan.

Fletcher, D.(2003), "The parish boundary: a social phenomenon in Hanoverian England," *Rural History* 14.

Floud, R. *et al.*(2004), *Height, Health and History: Nutritional Status in the United Kingdom, 1750-1980*, Cambridge: Cambridge

University Press.

Friedman, T. L.(2000), *Lexus and the Oliver Tree: Understanding Globalization*, New York: Random House(신동욱 옮김, 2003, 『렉서스와 올리브나무』, 창해).

Gibson, J. S.(1983), *Quarter Sessions Records for Family Historians*, Federation of Family History Society.

Gibson, J. S. and M. Medlycott(2000), *Militia Lists and Musters, 1757–1876: A Directory of Holdings in the British Isles*, 4th edn., Bury, Lancashire: Federation of family History Societies.

Giddens, A.(1999), *Runaway World: How Globalization is Reshaping Our Lives*, London: Profile(박찬욱 옮김, 2000, 『질주하는 세계』, 생각의 나무).

Ginter, D. E.(1992), *A Measure of Wealth: The English Land Tax in Historical Analysis*, London: Hambledon Press.

Glennie, P.(1990), *Distinguishing Men's Trades*, Cheltenham: Institute of Historical Geographers.

Gray, H. L.(1910), "Yeoman farming in Oxfordshire from the sixteenth century to the nineteenth," *Quarterly Journal of Economics* 24.

Grigg, D. B.(1963), "The land tax returns," *Agricultural History Review* 11.

Hammond, J. L. and B. Hammond(1911), *The Village Labourer, 1760–1832*, London: Longmans and Green.

Hampson, E. M.(1934), *The Treatment of Poverty in Cambridgeshire 1597–1834*, Cambridge: Cambridge University Press.

Harris, J. R.(1992), *Essays in Industry and Technology in the*

Eighteenth Century: England and France, London: Variorum.

______(1997), *Industrial Espionage and Technology Transfer: Britain and France in the Eighteenth Century*, Aldershot: Scolar.

Harris, R.(2004), "Government and the economy," in R. Floud and P. Johnson, eds., *The Cambridge Economic History of Modern Britain*, Vol. 1, Cambridge: Cambridge University Press.

Hatton, T. H., K. O'Rourke, and A. M. Taylor, eds.(2007), *The New Comparative Economic History*, Cambridge MA: MIT Press.

Havinden, M. A.(1961), "Agricultural progress in open-field Oxfordshire," *Agricultural History Review* 9.

Held, D. *et al.*(1999), *Global Transformations: Politics, Economics and Culture*, Cambridge: Polity Press(조효제 옮김, 2002, 『전지구적 변환』, 창작과 비평사).

Hinde, A.(2003), *England's Population: A History from the Domesday Survey to 1939*, London: Arnold.

Hobsbawm, E. J.(1968), *Industry and Empire: An Economic History of Britain Since 1750*, New York: History Book Club(전철환·장수환 옮김, 1984, 『산업과 제국』, 한벗).

Hobsbawm, E. J. and G. Rudé(1968), *Captain Swing*, London: Norton.

Holderness, B. A.(1972), "'Open' and 'close' parishes in England in the eighteenth and nineteenth centuries," *Agricultural History Review* 20.

Hopkins, A. G., ed.(2002), *Globalization in World History*, London: Pimlico.

______(2006), *Global History: Interactions Between the Universal and the Local*, London: Palgrave.

Hopkins, E.(1995), *Working-Class Self-Help in Nineteenth-Century England*, London: UCL Press.

Horrell, S. and J. Humphries(1992), "Old questions, new data and alternative perspectives: families' living standards in the industrial revolution," *Journal of Economic History*, 52.

Hovel, M.(1925), *The Chartish Movement*, 2nd edn, Manchester: Manchester University Press.

Hudson, P., "The industrial economy: change and opportunity in economy and society of Britain, c. 1750-c. 1830,"(http://www.ehs.org.uk/society/publications.asp).

Humphries, J.(1990), "Enclosure, common rights, and women: the proletarianization of families in the late eighteenth and early nineteenth centuries," *Journal of Economic History* 50.

Hunt, E. H.(1986), "Industrialization and regional inequality: wages in Britain, 1760-1914," *Journal of Economic History* 46.

Hunt, H. G.(1959), "Agricultural rent in south-east England," *Agricultural History Review* 7.

Huzel, J. P.(1969), "Malthus, the poor law and population in early nineteenth-century England," *Economic History Review* 32.

______(1980), "The demographic impact of the old poor law: more reflections on Malthus," *Economic History Review* 33.

Inikori, J. E.(2002), *Africans and the Industrial Revolution in England: A Study in International Trade and Economic Development*, Cambridge: Cambridge University Press.

Institute of Historical Research(1948~1989), *Victoria County History of Cambridgeshire*, Vols. 1-9, London: Oxford University

Press.

Jacob, M. C.(1997), *Scientific Culture and the Making of the Industrial West*, Oxford: Oxford University Press.

Jones, E. L.(1964), "The agricultural labour market in England, 1793-1872," *Economic History Review* 17.

______(1974), "Agricultural origins of industry," in E. L. Jones, ed., *Agriculture and the Industrial Revolution*, Oxford: Blackwell.

______(1993), *Growth Recurring: Economic Change in World History*, Oxford: Oxford University Press.

Keith-Lucas, B.(1980), *The Unreformed Local Government System*, London: Croom Helm.

Kent, J. R.(1995), "The centre and the localities: state formation and parish government in England, circa 1640-1740," *Historical Journal* 38.

King, P.(1991), "Customary rights and women's earnings: the importance of gleaning to the rural labouring poor," *Economic History Review* 44.

King, S.(1998), "English historical demography and the nuptiality conundrum: new perspectives," *Historical Social Research* 23.

______(2000), *Poverty and Welfare in England 1700-1850*, Manchester: Manchester University Press.

Kirby, T. and S. Oosthuizen, eds.(2000), *An Atlas of Cambridgeshire and Huntingdonshire History*, Cambridge: Anglia Polytechnic University.

Kitch, M.(1996), "Apprenticeship and occupations in southern England, 1710-1760," Research Papers in Geography, University of Sussex.

Knott, J.(1986), *Popular Opposition to the 1834 Poor Law*, London: St. Martin's Press.

Komlos, J.(1999), "On the nature of the Malthusian trap in the eighteenth-century," *Economic History Review* 52.

Krause, J. T.(1958), "Changes in English fertility and mortality, 1781-1850," *Economic History Review* 11.

Kussmaul, A.(1981a), *Servants in Husbandry in Early Modern England*, Cambridge: Cambridge University Press.

______(1981b), "The ambiguous mobility of farm servants," *Economic History Review* 34.

______(1993), *A General View of the Rural Economy of England 1538-1840*, Cambridge: Cambridge University Press.

Lambert, A. M.(1955), "Oxfordshire about 1800 A.D.: a study in human geography," unpublished Ph.D. thesis, University of London.

Landau, N.(1984), *The Justice of the Peace, 1679-1760*, Berkeley: University of California Press.

______(1988), "The laws of settlement and the surveillance of immigration in eighteenth-century Kent," *Continuity and Change* 3.

______(1990), "The regulation of immigration, economic structures and definitions of the poor in eighteenth-century England," *Historical Journal* 33.

______(1991), "The eighteenth-century context of the laws of settlement," *Continuity and Change* 6.

Landers, J.(1993), *Death and the Metropolis: Studies in the Demographic History of London, 1670–1830*, Cambridge: Cambridge University Press.

Landes, D.(2003), *The Unbound Prometheus: Technological Change and Industrial Development in Western Europe from 1750 to the Present*, 2nd edn, Cambridge: Cambridge University Press.

Lane, J.(1996), *Apprenticeship in England, 1600–1914*, London: UCL Press.

______(2001), *Social History of Medicine: Health, Healing and Disease in England, 1750–1950*, London: Routledge.

Langton, J.(1989), "The geography of poor relief in rural Oxfordshire during the late eighteenth and early nineteenth centiries," Oxford University SoGE Research Papers 56.

Laslett, P.(1965), *The World We Have Lost*, New York: Scribners.

Lazonick, W.(1974), "Karl Marx and enclosure in England," *Review of Radical Political Economics* 6.

Lees, L. H.(1998), *The Solidarities of Strangers: The English Poor Laws and the People, 1700–1948*, Cambridge: Cambridge University Press.

Lewis, W. A.(1954), "Economic development with unlimited supplies of labour," *Manchester School of Economic and Social Studies* 22.

Leydesdoff, L.(2006), *The Knowledge-Based Economy: Modeled, Measured, Simulated*, Universal Publisher.

Lindert, P. H. and J. Williamson(1982), "Revising England's social tables 1699–1803," *Explorations in Economic History* 19.

Lloyd-Pritchard, M. F.(1951), "The decline of Norwich," *Economic History Review* 3.

Macfarlane, A.(1991), *The Origins of English Individualism: The Family Property and Social Transition,* London: Wiley-Blackwell.

MacKinnon, M.(1987), "English poor law and the crusade against outrelief," *Journal of Economic History* 43.

MacLeod, C.(2002), *Inventing the Industrial Revolution: The English Patent System, 1600-1800*, Cambridge: Cambridge University Press.

Maddison, A.(2004), *The World Economy: Historical Statistics*, Paris: OECD.

McCloskey, D.(1972), "The enclosure of open fields: preface to a study of its impact on the efficiency of English agriculture in the eighteenth century," *Journal of Economic History* 32.

______(1973), "New perspectives on the old poor law," *Explorations in Economic History* 10.

______(1975), "The persistence of English common fields," in W. N. Parker and E. L. Jones, eds., *European Peasants and Their Markets: Essays in Agrarian History*, Princeton: Princeton University Press.

McCord, N.(1969), "The implementation of the 1834 Poor Law Amendment Act on Tyneside," *International Review of Social History* 14.

Malcomson, J. M., J. W. Maw, and B. McCormick(2003), "General training by firms, apprentice contracts, and public policy,"

European Economic Review 47.

Malthus, T.(1999), *An Essay on the Principle of Population*, new edn, Oxford: Oxford University Press.

Mandler, P.(1987), "The making of the new poor law *redivivus*," *Past and Present* 117.

Marshall, D.(1968), *The Old Poor Law, 1975-1834*, London: Humanities Press.

______(1974), "The role of the Justice of the Peace in social administration," in H. Hearder and H. R. Loyn, eds., *British Government and Administration*, Cardiff: University of Wales Press.

Marshall, J. D.(1961), "The Nottinghamshire reformers and their contribution to the poor law," *Economic History Review* 13.

Marshall, W.(1968), *Review and Abstract of the County Reports to the Board of Agriculture*, Vols. 1-5 [1815], New York: Kelley.

Martin, J. M.(1967a), "The cost of parliamentary enclosure in Warwickshire," in E. L. Jones, ed., *Agriculture and Economic Growth in England 1650-1815*, London: Methuen.

______(1967b), "The parliamentary enclosure movement and rural society in Warwickshire," *Agricultural History Review* 15.

______(1984), "Village traders and the emergence of a proletariat in south Warwickshire," *Agricultural History Review* 32.

Mathias, P.(1979), "The social structure in the eighteenth century: a calculation by Joseph Massie," in P. Mathias, ed., *The Transformation of England: Essays in the Economic and Social History of England in the Eighteenth Century*, London: Methuen.

Mayhew, H.(1967), *London Labour and the London Poor*, Vol. 3, reissued edn, London: Cass.

Midwinter, E. C.(1967), "State intervention at the local level: the new poor law in Lancashire," *Historical Journal* 10.

Mills, D. R.(1980), *Lord and Peasant in Nineteenth Century Britain*, London: Croom Helm.

______(2006), "Canwick(Lincolnshire) and Melbourn(Cambridge-shire) in comparative perspective within the open-closed village model," *Rural History* 17.

Mills, D. R. and B. M. Short(1990), "Social change and social conflict in nineteenth-century England: the use of the open-close village model," in M. Reed and R. Wells, eds., *Class, Conflict and Protest in the England Countryside, 1700-1800*, London: Cass.

Miner, J.(1958), "Investment in human capital and personal income distribution," *Journal of Political Economy* 56.

Mingay, G. E.(1963), *English Landed Society in the Eighteenth Century*, London: Routledge and Kegan Paul.

______(1964), "The land tax assessments and the small landholder," *Economic History Review* 17.

Mingay, G. E., ed.(1975), *Arthur Young and His Time*, London: Macmillan.

______(1989), *The Agricultural History of England and Wales*, Vol. VI, *1750-1850*, Cambridge: Cambridge University Press.

______(1998), *Parliamentary Enclosure in England: An Introduction to its Causes, Incidence and Impact*, London: Longman.

Mitchison, R.(1974), "The making of the old scottish poor law," *Past and Present* 63.

Moir, E.(1969), *Local Government in Gloucestershire 1775-1800*, Gateshead, Gloucs.: Bristol and Gloucestershire Archaeological Society.

Mokyr, J.(1988), "Is there still life in the pessimist case?: consumption during the Industrial Revolution," *Journal of Economic History* 48.

______(1992), *The Lever of Riches: Technological Creativity and Economic Progress*, Oxford: Oxford University Press.

______(1993), "The new economic history and the Industrial Revolution," in J. Mokyr, ed., *The British Industrial Revolution: An Economic Perspective*, Oxford: Westview.

Mokyr, J., ed.(2003), *The Oxford Encyclopedia of Economic History*, 5 Vols., Oxford: Oxford University Press.

______(2004), "Accounting for the Industrial Revolution," in R. Floud and P. Johnson, eds., *The Cambridge Economic History of Modern Britain*, Vol. 1, Cambridge: Cambridge University Press.

Morgan, D. H.(1982), *Harvesters and Harvesting, 1840-1900*, London: Croom Helm.

Morgan, G. and P. Rushton(2003), "The magistrate, the community and the maintenance of an orderly society in eighteenth-century England," *Historical Research* 76.

Moselle, B.(1995), "Allotment, enclosure, and proletarianization in early nineteenth-century southern England," *Economic History*

Review 48.

Neeson, J.(1993), *Commoners: Common Rights, Enclosure and Social Change in England, 1770-1820*, Cambridge: Cambridge University Press.

Neuman, M.(1969), "A suggestion regarding the origins of the Speenhamland Plan," *English Historical Review* 84.

______(1972), "Speenhamland in Berkshire," in E. W. Eartin, ed., *Comparative Development in Social Welfare*, London: Allen & Unwin.

Nicholls, G.(1850), *Memorandum on Settlement, Removal and Rating*, London.

Northrup, D.(2005), "Globalization and the great convergence: rethinking world history," *Journal of World History* 16.

O'Brien, P. K.(1998), "Inseparable connections: trade, economy, fiscal state, and the expansion of empire, 1688-1815," in P. J. Marshall, ed., *The Oxford History of the British Empire*, Vol. 2, Oxford: Oxford University Press.

Overton, M.(1996a), *Agricultural Revolution in England: The Transformation of the Agrarian Economy 1500-1850*, Cambridge: Cambridge University Press.

______(1996b), "Re-establishing the Agricultural Revolution," *Agricultural History Review* 44.

Oxfordshire County Council(1975), *A Handlist of Inclosure Acts and Awards Relating to the County of Oxford*, 2nd edn., Oxford.

Oxley, G.(1974), *Poor Relief in England and Wales, 1601-1834*, London: David & Charles.

Paterson, A.(1976), "The poor law in nineteenth century Scotland," in D. Fraser, ed., *The New Poor Law in the Nineteenth Century*, London: Macmillan.

Patten, J.(1972), "Village and town: an occupational study," *Agricultural History Review* 20.

Peacock, A. J.(1974), "Village radicalism in East Anglia, 1800-50," in J. P. D. Dunbabin, ed., *Rural Discontent in Nineteenth-Century Britain*, London: Faber and Faber.

Perkins, H. J.(1972), *The Origins of Modern English Society, 1780-1880*, revised edn, London: Routledge.

Phillips, D.(2004), "A 'weak' state?: the English state, the magistracy and the reform of policing in the 1830s," *English Historical Review* 119.

Pierce, W. M.(1957), "Town-country relations in England and Wales in the pre-railway age, as revealed by the poor law unions," unpublished M.A. thesis, University of London.

Polanyi, K.(1944), *The Great Transformation*, Boston: Farrar & Rinehart.

Pollard, S.(1978), "Labour in Great Britain," in P. Mathias and M. M. Pollard, eds., *The Cambridge Economic History of Europe*, Vol. 7, Part 1, Cambridge: Cambridge University Press.

Pooley, C. and J. Turnbull(1998), *Migration and Mobility in Britain Since the 18th Century*, London: UCL Press.

Porter, R.(1996), *Disease, Medicine and Society in England, 1550-1860*, 2nd edn, Cambridge: Cambridge University Press.

Pound, J. F.(1981), "The validity of the freemen's lists," *Economic*

History Review 34.

Pounds, N. J. G.(2000), *A History of the English Parish*, Cambridge: Cambridge University Press.

Poynter, J. R.(1969), *Society and Pauperism: English Ideas on Poor Relief, 1795-1834*, London: Routledge.

Quinn, J. S.(2004), "Money, finance and capital markets," in R. Floud and P. Johnson, eds., *Cambridge Economic History of Modern Britain*, Vol. 1, Cambridge: Cambridge University Press.

Razzell, P.(1974), "'An interpretation of the modern rise of population in Europe': a critique," *Population Studies* 27.

______(1998), "The conundrum of eighteenth-century English population growth," *Social History of Medicine* 11.

Redford, A.(1968), *Labour Migration in England, 1800-50*, 2nd edn, New York.

Redlich, J., ed.(1903), *Local Government in England*, Vol. 2, London: Macmillan.

Roberts, D.(1963), "How cruel was the Victorian poor law?," *Historical Journal* 6.

Roberts, M.(1979), "Sickles and scythes: women's work and men's work at harvest time," *History Workshop Journal* 7.

Rose, M. B.(1989), "Social policy and business: parish apprentices and the early factory system, 1750-1734," *Business History* 21.

Rose, M. E.(1966a), "The allowance system under the new poor law," *Economic History Review* 19.

______(1966b), "The anti-poor law agitation," in J. T. Ward, ed.,

Popular Movement 1830–1850, London: Macmillan.

______(1972), *The Relief of Poverty 1834–1914*, London: Macmillan.

______(1976), "Settlement, removal and the new poor law," in D. Fraser, ed., *The New Poor Law in the Nineteenth Century*, London: Macmillan.

Rushton, P.(1991), "'Matter in variance': adolescents and domestic conflict in the pre-industrial economy of north-east England 1600-1800," *Journal of Social History* 25.

Rusnock, A. A.(2002), *Vital Accounts: Quantifying Health and Population in Eighteenth-Century England and France*, Cambridge: Cambridge University Press.

Samuel, R.(1975), "Village labour," in R. Samuel, ed., *Village Life and Labour*, London: Routledge and Kegan Paul.

Scott, J.(1773), *Observations on the Various Plans Offered to the Parochial and Vagrant Poor*, London: Edward and Charles Dilly.

Sharpe, P.(1991), "Poor children as apprentices in Colyton, 1598-1830," *Continuity and Change* 6.

Shaw-Taylor, L.(1997), "Proletarianisation, parliamentary enclosure and the household economy of the labouring poor," *mimeo*.

______(2001a), "Parliamentary enclosure and the emergence of an English agricultural proletariat," *Journal of Economic History* 61.

______(2001b), "Labourers, cows, common rights and parliamentary enclosure: the evidence of contemporary comment c. 1760-1810," *Past and Present* 171.

Short, B.(1992), "The evolution of contrasting communities within rural England," in B. Short, ed., *The English Rural Community: Image and Analysis*, Cambridge: Cambridge University Press.

Slack, P.(1988), *Poverty and Policy in Tudor and Stuart English*, London: Longmans.

______(1990), *The English Poor Law, 1531-1782*, Cambridge: Cambridge University Press.

Smellie, K. B.(1968), *A History of Local Government*, revised edn., London: Allan & Unwin.

Smith, A.(1977), *An Inquiry into the Nature and Causes of the Wealth of Nations*, new edn., London: Harmondsworth.

Smith, R. M., ed.(1984), *Land, Kinship and Life-cycle*, Cambridge: Cambridge University Press.

Smits, W. and T. Stromback(2001), *The Economics of Apprenticeship System*, Cheltenham: Edward Elgar.

Snell, K. D. M.(1981), "Agricultural seasonal unemployment, the standard of living, and women's work in the south and the east, 1690-1860," *Economic History Review* 34.

______(1985), *Annals of the Labouring Poor: Social Change and Agrarian England 1660-1900*, Cambridge: Cambridge University Press.

______(1991), "Pauper settlement and the right to poor relief in England and Wales," *Continuity and Change* 6.

______(1992), "Settlement, poor law and the rural historian: new approaches and opportunities," *Rural History* 3.

______(2002), "English rural societies and geographical marital endogamy, 1700-1837," *Economic History Review* 55.

Solar, P.(1995), "Poor relief and English economic development before the Industrial Revolution," *Economic History Review* 48.

Song, B. K.(1998a), "Landed interest, local government and the labour market in England, 1750-1850," *Economic History Review* 51.

______(1998b), "Agrarian policies on pauper settlement and migration, Oxfordshire 1750-1834," *Continuity and Change* 13.

______(1998c), "New horizons in enclosure studies: paliamentary enclosure, common right, and 'open' and 'close' parishes in Britain, 1700-1850," 『경제논집』 37.

______(1999), "Continuity and change in English rural society: the formation of the poor law unions in Oxfordshire," *English Historical Review* 114.

______(2002), "Parish typology and the operation of the poor laws in early-nineteenth-century Oxfordshire," *Agricultural History Review* 50.

Spencer, D.(2000), "Reformulating the 'closed' parish thesis: associations, interests, and interactions," *Journal of Historical Geography* 26.

Stapleton, B.(1988), "Migration in pre-industrial southern England: the example of Odiham," *Southern History* 10.

Steger, M.(2003), *Globalization: A Short Introduction*, Oxford: Oxford University Press.

Stone, J.(1844), *The Practice of the Petty Sessions*, 5th edn., London.

Tadmor, N.(2001), *Family and Friends in Eighteenth-Century England: Household, Kindship and Patronage*, Cambridge: Cambridge University Press.

Tan, E. S.(2002), "'The bull is hald the herd': property rights and enclosures in England, 1750~1850," *Explorations in Economic History* 39.

Tate, W. E.(1952), "The cost of parliamentary enclosure in England," *Economic History Review* 5.

______(1978), *A Domesday of Enclosure Acts and Awards*, M. E. Turner, ed., Reading: Library.

Taylor, B. J.(1988), "The economic and demographic context of enclosure: a case study from Oxfordshire, circa 1550 to 1850," unpublished Ph.D. thesis, University of Cambridge.

Taylor, J.(2006), *Creating Capitalism: Joint-Stock Enterprise in British Politics and Culture, 1800-1870*, London: Royal Historical Society.

Taylor, J. S.(1969), "The mythology of the old poor law," *Journal of Economic History* 29.

______(1972), "The unreformed workhouse, 1776-1834," in E. W. Martin, ed., *Comparative Development in Social Welfare*, London: Allen & Unwin.

______(1976), "The impact of pauper settlement, 1691-1834," *Past and Present* 73.

______(1989), *Poverty, Migration, and Settlement in the Industrial Revolution*, Palo Alto, California: Sposs.

Thirsk, J., ed.(1989), *The Agrarian History of England and Wales,*

Vol. 6, *1750–1850*, Cambridge: Cambridge University Press.

Thomas, E. G.(1971), "The treatment of poverty in Berkshire, Essex and Oxfordshire, 1723–1834," unpublished Ph.D. thesis, University of London.

Thompson, E. P.(1971), "The moral economy of the English crowd in the eighteenth century," *Past and Present* 50.

______(1974), "Patrician society, plebeian culture," *Journal of Social History* 7.

______(1991), "Custom law and common right," in E. P. Thompson, *Customs in Common*, London: Merlin Press.

Thompson, F. M. L.(1963), *English Landed Society in the Nineteenth Century*, London: Routledge and Kegan Paul.

Thurow, L. C.(1999), *The New Rules for Individuals, Companies, and Nations in a Knowledge-Based Economy*, New York: HarperCollins.

Thwaites, W.(1981), "The marketing of agricultural produce in eighteenth century Oxfordshire," unpublished Ph.D. thesis, University of Birmingham.

Toynbee, A.(1884), *Lectures on the Industrial Revolution in England*, London: Rivingtons.

Tucker, G. S. L.(1975), "The old poor law revisited," *Explorations in Economic History* 12.

Turner, M. E.(1975), "Parliamentary enclosure and landownership change in Buckinghamshire," *Economic History Review* 27.

______(1980), *English Parliamentary Enclosure*, Folkestone: Dawson.

______(1981), "Cost, finance, and parliamentary enclosure," *Econo-*

mic History Review 34.

______(1986), "English open fields and enclosures: retardation or productivity improvements," *Journal of Economic History* 46.

______(1990), "Enclosures in Britain 1750-1830," in L. A. Clarkson, ed., *The Industrial Revolution: A Compendium*, London: Macmillan.

Turner, M. E., J. V. Beckett, and B. Afton(2001), *Farm Production in England 1700-1914*, Oxford: Oxford University Press.

Voth, H.-J.(2004), "Living standards and the urban environment," in Floud and Johnson, eds., *Cambridge Economic History of Modern Britain*, Vol. 1, Cambridge: Cambridge University Press.

Wade Martins, S. and T. Williamson(1998), "The lease and East Anglian agriculture, 1660-1870," *Agricultural History Review* 46.

Walsh, V.(1974), "old and new poor laws in Shropshire, 1820-1870," *Midland History* 2

Walton, J. R.(1976), "Aspects of agrarian changes in Oxfordshire, 1750-1880," unpublished D. Phil. thesis, University of Oxford.

______(1990), "On estimating the extent of parliamentary enclosure," *Agricultural History Review* 38.

______(1991), "Parliamentary enclosure, the bootstrap, and a red herring or two," *Agricultural History Review* 39.

Weatherill, L.(1988), *Consumer Behavior and Material Culture in Britain, 1660-1760*, London: Routledge.

Webb, B.(1948), *Our Partnership*, Cambridge: Cambridge University

Press.

Webb, S. and B. Webb(1906), *English Local Government: The Parish and the County*, Vol. 2, London: Longmans.

______(1927), *English Local Government: English Poor Law History: The Old Poor Law*, London: Longmans.

Weil, D. N.(2004), *Economic Growth*, New York: Addison Wesley.

Wells, R.(1990), "Social conflict and protest in the English countryside in the early nineteenth century: a rejoinder," in M. Reed and R. Wells, eds., *Class, Conflict and Protest in the England Countryside, 1700-1800*, London: Cass.

______(1993), "Migration, the law and parochial policy in eighteenth and nineteenth-century southern England," *Southern History* 15.

Whaples, R.(1991), "A quantitative history of the *Journal of Economic History* and the cliometric revolution," *Journal of Economic History* 51.

______(2002), "The supply and demand of economic history: recent trends in the *Journal of Economic History*," *Journal of Economic History* 62.

Whyte, I.(2000), *Migration and Society in Britain 1550-1830*, London: Palgrave Macmillan.

Williams, J.(1981), *From Pauperism to Poverty*, London: Routledge & Kegan Paul.

Williamson, J. G.(1990), *Coping with City Growth During the British Industrial Revolution*, Cambridge: Cambridge University Press.

Williamson, T.(2002), *The Transformation of Rural England: Farming and the Landscape 1700-1870*, Exeter: University of Exeter Press.

Wilson, C.(1982), "The proximate determinants of marital fertility in England, 1600–1799," in L. Bonfield *et al.*, eds., *The World We Have Gained: Histories of Population and Social Structure*, Oxford: Oxford University Press.

Woods, R.(2000), *The Demography of Victorian England and Wales*, Cambridge: Cambridge University Press.

Wordie, J. R.(1983), "The chronology of English enclosure," *Economic History Review* 36.

______(1984), "The chronology of English enclosure: a reply," *Economic History Review* 37.

Wrigley, E. A.(1967), "A simple model of London's importance in changing English society and economy, 1650–1750," *Past and Present* 37.

______(1983), "The growth of population in the eighteenth-century England: a conundrum resolved," *Past and Present* 98.

______(1986), "Men on the land and men in the countryside: employment in agriculture in the early nineteenth century," in L. Bonfield, R. M. Smith, and K. Wrightson, eds., *The World We Have Gained: Histories of Population and Social Structure*, Oxford: Oxford University Press.

______(1998), "Explaining the rise in marital fertility in England in the 'long' eighteenth century," *Economic History Review* 51.

______(2004), *Poverty, Progress and Population*, Cambridge: Cambridge University Press.

Wrigley, E. A. and R. S. Schofield(1989), *The Population History of*

England 1541-1871, Cambridge: Cambridge University Press.

Wrigley, E. A., R. S. Davies, J. E. Oeppen, and R. S. Schofield(1997), *English Population History from Family Reconstitution, 1580-1837*, Cambridge: Cambridge University Press.

Yelling, J. A.(1977), *Common Field and Enclosure in England 1450-1850*, London: Macmillan

Young, A.(1774), *Political Arithmetic*, London: Nicoll.

______(1808), *General Reports on Enclosures*, London.

Zangerl, C. H. E.(1971~1972), "The social composition of the county magistracy in England and Wales, 1831-1887," *Journal of British Studies* 11.

(4) 웹사이트

http://eh.net

http://kr.yahoo.com

http://www.bbc.co.uk/history/british/victorians

http://www.britannica.co.kr

http://www.britanica.com

http://www.ehs.org.uk/society/publications.asp

http://www.empas.com

http://encarta.msn.com

http://www.encyber.com

http://www.nate.com

http://www.naver.com

http://www.paran.com

http://www.wikipedia.org

찾아보기

[ㄱ]
가사노동인(housewifery) 48
가임기간 10, 25
가족고용 277
가족수당(family allowance) 76, 196
간선도로심판소(Highway Sessions) 127
간이심판소(petty sessions) 13
간이심판소구역(petty sessional division) 12
감리교(Methodism) 190
감상주의 189
감자텃밭(potato ground) 13, 149
개방경지(open field) ·12
개인주의 4
개정주의자(revisionist) 200
결사금지법(Combination Act) 192
경제발전 9
계몽주의 4
계약사회 7
계절적 이동 249
고용장(hiring fair) 264
공공근로법(Public Works Act) 223
공동권(common right) 12
공동지(common) 12
공동체 4
공리주의 192
공업화 179
공장법(Factory Laws) 147
공장운동(factory movement) 231
공정지대(fair rent) 150
과학혁명 4
관습권(customary right) 34
관습사회 7
교구(parish) 12, 115
교구감독관(overseer) 116
교구관리(parish officer) 183, 250
교구도제(parish apprentice) 15
교구등록부(parish register) 276
교구위원(churchwarden) 117, 250
교구중심적 접근 14
구두수선공(cordwainer) 48, 280
구빈민법(Old Poor Law) 13
구빈비용 182
국가적 통일성(national uniformity)

235
국교(Anglican Church) 63
국내식민토지(home colony) 149
국부론 44, 115
그래험법(Graham's Act) 240
그레이(H. L. Gray) 88
근대사회 38
근대화 3
근면(industry) 110
근면혁명(Industrious Revolution) 27
글로벌 역사(global history) 291
급진주의 63
기대수명(expectation of life) 31
기술변화 303
기술진보 9
기호(taste) 24
긴터(D. E. Ginter) 93
길드 278
길버트법(Gilbert's Act) 183

[ㄴ]

나폴레옹전쟁 13
남부지방 179
남해회사 26
내무부(Home Office) 156
냉전체제 289
네이버(Naver) 296
네이트(Nate) 296
노동공급 9, 24
노동능력 223
노동복지(workfare) 148
노동생산성 208
노동시장 9
노동자계급 9
노샘프턴셔(Northamptonshire) 102, 240
노역원(workhouse) 182
노역원심사제(Workhouse Test) 186
노이만(M. Neuman) 191
노팅검셔(Nottinghamshire) 205
노폭(Norfolk) 226, 228
농업고공(servant in husbandry) 15
농업노동인(husbandry) 48
농업불황 194
농업혁명(Agricultural Revolution) 6
농촌수공업 11
농촌질의서(Rural Queries) 68, 207
뉴마켓(Newmarket) 137
뉴턴(I. Newton) 4
니슨(J. M. Neeson) 84

[ㄷ]

다우닝칼리지(Downing College) 166
단거리 이동 10
단독치안판사(Single Justice) 124
단절 273
단편적(piecemeal) 인클로저 87
대가족 5

대전환(Great Transformation) 249
대지(upland) 136
더햄(Durham) 225
덩클리(P. Dunkley) 65, 240
도덕경제(moral economy) 181
도로세(Highway Rate) 230
도시공민명부(list of urban freeman) 275
도시화 5
도제계약서 46
도제수업료 44
도제제도(apprenticeship system) 10
도제훈련기간 45
돼지사육권 97
두산대세계대백과사전 296
듀스버리(Dewsbury) 232
등본보유(copyhold) 91
딕비(A. Digby) 65, 255

[ㄹ]
란다우(N. Landau) 65, 120
랭카셔(Lancashire) 223
랭턴(J. Langton) 257
러트랜드(Rutland) 131
런던 8
레베카폭동(Rebecca Riots) 226
로 박사(Dr. Law) 167
로이스튼(Royston) 137
로짓분석(Logit Analysis) 169
롱스토(Longstow) 137, 159
뤼데(G. Rudé) 92, 153
르네상스 4
리글리(E. A. Wrigley) 7
리즈(Leeds) 228
리카도(D. Ricardo) 4
린튼(Linton) 137
링컨셔(Lincolnshire) 264

[ㅁ]
마구제조인(collar maker) 277
마왕법(Devil King Law) 232
마치(March) 155
마틴(J. M. Martin) 102
말굽제작자(horseshoe maker) 277
매시(Joseph massie) 275
매이트랜드(F. W. Maitland) 120
매이휴(H. Mayhew) 227
맥클로스키(D. McCloskey) 89
맥팔레인(A. Macfarlane) 8
맨체스터(Manchester) 228
맬서스(T. R. Malthus) 4
맬서스트랩(Malthusian Trap) 6
멀티미디어 306
모건(D. Morgan) 252
모스(Morse) 전신기 302
모젤(B. Moselle) 148
모직포공 225
목공(carpenter) 48
미들랜드(Midlands) 88, 189
미들섹스(Middlesex) 133
민병대(militia) 281

민병대법(Militia Act) 281
밀가격 187
밍게이(G. E. Mingay) 84

[ㅂ]
바넷(D. C. Barnett) 148
반빈민법운동 223
반세계화 운동 290
반인클로저운동 103
발셤(Balsham) 156
방위기록(defence records) 15, 281
배고픈 40년대(hungry forties) 225
백과사전 294
뱀프턴(Bampton) 60
뱅크스(S. Banks) 66
버카트(J. Burchardt) 149
버크셔(Berkshire) 184
법치주의 16, 305
베드포드셔(Bedfordshire) 228
베이컨(F. Bacon) 4
베커(G. Becker) 23
벤담(J. Bentham) 200
변호사(attorney) 48
보건부(Ministry Health) 223
보드킨법(Bodkin's Act) 237
보완성 302
보이어(G. R. Boyer) 69, 252
보티셤(Bottisham) 137, 156
보호위원(guardian) 185
보호위원회의(Board of Guardians) 185
복수치안판사(Double Justice) 125
복수투표제(plural voting system) 240
복음주의 182
복지제도 9
봉건제 92
부랑법(Vagrant Act) 43
부랑자(vagrant) 125
북부지방 179
분단노동시장(fragmented labour market) 254
분여지(allotment) 13, 149
불법 주택점유자(squatter) 98
불완전계약(incomplete contract) 47
브래드포드(Bradford) 232
브런디지(A. Brundage) 124, 239
브루엄(L. Brougham) 205
브리태니커세계대백과사전 (Encyclopedia Britannica) 294
블록(M. Blaug) 207
비거주구호(non-resident relief) 237
비국교도(Nonconformist) 156
빅토리아 66
빈곤화(immiserization) 85
빈민법(Poor Law) 10, 56
빈민법 개정 13
빈민법개정법(Poor Law Amendment Act) 185

빈민법대상자(pauper) 15
빈민법위원회(Poor Law Commissioners) 185, 223
빈민법조합(Poor Law Union) 64, 222
빈민법회의(Poor Law Board) 223
빈민세(poor rate) 86
빈민의 바스티유 232
빈민퇴거금지법(Irremovable Poor Act) 67

[ㅅ]

사계심판소(Quarter Sessions) 122
사공(waterman) 48
사료작물 150
사망률 9, 25
사산(stillbirth) 32
사생아 125
사적 네트워크 117
사적 심판소(private sessions) 127
사회사 22
사회조직 9
사회통제 151
산업자본가 181
산업혁명(Industrial Revolution) 6
산업화(industrialization) 273
삼분제(tripartite system) 11
상속품목명세서(probate inventory) 276
상원 빈민법특별위원회(House of Lord Select Committee on the Poor Laws) 155
새뮤얼(R. Samuel) 64
생산함수 23
생존권 191
생활권 251
생활수준논쟁(Standard-of-Living Debate) 27
서리(Surrey) 262
서섹스(Sussex) 262
서폭(Suffolk) 226, 228
선대제 27
선행조건 55
성명연결(nominal linkage) 283
성홍열(scarlet fever) 32
세계사(world history) 291
세계화(globalization) 9, 289
셸퍼드(Great and Little Shelford) 156
소비혁명 305
소위원회(sub-committee) 225
수당제(allowance system) 178
수레바퀴공(wheelwright) 48
수업료(premium) 261
수유기간 25
수정주의 94
숙련(skill) 278
숙련노동 44
순회노동제(roundsmen system) 73, 196
스넬(K. D. M. Snell) 84

스미스(A. Smith) 4, 44, 211
스미스(R. Smith) 252
스윙폭동(Swing Riots) 13
스코틀랜드 계몽주의(Scottish Enlightenment) 4
스코틀랜드학파(Scottish School) 189
스코필드(R. S. Schofield) 7
스터지스번법(Sturges Bourne's Act) 184
스핀햄랜드제도(Speenhamland System) 184
습지(fenland) 136
시니어(N. Senior) 213, 227
시민혁명 4
시장경제 206
식량가격 10
신경제(new economy) 290
신경제사(New Economic History) 22
신분제 4
신비교경제사(New Comparative Economic History) 291
신빈민법(New Poor Law) 14
신산업혁명 297
신윤작법 89
신자유주의 289
신작물 89
십일조 조사(Tithe Survey) 99
십자군 232
쌍방향(interactive) 302

[ㅇ]

아일랜드 42
아처(J. E. Archer) 148
안장제조인(saddler) 277
애빙튼피곳(Abington Pigotts) 156
앨런(R. Allen) 89
앱펠(W. Apfel) 65
야후(Yahoo) 296
양조자심판소(Brewster Sessions) 127
에섹스(Essex) 228
엔싸이버(EnCyber) 296
엔카타(Encarta) 295
엘리자베스 182
엠에스엔(msn) 295
엠파스(empas) 294
연결성 301
연료채취권 97
연속성 90
열등처우(less eligibility) 201, 235
열린교구-닫힌교구모형 11, 62
열린교구-닫힌교구 접근 14
열린교구-닫힌교구체제(open and closed parish system) 11
10시간운동(ten hour movement) 233
영(A. Young) 110
영국 예외주의(British exceptionalism) 299
영세자영소농(peasantry) 63

영양상태 10, 25
옐링(J. A. Yelling) 90
오두막집 97
옥스퍼드경제사대사전(The Oxford Encyclopedia of Economic History) 294
옥스퍼드셔(Oxfordshire) 12, 56
온정주의(paternalism) 180
왕립위원회 184
요크셔(Yorkshire) 223
우애조합(friendly society) 148
워익셔(Warwickshire) 102
원내구호(indoor relief) 191
원외구호(outdoor relief) 69, 183
원외구호규제령(Outdoor Relief Regulation Order) 223, 227
원외노동심사령(Outdoor Labour Test Order) 223
월례모임(monthly meetings) 127
웨스트라이딩(West Riding) 223
웰즈(R. Wells) 66
웹 부처(S. and B. Webb) 130
위생조건 25
위키피디아(Wikipedia) 295
윌링엄(Willingham) 155
윌트셔(Wiltshire) 262
유아사망률 210
윤작(rotation) 149
읍(town) 128
의사(surgeon) 48
의회개혁(Parliamentary Reform) 147
의회인클로저(parliamentary enclosure) 11
이동범위 14
E-ReFRESH(Electronic-Recent Findings of Research in Economic and Social History) 295
이민 9
이삭줍기 97
이스트 앵글리아(East Anglia) 189
이영석 292
2차 산업혁명 297
2차 집단 6
인구과잉 180
인구밀도 71, 103
인구변천(demographic transition) 6
인구센서스 15
인구통제 시스템 9
인구통제모형 10
인구폭발 7
인적자본 9
인적자본론(hunan capital theory) 23
인지법(Stamp Act) 46
인지증서(stamped deed) 46
인클로저 12
인클로저 위원(enclosure commissioner) 97
인클로저운동 7, 83
인터넷 290
일반법률(General Act) 227

1차 산업혁명 297
1차 집단 5
임금노동자화(proletarianization) 84
임금보조수당(allowance-in aid of-wages) 184
임기응변경제(economies of makershift) 122
임대료 63
임차보유(leasehold) 91

[ㅈ]
자기애(自己愛) 189
자본공급 25
자연법(Natural Law) 4
자유방임주의 9
자유시장적 접근 14
자존심(self-respect) 110
장거리 이동 10
장인법(Statute of Artificers) 45
재단사(tailor) 48
재산권 16
저고용(underemployment) 277
저축은행(savings bank) 148
전직률(turnover rate) 91
전통사회 3
전환농업(convertible husbandry) 89
절대주의 4
정보의 바다 308
정보장(information field) 252
정보지평(information horizon) 252
정보통신기술 290
정보화 사회(information society) 15
정부의 혁명(Revolution in Government) 241
정주(settlement) 84
정주권 45
정주법(settlement law) 10
정주조사서(settlement examination) 276
정주증명서(certificate of settlement) 59
정치경제학 193
조사망률(crude death rate) 31
조합부담법(Union Chargeability Act) 64, 237
종가수당(bread scale allowance) 196
종두법 32
주(county) 12, 56, 118
주식회사 26
주지사(Lord Lieutenant) 122
중상주의 6, 183
중행정단위 중심의 접근 14
지방통치체제 9
지식기반경제(knowledge-based economy) 290
지식전문직(learned profession) 277
지조(strip) 88
지주세력 10

직업발달사 44
직인(journeyman) 34
직종구조 9
직종발달사 285
직종분화 9
직종센서스 15

[ㅊ]
차지농 7
차티스트운동(chartist movement) 231
찰스워스(A. Charlesworth) 153
창문세위원회(window tax commission) 128
채드윅(E. Chadwick) 227
채프만(J. Chapman) 95
챔버스(J. Chambers) 84
천연두 32
철도건설 227
철폐주의자(abolitionist) 199
체리힌튼(Cherry Hinton) 156
초혼연령 7
출생률 10, 25
치안법(Constable Act) 200
치안판사(magistrate) 50, 70
친족망(kinship network) 117, 252

[ㅋ]
캐어드(J. Caird) 40
커스몰(A. Kussmaul) 264
컴버랜드(Cumberland) 133
케임브리지셔(Cambridgeshire) 10, 56
케임브리지인구사그룹(Cambridge Group History of Population and Social Structure) 25
켄트(Kent) 211
코브니(Coveney) 155
코튼(Coton) 155
크라우스(J. T. Krause) 209
클러스터 분석(Cluster Analysis) 98
킹(Gregory King) 275
킹(P. King) 97

[ㅌ]
타인사이드(Tyneside) 225
타임스(*The Times*) 155
터너(M. E. Turner) 87, 89
터닙(turnip) 150
테이트(W. E. Tate) 95
테일러(S. Taylor) 66
토드모든(Todmorden) 232
토리적 역사해석(Tory interpretation of history) 242
토리주의(Toryism) 182
토인비(A. Toynbee) 39, 83
토지귀족(territorial aristocracy) 65
토지대여정책 13
토지세대장(land tax assessment) 12, 90
토지세위원회(land tax commission)

128
토지소유구조 84
토지측량(Ordnance Survey) 99
톰슨(F. L. M. Tompson) 135
퇴거 183
퇴거명령서(removal order) 58
투표책(poll book) 275
튜더왕조 10
특별교구회의법(Select Vestries Act) 197
특별심판소(special sessions) 127
특허권 305
티켓제도(Ticket System) 229

[ㅍ]

파란(Paran) 296
PASCAL세계대백과사전 296
파워(A. Power) 77
팸피스퍼드(Pampisford) 156
포목상(draper) 48
프랑스혁명 181
프로토공업화 27
프롤레타리아화 34
필든(J. Fielden) 234
핌 2세(Francis Pym Junior) 159

[ㅎ]

하드윅 백작(Earl of Hardwick) 135
하이 토리(High Tory) 182
해먼드 부처(J. L. Hammond and B. Hammond) 83
해빈든(M. A. Havinden) 88
핵가족 5
햄프슨(E. M. Hampson) 49
행정혁명 240
허러포드셔(Herefordshire) 133
허즐(J. P. Huzel) 210
허트포드셔(Hertfordshire) 228, 264
헌드레드(hundred) 123
험프리스(J. Humphries) 96
혁명성 298
호벨(M. Hovell) 234
호스히스(Horseheath) 156
호위스(Howes) 137
호환농업(convertible husbandry) 188
혼인연령 25
혼인율 32
홀더니스(B. A. Holderness) 64, 66
홉스(T. Hobbes) 189
홉스봄(E. J. Hobsbaum) 92, 153
회계장부(account book) 283
회귀분석 74
휘그(Whig) 201
휴한지(fallow) 89
흡인-배출요인 249

영국 근대화의 재구성:
산업혁명, 사회변동과 직업분화의 경제사 1700~1900

2008년 2월 22일 초판인쇄
2008년 2월 29일 초판발행

저자와 협의하에 인지생략

저 자 송 병 건
발행인 노 현 철
발행처 도서출판 해남
서울특별시 서대문구 냉천동 182 냉천빌딩 4층
전화 739-4822 팩스 720-4823
e-mail haenam30@dreamwiz.com
homepage www.hpub.co.kr
등록 1995. 5. 10 제1-1885호

정 가 20,000원 ISBN 978-89-6238-002-6